CB061819

# Fazendo cidade

É vedada a reprodução total ou parcial desta obra

**NBEU**
**Associação Brasileira
das Editoras Universitárias**

Adriano Larentes da Silva

# Fazendo cidade
## Memória e urbanização no extremo oeste catarinense

ARGOS
Editora da Unochapecó
Chapecó, 2010

**UNOCHAPECÓ**
UNIVERSIDADE COMUNITÁRIA DA REGIÃO DE CHAPECÓ

REITOR: Odilon Luiz Poli
VICE-REITORA DE ENSINO, PESQUISA E EXTENSÃO: Maria Luiza de Souza Lajús
VICE-REITOR DE PLANEJAMENTO E DESENVOLVIMENTO: Claudio Alcides Jacoski
VICE-REITOR DE ADMINISTRAÇÃO: Sady Mazzioni

DIRETOR DE PESQUISA E PÓS-GRADUAÇÃO *STRICTO SENSU*: Valdir Prigol

© 2010 Argos Editora da Unochapecó
Este livro ou parte dele não pode ser reproduzido por qualquer meio sem autorização escrita do Editor.

| | |
|---|---|
| 981.64<br>S586f | Silva, Adriano Larentes da<br>    Fazendo cidade: memória e urbanização no extremo oeste catarinense / Adriano Larentes da Silva. – Chapecó, SC : Argos, 2010.<br>    276 p.<br><br>    Inclui bibliografia<br>    ISBN: 978-85-7897-011-6<br><br>    1. Santa Catarina – História. 2. Extremo oeste catarinense – História. I. Título.<br><br>                                                       CDD 981.64 |

Catalogação elaborada por Caroline Miotto CRB 14/1178
Biblioteca Central da Unochapecó

**ARGOS**
Editora da Unochapecó

Conselho Editorial: Elison Antonio Paim (Presidente);
Andrea Oliveira Hopf Bianquin; Antonio Zanin; Arlene Renk;
Eleci Terezinha Dias da Silva; Iône Inês Pinsson Slongo; Jacir Dal Magro;
Jaime Humberto Palacio Revello; Maria Assunta Busato; Maria dos Anjos Lopes Viella;
Maria Luiza de Souza Lajús; Mauro Dall Agnol; Moacir Deimling;
Neusa Fernandes de Moura; Paulo Roberto Innocente;
Rosana Maria Badalotti; Valdir Prigol

Coordenadora: Maria Assunta Busato

Menino sem-terra
Fonte: *O Celeiro* (9 jun. 1985).

A todas as pessoas que contribuíram para a elaboração desta obra e aos trabalhadores do extremo oeste de Santa Catarina que permanecem excluídos do campo e das cidades.

# Sumário

**Prefácio** 11

**Introdução** 15

**Festa e memória: a história de São Miguel do Oeste nas comemorações de aniversário do município** 29
Em tempo de festa 37
A festa dos trinta anos do município 40
Selecionando "os primeiros" 47
A Comissão Municipal de Cultura 51
A Festa da Cultura e a "identidade catarinense" 60
Observando o todo 70
A contemporaneidade da festa e da memória 79

**Revisitando Vila Oeste** 85
O extremo oeste indígena e caboclo 89
Chegam os novos moradores 95
Turmeiros 110

**Progresso e exclusão: a cidade vista de baixo (1954-1984)** 113
A indústria madeireira e a formação da elite migueloestina 121
São Miguel: a "princesa do oeste" 124
A cidade da ordem e do progresso 129
Entre o rural e o urbano 139
De agricultor a operário 143
Mundo Novo, Buraco Quente e Barra do Guamerim: territórios de conflitos 150
*Mundo Novo: uma região "manjada"* 151
*Buraco Quente ou bairro Andreatta?* 154
*Comunidade X Loteamento: um conflito étnico e social na Barra do Guamerim* 159

**Favela e conflito: refazendo o urbano e a memória municipal** 169
São Miguel: a "capital polivalente de Santa Catarina" 180
O "caso dos favelados" de São Miguel do Oeste 190
Favelados, sem-terra e pequenos agricultores: exclusão e resistência 197
Aprendendo a reivindicar 207
A concentração da pobreza e os novos conflitos urbanos 220
O discurso dos excluídos: outros olhares sobre a cidade 232

**Considerações finais** 247

**Referências** 251
Jornais e revistas impressos 261
Internet 266
Documentos oficiais 268
Entrevistas 269
Outros documentos 272

# Prefácio

## Viagem ao passado

Este livro, escrito originalmente como uma dissertação de Mestrado em História, pode ser lido como se fosse uma viagem. Para os que não moram no oeste de Santa Catarina, é uma viagem que os levará a uma região de colonização recente, onde colonos de origem alemã e italiana, principalmente, se defrontaram com populações indígenas e caboclas que ali já estavam, fazendo cidades, no caso desta obra, "fazendo" São Miguel do Oeste, e criando uma memória para esta cidade. Para aqueles que habitam a região e para os que já a conhecem, a viagem pode ser mais profunda, já que poderão mergulhar na constituição dessa memória, partindo da cidade atual, de seus monumentos e festas, para encontrar primeiro as razões e os mecanismos de criação memorialística e identitária. Depois, numa segunda estação, encontrarão os bairros esquecidos, outros pioneiros, que não aparecem nas placas comemorativas, outras memórias da cidade se fazendo, que passam ao largo da rua principal, dos sobrenomes ilustres e que contam outras histórias.

Com base na história cultural, Adriano Larentes da Silva mostra como a cultura e as representações culturais, como ensina Roger Chartier, são um campo de disputas políticas importantes[1]. Da mesma forma, a memória se constitui em um campo de disputa política como tem demonstrado o contexto pós-ditatorial dos países do Cone Sul.[2] E este livro demonstra essa centralidade da luta pela memória, pois, ao fazer a cidade de São Miguel do Oeste e buscar identificá-la com os signos do progresso, a elite local procura construir uma memória que destaca a atuação de famílias de pioneiros – em sua maioria, colonos de origem italiana e alemã.

O projeto da pesquisa era inicialmente um estudo sobre o aparecimento de favelas na cidade de São Miguel do Oeste. Porém, o mergulho do autor nas fontes de pesquisa, e seu retorno à região depois de um período de afastamento, fez com que aflorassem os temas da memória e da constituição da cidade como aspectos norteadores da escrita que resultou neste livro. Como numa viagem, a pesquisa histórica propicia um deslocamento do nosso olhar, depois de ler documentos e ouvir histórias, não podemos mais ser os mesmos. Por isso, essa imagem da viagem é tão forte neste livro, imagem que o autor evoca já na introdução e que acompanha o leitor em sua própria viagem hermenêutica a São Miguel do Oeste.

As festas de comemoração, como a grande festa ocorrida em 1984 de comemoração dos trinta anos do município, bem como outros indícios – placas comemorativas, artigos de jornal nos aniversá-

---

[1] CHARTIER, Roger. *A história cultural*: entre práticas e representações. Rio de Janeiro: Bertrand; Lisboa: Difel, 1988. p. 17.
[2] JELIN, Elizabeth. *Memorias de la represión*: los trabajos de la memoria. Madrid: Siglo XXI Editores, 2002.

rios da cidade, nomes de ruas, praças etc. –, constroem uma imagem do passado da região, que inicia com a chegada dos colonos descendentes de alemães e italianos. Porém, ao entrevistar as pessoas nas "favelas" da cidade de São Miguel do Oeste, o autor encontra pessoas cuja genealogia remontava a populações existentes na região antes mesmo da chegada destes, autoproclamados pioneiros. A partir daí, ele pôde desconstruir a ideia de pioneirismo e problematizar os discursos de exclusão das populações mais pobres da cidade, sempre vistas como intrusas, como não pertencentes ao lugar. Por isso, o capítulo em que revisita a história da cidade, recontando-a com a presença de índios e caboclos, além dos colonos, é tão importante para que a cidade possa constituir outras memórias, e para que essas populações sempre excluídas possam vir a se pensar como participantes da construção da cidade.

Ao longo desse caminho, o autor também conta a história de São Miguel do Oeste em busca do progresso e, através da exploração da madeira, num primeiro momento, e depois pela modernização agrícola e instalação da agroindústria, do título de Princesa do Oeste. Mas também mostra que esse caminho nem sempre foi direto e bem-sucedido. As crises, as contradições, os conflitos foram constantes. O aparecimento das comunidades onde viviam os excluídos da cidade antes de sua concentração em uma mesma região, o bairro São Luiz, se dá no contexto de um progresso que não progride tal como esperado, processo chamado por Arlene Renk de "sociodicéia às avessas"[3].

Para finalizar, o autor busca as vozes e as existências destes que foram excluídos da memória oficial da cidade. Mostra seu processo

---

[3] RENK, Arlene. *Sociodicéia às avessas*. Chapecó: Grifos, 2000.

de organização e reivindicações, discute a presença desses grupos na cidade e na sua história.

Toda história é uma história do presente, pois é neste tempo que são feitas as perguntas norteadoras da pesquisa histórica. Ao investigar o passado, como tão bem observou Marc Bloch, é o presente que nos leva, como o ônibus que Adriano Larentes da Silva pegava em Florianópolis para voltar à cidade onde passou sua infância e juventude, São Miguel do Oeste, ao longo de seu Mestrado em História. Da janela do ônibus, ia descortinando a paisagem, vendo as diferenças entre a capital e o interior, conversando com as pessoas que voltavam em feriados e períodos de férias para visitar parentes que haviam ficado. Este livro mostra este caminho investigativo do presente para o passado, e que sempre ocorre numa via de mão dupla, pois o passado também volta a todo o instante nos mil agoras que constituem nossos dias.

Desejo ao leitor, e à leitora, uma boa viagem e que, ao retornarem, possam ver com outros olhos o presente.

Cristina Scheibe Wolff
UFSC/CNPq

# Introdução

Em janeiro de 2002, embarquei, em Florianópolis, para uma viagem de cerca de onze horas até a cidade de São Miguel do Oeste, no extremo oeste de Santa Catarina (mapa a seguir). Nessa viagem, o trajeto a ser percorrido seria relativamente parecido com o que foi feito em 1929 pelo então governador Adolfo Konder e por sua comitiva.

No meu caso, no entanto, diferentemente dos excursionistas do final da década de 1920, a viagem ao extremo oeste não era novidade, pois já a havia feito diversas vezes desde que me mudei para a capital catarinense em 1996. Agora, porém, ao contrário de momentos anteriores, meu retorno a São Miguel do Oeste tinha outros objetivos que não apenas visitar parentes e amigos. Em vez disso, voltava para um reencontro com lugares e personagens de minha infância, adolescência e juventude, também para conhecer espaços em que eu nunca havia estado antes, apesar de ter transitado por eles muitas vezes. Pela primeira vez, veria a cidade e a região com o olhar de pesquisador, de historiador, não apenas com o de migrante.

A partida de Florianópolis foi em um "ônibus de excursão" que fazia o trajeto ao extremo oeste semanalmente e que era fretado por

São Miguel do Oeste

Localização de São Miguel do Oeste no mapa de Santa Catarina e do Brasil
Fonte: Campos (2006).

ex-moradores dessa região.[4] Grande parte dos passageiros desse ônibus era composta por migrantes, entre eles jovens, adultos e crianças. Para quase todos, o reencontro com o extremo oeste ocorria logo após o embarque, pois diversos elementos presentes no interior do ônibus lembravam muito sua região de origem: o chimarrão, a fala carregada pelos "eres", as conversas reservadas em alemão e italiano, a necessidade da identificação através do sobrenome.

Os motivos que levavam aquelas pessoas de volta à sua terra natal eram os mais variados. Algumas iam para apresentar seus filhos aos avós pela primeira vez, outras seguiam para rever amigos e matar a saudade dos bailes e das festas realizados na região. Havia, também, aquelas que viajavam em busca de documentos para a aposentadoria, enquanto outras estavam voltando para ficar, conforme constatei mais tarde em outra viagem que realizei.[5] Existiam, ainda, os que eram moradores do extremo oeste e estavam retornando após permanecerem alguns dias na grande Florianópolis para tratamen-

---

[4] Esse tipo de transporte se tornou bastante comum no início da década de 2000, pois, além de ser um negócio rentável para os organizadores das viagens, atraiu inúmeros passageiros do sistema convencional, este último nas mãos de uma única empresa. Entre os atrativos oferecidos pelos organizadores dessas "excursões" estavam os preços bem menores que os oferecidos pelo mercado. Em 2003, havia pelo menos três famílias de ex-moradores do extremo oeste envolvidas diretamente com o trajeto de passageiros entre Florianópolis e São Miguel do Oeste. Por pressões da empresa legalmente autorizada para realizar o trajeto São Miguel-Florianópolis, esse tipo de transporte de passageiros deixou de ocorrer por volta de 2004.

[5] Essa viagem foi realizada em janeiro de 2003, momento em que conversei com várias pessoas que seguiam para o oeste. Entre elas estava Elisângela, que na ocasião voltava para morar em sua região de origem depois de oito anos residindo em Florianópolis.

to de saúde ou para visita aos filhos e parentes que haviam migrado para a capital.

Enfim, os objetivos da viagem daqueles que, como eu, seguiam para o extremo oeste catarinense em janeiro de 2002 eram os mais variados e diferiam bastante dos que haviam levado o então governador do Estado Adolfo Konder e sua comitiva pela primeira vez à mesma região em 1929. Isso porque, além de tempos históricos distintos, outro fator diferenciava essas duas viagens, as representações e significações de ambos os grupos de "excursionistas" sobre esse espaço e as próprias características do local para onde cada um dos dois grupos seguiu.

Em 1929, quando o extremo oeste foi visitado pelas autoridades estaduais, a descrição feita por membros da comitiva governamental mostrou uma "região inculta e desconhecida", um território de "matarias vastas e desertas"[6], porém com grande potencial de futuro para aqueles que se dispusessem a enfrentar o que Othon Gama D'Eça (1992, p. 69) chamou, à época, de "floresta bravia". Naquele momento, as terras dessa região eram ocupadas por indígenas e, principalmente, por caboclos ou brasileiros[7] que utilizavam o espaço regional

---

[6] Essa expressão, bem como a que a precede, foi usada por José Arthur Boiteux (1931), um dos integrantes da comitiva de Adolfo Konder.

[7] Segundo Renk (1997, p. 9), "brasileiros" é a forma como se nominam e "caboclos" é a maneira como são nominados e tratados pela literatura os luso-brasileiros presentes na região oeste catarinense no período anterior ao da entrada dos colonos "de origem" (alemães, italianos etc.), esses últimos vindos, em sua maioria, do Rio Grande do Sul. Em minhas pesquisas, no entanto, aparecem os dois termos, "brasileiro" e "caboclo", inclusive nos discursos de colonos "de origem". Por isso, e por entender que ambas são expressões construídas historicamente a partir de relações de alteridade, farei uso desses dois termos ao longo do livro, escolhendo aquele que melhor se adapte ao contexto abordado em cada situação.

para extração de madeira e erva-mate, para fazer pequenas plantações e para criações de animais. Dentre esses últimos habitantes, estavam também aqueles que trabalhavam como peões ou agregados de fazendas localizadas em áreas de campo mais ao norte, próximas à divisa com o Paraná.[8]

Além de indígenas e caboclos, outro grupo, ainda relativamente pequeno, que habitava o extremo oeste à época da visita da comitiva governamental era formado principalmente por colonos descendentes de alemães e italianos, oriundos, em sua maioria, das chamadas "colônias velhas" do Estado do Rio Grande do Sul. Diferentemente do que acontecia com os "brasileiros", esses descendentes eram considerados por dirigentes da época como promotores ou "obreiros da civilização"[9] e tornavam-se, cada vez mais, os principais responsáveis pela aquisição e ocupação das terras comercializadas pelas empresas colonizadoras. Iam, pouco a pouco, formando novos núcleos coloniais no extremo oeste, como era o caso de Mondaí e Itapiranga, ambos ocupados na década de 1920, e de Vila Oeste, atual São Miguel do Oeste, colonizada a partir do início da década de 1940.

Em São Miguel do Oeste, a empresa responsável inicialmente pela venda das terras foi a Colonizadora Barth, Benetti & Cia. Ltda, com sede em Caxias do Sul, no Rio Grande do Sul. Foi essa empresa que trouxe desse estado vizinho os primeiros colonos descendentes de italianos, de alemães e de outras etnias que se instalaram em Vila

---

[8] O extremo oeste apresenta uma topografia diferenciada, com áreas mais acidentadas ao sul e regiões de campo mais ao norte. Ao sul, predominaram as pequenas propriedades; no norte, foram se formando, a partir do século XIX, grandes fazendas de criar (Poli, 1991).

[9] COSTA, A. Ferreira. *Oeste catarinense*: visões e sugestões de um excursionista. Rio de Janeiro: Vilas Boas e Cia., 1929. p. 31.

Oeste. A esses colonos, mais do que terras, foram vendidos sonhos, utopias, principalmente através das propagandas que mostravam o extremo oeste como "zona de grande futuro"[10], um lugar de riqueza e de prosperidade.

Nessa época, a base da economia regional era a madeira, extraída através de serrarias instaladas inicialmente pelas próprias empresas colonizadoras e comercializadas, em sua maior parte, no mercado argentino. Foi essa atividade que possibilitou o crescimento e as mudanças que ocorreram nos núcleos coloniais, como o de Vila Oeste, e que permitiu, também, o fortalecimento da agricultura regional. Além disso, foi nesse ramo de atividade que atuaram muitos dos novos e antigos moradores do extremo oeste.

A atividade madeireira, assim como a própria agricultura, teve grande sucesso especialmente até a década de 1970. A partir desse período, no entanto, ambos os setores entraram em decadência devido ao esgotamento de grande parte das florestas nativas, às mudanças na legislação ambiental, à entrada das agroindústrias e à implantação de novas tecnologias no campo, às subdivisões das pequenas propriedades, aos atrativos oferecidos pelas cidades, além de inúmeros outros fatores. Assim, na década de 1970, e principalmente na seguinte, o que antes era um local de sonhos, de utopias, passou a ser, para muitos, um lugar de decadência, de novas migrações e de abandono do campo.

---

[10] Essa expressão aparece em um anúncio divulgado pelo jornal *Correio Riograndense* de 1946, que mostra as vantagens de se adquirir as terras vendidas pela colonizadora Barth, Annoni & Cia. Ltda. 6.500 lotes coloniais à venda pela nova "colonização oeste" de propriedade da firma Barth Annoni & Cia. Ltda. *Correio Rio Grandense*, Garibaldi, p. 4, 19 jun. 1946.

Segundo Renk (2000), o que ocorreu, nas décadas de 1970 e 1980, em todo o oeste catarinense foi uma espécie de "sociodicéia às avessas", pois os discursos de um lugar de futuro e a imagem dos colonizadores dessa região como "construtores do progresso" passaram a ser questionados. Isso ocorreu não só como consequência da crise na agricultura e na economia, mas também pela atuação de inúmeros pequenos agricultores e moradores locais em diversos movimentos sociais que emergiram na região especialmente no início da década de 1980.

Influenciados por essa crise vivida pela indústria madeireira e pela agricultura, a qual levou à decadência inclusive as camadas urbanas com maior poder aquisitivo, e também pela presença das populações mais pobres em movimentos sociais, não só os espaços urbanos e rurais sofreram alterações, mas a própria memória municipal foi ressignificada na década de 1980, passando a incluir outros sujeitos que, até aquele período, estavam excluídos dessa memória. Influenciada também por esta crise e seu agravamento na década de 1990, São Miguel do Oeste chega ao início do século XXI como uma cidade dividida e cheia de contrastes. Nessa cidade de pouco mais de 35 mil habitantes (IBGE, 2008), vivem e circulam diferentes pessoas, entre elas, muitas das que um dia partiram e que, de tempos em tempos, voltam como novos excursionistas, modificando a rotina da cidade.

Portanto, é sobre histórias e memórias de São Miguel e região, antes e depois do processo de colonização, que trata este livro. O foco da obra é o município de São Miguel do Oeste, suas transformações e seus moradores. Porém, não busco tratar a história local de forma total, sequencial e cronológica, tampouco dar grande destaque aos acontecimentos e personagens considerados oficialmente importantes no cotidiano da cidade. Em vez disso, procuro dar voz àqueles que foram e continuam sendo excluídos da cidade e do campo, dos espaços institucionais de poder e da memória municipal, mostrando como essa exclusão ocorreu. Para isso, centro minha análise nos temas Memória e Urbanização, ambos entendidos e trabalhados ao longo de todo o livro como construções sociais e como lugares de disputa, seleção, legitimação e exclusão. Partindo desses dois temas, de suas fronteiras e das relações existentes entre eles, transito em minha obra por diferentes tempos e caminhos, sempre procurando mostrar uma cidade que foi sendo feita e refeita a partir do ritmo e do trânsito irregular dos inúmeros sujeitos históricos que por ela passaram e que ainda passam. Para chegar a esses sujeitos, muitos deles anônimos, e entender a forma como construíram historicamente o urbano e a memória local, foi preciso percorrer tempos e caminhos bastante diferentes daqueles percorridos pelos excursionistas que descrevi anteriormente.

Na verdade, em vez de 2002 ou 1929, minha "viagem" na história da cidade e da região toma o ano de 1984 como ponto de partida, ano em que São Miguel do Oeste completou seu 30º aniversário municipal e em que (re)inventou seu passado através de uma grande festa pública. Foi também nesse ano que a cidade descobriu a "favela" e os seus moradores. A abordagem desses dois acontecimentos está presente no início e no fim deste livro e serve como fio condutor para um amplo debate sobre a cidade e os seus fazedores. Assim, tanto a (re)invenção da festa quanto a descoberta da "favela" são os lugares de embarque de uma viagem para diversos tempos e espaços onde se encontram e desencontram os mais diversos sujeitos, suas experiências de vida e seus sonhos. A partir desses dois episódios históricos, foi possível revisitar 1929, 1930, 1940, 1944, 1949, 1954, 1962, 1970, 2002, 2003, voltar a 1946, 1958, 1967, 1981... Enfim, percorrer os espaços e os tempos que as fontes e documentações encontradas e selecionadas possibilitaram.

Dentre os diferentes documentos utilizados para a produção deste livro, destacam-se jornais de circulação regional e estadual, fotografias e entrevistas com novos e antigos moradores do extremo oeste catarinense.[11] As entrevistas realizadas mostram não apenas as memórias de um passado distante, mas principalmente os discursos sobre as influências do passado no presente. Desses discursos, o que se sobressai é uma memória que insiste em destacar a história a partir da colonização e em valorizar apenas os grandes feitos dos chamados pioneiros e desbravadores da região. A construção dessa memória, no entanto, é produto de uma construção bastante recente, ocorrida especialmente a partir da década de 1980, momento de decadência econômica da cidade e de enfraquecimento político das camadas urbanas mais abastadas. Eram os descendentes dessa elite que formavam, na década de 1980, o que Elias e Scotson (2000) chamaram de "rede de famílias antigas", a qual colaborou para a construção da memória de pioneiros e desbravadores nesse período e para a manutenção e a recriação dessa memória até os dias atuais, utilizando para isso, entre outros espaços, as festas de aniversário da cidade. Através dessas festas, em especial aquelas ocorridas após o ano de 1984, e da retomada do passado, construiu-se o que Seixas

---

[11] O trabalho de campo para a produção dessa obra foi realizado, de 2001 a 2004, em São Miguel do Oeste, Guaraciaba, Chapecó e Florianópolis e possibilitou reunir um acervo com quase 200 fotografias, que serviram como importante fonte de pesquisa, 43 depoimentos orais gravados, 25 questionários de entrevistas aplicados, cópias, fichamentos e originais de mais de 15 jornais com circulação regional e estadual, várias pastas com fotocópias de atas, leis, registros paroquiais, textos de escritores regionais, mapas, dados demográficos, entre outros documentos.

(2001) chamou de "mitos identitários", os quais, segundo ela, têm o papel de informar à contemporaneidade as ações de reconhecimento social e político. Nessa perspectiva, rememorar não é o mesmo que viver novamente o passado, rememorar é uma atividade do presente com significados e implicações diretas no dia a dia de cada sociedade. A memória é "deslocável, móvel, sem lugar fixo", afirma Michel de Certeau. De acordo com ele, "longe de ser o relicário ou a lata de lixo do passado, a memória vive de crer nos possíveis, e de esperá-los vigilante, à espreita".[12] A abordagem sobre memória e sobre os outros temas elencados anteriormente, relacionados à história de São Miguel e região, está presente nos quatro capítulos que compõem a presente obra.

No capítulo "Festa e Memória: a história de São Miguel do Oeste nas comemorações de aniversário do município" abordo as festas de aniversário de São Miguel do Oeste, mostrando que elas foram fundamentais para dar visibilidade a um pequeno grupo de moradores locais. O grupo era formado majoritariamente por políticos, proprietários de terras, donos de madeireiras e comerciantes descendentes de italianos e de alemães que pertenciam às camadas urbanas migueloestinas. Foram as pessoas pertencentes a esse grupo que, apesar de estarem na cidade desde o início da década de 1940, ascenderam oficialmente ao poder municipal em novembro de 1954 e que se mantiveram influentes por vários anos em São Miguel do Oeste, política e economicamente, fazendo do próprio modelo de cidade construído uma forma de legitimação e manutenção de poder e prestígio. A partir da década de 1980, no entanto, quando o município e a região entra-

---

[12] CERTEAU, Michel de. *A invenção do cotidiano*: artes de fazer. 6. ed. Petrópolis: Vozes, 2001. p. 163.

ram em decadência, essa elite local, enfraquecida e fragmentada, teve a sua atuação redefinida, passando a ser destacada através da transformação de sua memória particular em memória oficial do município.

Isso ocorreu principalmente a partir de 1984, ano em que São Miguel do Oeste completou seu 30º aniversário de instalação municipal. Nesse momento, uma grande festa foi realizada, com desfiles, exposições, bolo de aniversário e outras atrações que objetivavam resgatar a história da cidade, valorizando aqueles considerados seus primeiros moradores. Identificados por expressões como pioneiros e desbravadores, esses moradores foram transformados, a partir de então, em símbolos máximos da história municipal, em exemplos a serem seguidos pelas novas gerações diante das dificuldades enfrentadas no tempo presente. Ser um deles, a partir de então, transformou-se em uma espécie de prêmio, que muitos buscam conquistar ainda hoje.

Por outro lado, os demais grupos étnicos e econômicos que, ao longo de mais de sessenta anos, foram gradualmente expulsos e segregados dos espaços públicos, da cidade e do campo permaneceram também excluídos da história oficial do município. Isso, porém, não impediu que a imagem de alguns desses grupos, como a dos caboclos e indígenas, continuasse sendo estrategicamente utilizada, tal qual ocorreu em momentos anteriores, com a diferença de que, especialmente a partir da década de 1980, isso ocorreu não mais em um contexto de afirmação da identidade nacional, mas no de valorização e construção da identidade local, regional e estadual.

No capítulo "Revisitando Vila Oeste", debato sobre a história e a colonização de São Miguel do Oeste, enfocando a diversidade étnica existente em Vila Oeste e no extremo oeste catarinense na década de 1940. O ponto de partida é o romance *São Miguel*, escrito por Guido Sassi, em 1950. Nesse capítulo, dei à história municipal uma perspectiva heterogênea, o que permitiu falar do processo de colonização e deslocar minhas lentes de historiador para locais e sujeitos ausentes dos discursos e da memória construída para a cidade a partir da década de 1980. Nele, faço o contraponto aos discursos presentes nas festas de aniversário da cidade, mostrando a presença, a importância e o pioneirismo de outros sujeitos na história local.

No capítulo "Progresso e exclusão: a cidade vista de baixo (1954-1984)", repenso a trajetória do município desde a sua instalação em 1954 até a comemoração dos seus trinta anos em 1984. Os polos desse capítulo são dois desfiles. O primeiro realizado em novembro de 1954, no momento da posse do primeiro prefeito e dos primeiros vereadores eleitos de São Miguel do Oeste, e o segundo ocorrido durante as comemorações dos trinta anos, em fevereiro de 1984. Entre esses dois extremos, aparece uma cidade dividida entre os discursos oficiais, discursos cujo foco são o progresso e o desenvolvimento, e os seus inúmeros territórios de exclusão, como era o caso das localidades conhecidas como Mundo Novo, Buraco Quente e Barra do Guamerim.

A consequência de uma cidade dividida pôde ser sentida mais claramente a partir do início da década de 1980, quando os espaços de pobreza e os conflitos que existiam na cidade ganharam grande visibilidade através das notícias veiculadas pela imprensa local. Esse é o assunto do capítulo "Favela e conflito: refazendo o urbano e a memória municipal", que mostra que, no mesmo ano em que reinventou seu passado, a cidade construiu novas representações em relação aos pobres e excluídos que nela viviam há muito tempo, os quais, a partir desse momento, passaram a ser tratados como "favelados", "sem-terra", "marginalizados". Assim, em 1984, esses sujeitos foram apresentados pela imprensa local, por um lado, como uma novidade e, por outro, como um grave problema social, uma "doença" a ser enfrentada. Com a "descoberta da favela" nesse momento, formou-se em São Miguel do Oeste uma rede de lideranças sociais que, juntamente com o poder público, buscou soluções para o que ficou conhecido como o "caso dos favelados". Apesar dessa mobilização coletiva, os pobres e marginalizados continuaram não só excluídos da cidade, mas também dos diferentes espaços que ocupavam nela. À medida que se deslocavam de um lado a outro, passaram a ser vistos como uma grande ameaça, devido às vinculações estabelecidas entre os "pobres" e "marginalizados" e os movimentos sociais, como era o caso dos sem-terra e seus organizadores. Além disso, foram pouco a pouco se tornando uma referência negativa, pois eram a materialização de uma colonização às avessas e de um município cada vez mais decadente. Foi em meio a essas mudanças que, a partir de meados da década de 1980, se formaram na zona oeste da cidade as atuais comunidades Nossa Senhora das Graças (Serra Pelada), Sagrada Família (Morro da Fumaça) e São Francisco de Assis (Conjunto Habitacional), comunidades que hoje formam um dos novos territórios de conflito e exclusão em São Miguel do Oeste.

Todo esse debate permite refletir sobre um processo de mais de setenta anos, no qual sempre estiveram em jogo territórios e memórias, concepções de cidade e de desenvolvimento. Fazer essa reflexão é fundamental para entendermos como as cidades foram feitas no passado e continuam sendo feitas principalmente no presente pelos diferentes grupos étnicos e atores sociais que nelas vivem.

# Festa e memória: a história de São Miguel do Oeste nas comemorações de aniversário do município

Do alto da carroça, o menino observa e é observado enquanto segura uma faixa que remete a um tempo em que ele não viveu.¹³ À sua frente, uma mulher de lenço branco na cabeça e vestido de chita segue sentada, protegida por um grande guarda-chuva. Pelas ruas da cidade, ambos desfilam com o olhar fixo no horizonte. Em poucos minutos, chegarão à praça central, onde populares e autoridades estão à sua espera.

O menino e a mulher, no entanto, não desfilam sós. Ao seu redor, outros personagens também representam as passagens da história local, como se estivessem em um "grande teatro público".¹⁴ Lentamente e com gestos meticulosos, todos seguem orgulhosos em seus tratores, caminhões, carroças, cavalos e a pé. Dos dois lados da

---

[13] O relato a seguir foi feito com base em notícias de jornal e, principalmente, a partir das duas primeiras fotos deste capítulo.

[14] A representação do desfile como "um grande teatro público", bem como o uso dessa expressão, baseia-se no artigo "O grande teatro público: Oktoberfest – a construção cultural de uma festa municipal", escrito pelas historiadoras Maria Bernardete Ramos Flores, Cristina Scheibe Wolff e Lígia de Oliveira Czesnat, publicado pela *Revista Catarinense de História* (1995, p. 15-27).

O COMEÇO FOI ASSIM...

Desfile dos 30 anos de São Miguel do Oeste
Fonte: Prefeitura Municipal de São Miguel do Oeste (fev. 1984).

Encenação da História de São Miguel do Oeste
na festa dos 30 anos de emancipação
Fonte: Prefeitura Municipal de São Miguel do Oeste (fev. 1984).

rua que dá acesso ao palanque oficial, boa parte das pessoas que os assistem respondem com acenos, palmas, sorrisos e olhares de contemplação e admiração.

É quarta-feira, 15 de fevereiro de 1984, dia do aniversário de São Miguel do Oeste, dia de festa, de praça lotada, de ruas movimentadas e de feriado na cidade do extremo oeste de Santa Catarina. Para muitos, é também o dia de rememorar o passado da cidade e os seus primeiros moradores. Por isso, a programação oficial, visando comemorar o 30º aniversário de instalação do município, iniciou de manhã, com um desfile que tinha como objetivo relembrar e homenagear principalmente os antigos colonizadores de São Miguel do Oeste. A presença desses colonizadores, com suas vestimentas e instrumentos de trabalho, deveria reconstruir os tempos de Vila Oeste, apresentada e encenada agora como "o começo de tudo."

Além do desfile, a programação dos trinta anos de São Miguel do Oeste contou, também, com um culto ecumênico, apresentações de grupos folclóricos, bandas e conjuntos musicais, almoço, gincana, prova ciclística e outras atrações. No dia do aniversário, houve discursos de autoridades locais e estaduais, enfatizando a importância dos "pioneiros e desbravadores" da cidade.

> Nossos ancestrais foram homens fortes de corpo e de espírito, onde a honra, o trabalho e a luta são condições essenciais de existir. Esta terra surgiu do amor, do respeito e de civismo, por isso o orgulho de sermos migueloestinos![15]

---

[15] Discurso do então prefeito municipal de São Miguel do Oeste, Augusto Paulo Zorzo, reproduzido pelo jornal *O Celeiro* em 19 de fevereiro de 1984. FESTA dos 30 anos foi um sucesso. *O Celeiro*, São Miguel do Oeste, ano 1, n. 11, p. 10, 19 fev. 1984.

> A coragem e a fé foi o que trouxe os primeiros pioneiros para esta rica região [...] Vieram as famílias. Todos pensando em dar um torrão para seus filhos. Transformaram as matas num campo de produção. A vila em cidade.[16]

Os discursos oficiais foram acompanhados por inúmeras pessoas naquele dia, desde as primeiras horas da manhã até a noite, quando a programação foi encerrada com a presença de moradores das áreas urbana e rurais do município. Todos se reuniram na praça central da cidade, onde foi cantado o "parabéns a você", cortado e distribuído o enorme bolo de aniversário preparado para a ocasião.

> Por mais que a Comissão de Cultura tivesse previsto, não calcularia que a afluência de público fosse tão grande para os festejos dos 30 anos de São Miguel do Oeste. Mais de cinco mil pessoas prestigiaram o evento. Gente da cidade, gente do interior, todos irmanados comemoraram o aniversário de instalação do município.[17]

A festa dos trinta anos marcou um momento importante, boa parte dos moradores de São Miguel do Oeste pôde redescobrir, reinventar e valorizar ainda mais o seu passado e a história local. A partir de então, expressões como 'nosso' e 'migueloestino' passaram a ser cada vez mais utilizadas durante a festa de aniversário do município, que, promovida anualmente, procurou irmanar, ou seja, tornar irmãos, de uma mesma família, todos os moradores locais.

---

[16] Discurso do então deputado Neuto Fausto De Conto, reproduzido pelo jornal *O Celeiro* em 19 de fevereiro de 1984. FESTA dos 30 anos foi um sucesso. *O Celeiro*, São Miguel do Oeste, ano 1, n. 11, p. 10, 19 fev. 1984.

[17] ÊXITO total na festa dos 30 anos. *O Celeiro*, São Miguel do Oeste, ano 1, n. 11, p. 1, 19 fev. 1984.

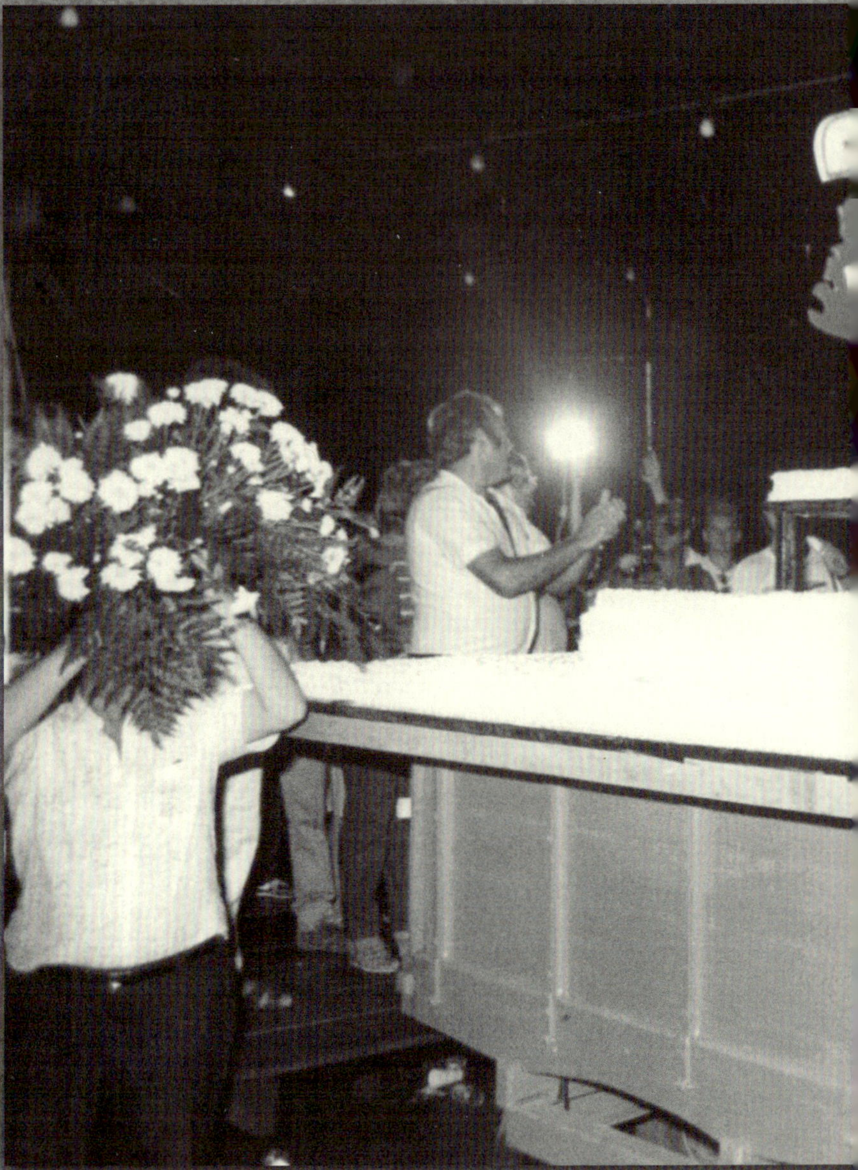

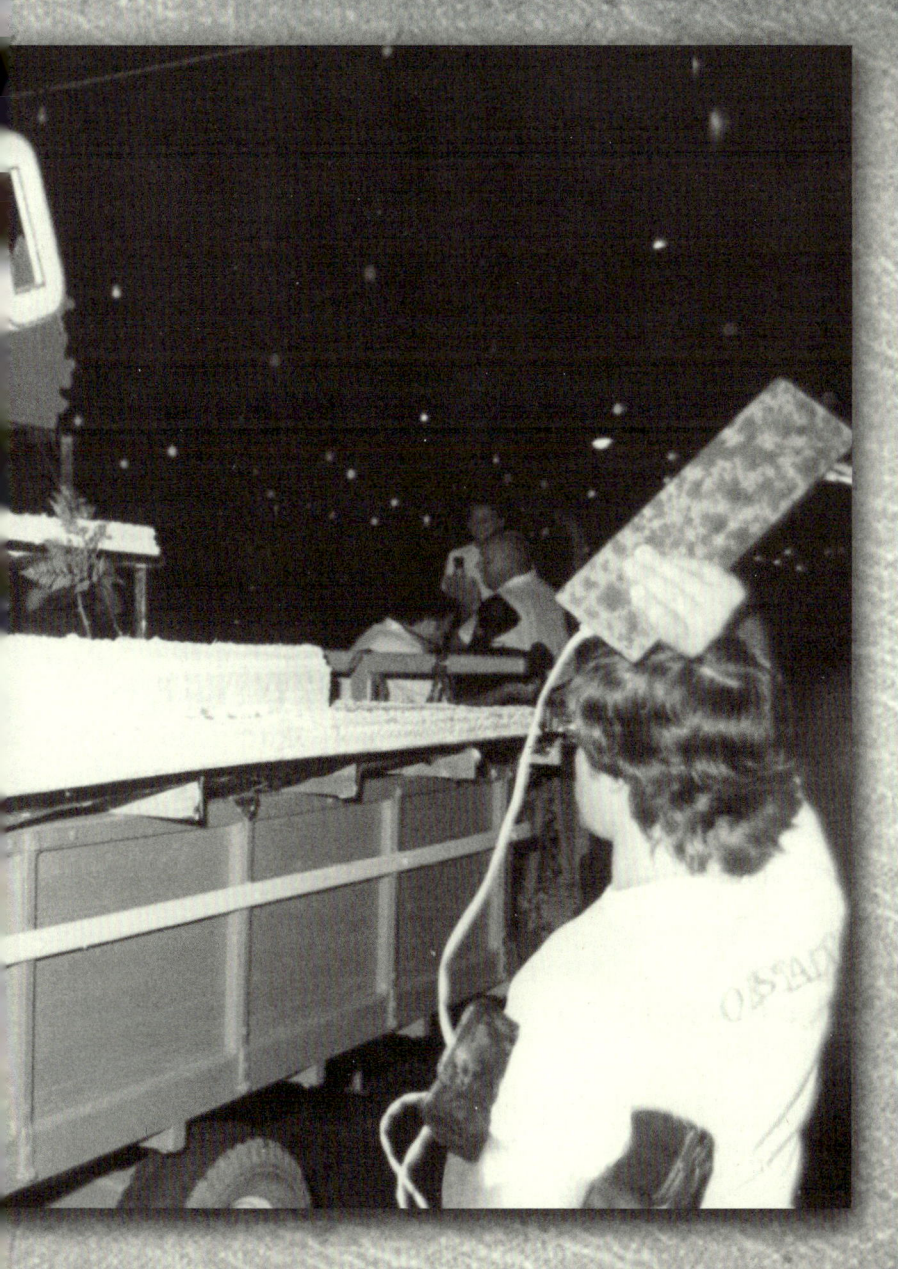

Bolo dos 30 anos de São Miguel do Oeste
Fonte: *O Celeiro* (19 fev. 1984).

Por outro lado, ao mesmo tempo que essa festa foi fundamental para unificar parte dos moradores do município e despertar os valores locais a partir da retomada do passado, ela também contribuiu para produzir uma memória selecionada e fragmentada para a cidade. Através dos seus organizadores, a memória construída privilegiou o período em que o município era apenas uma vila, a Vila Oeste, pertencente a Chapecó. Desse período, que foi de 1940 a 1954[18], os que se sobressaíram foram identificados como pioneiros e desbravadores e, especialmente a partir de 1984, passaram a ser oficialmente diferenciados dos demais habitantes locais. Ser um deles, a partir de então, tornou-se um fator de distinção social ou uma espécie de prêmio, que muitos buscam conquistar ainda hoje.

As comemorações dos trinta anos marcaram, portanto, a emergência dos pioneiros e desbravadores como representantes máximos da história de São Miguel do Oeste. Marcaram também a decadência e o surgimento de novas festas na cidade e a afirmação e valorização dos costumes, do cotidiano e das raízes locais. A ascensão de tudo isso, no entanto, ocorreu dentro de um processo que havia sido desencadeado no final da década de 1970 e que ganhou maior visibilidade na década seguinte com a formação da Comissão Municipal de Cultura (CMC). Especialmente no interior dessa entidade, foram feitas as escolhas para a festa dos trinta anos e nasceram, posteriormente, outras iniciativas voltadas à afirmação das especificidades locais e regionais.

Entender esse processo de constituição de uma memória municipal e de valorização e reinvenção do local a partir da festa de

---

[18] A emancipação de Vila Oeste/São Miguel do Oeste ocorreu em 30 de dezembro de 1953, mas a instalação oficial do município se deu apenas em 15 de fevereiro do ano seguinte.

trinta anos de São Miguel do Oeste é o principal objetivo desse primeiro capítulo.

## Em tempo de festa

No livro *Oktoberfest: turismo, festa e cultura na estação do chopp*, Flores e Wolff mostram a transformação de Santa Catarina em um estado de festa a partir do *boom* festivo iniciado em 1984 com a Oktoberfest de Blumenau.[19] A partir desse momento, segundo elas, os blumenauenses puderam reinventar, através da festa, certas práticas culturais dos moradores da antiga colônia e, com isso, voltar a ter orgulho de seu passado germânico.[20]

Com a Oktoberfest, a cultura local ganhou um novo alento e passou a ser divulgada nas ruas, nos salões e por toda a cidade, através de desfiles, pratos, bebidas e bailes típicos, atraindo milhares de turistas. Os turistas chegavam em números cada vez maiores, em busca de lazer e diversão. Vinham de várias partes do Brasil e do mundo para tentar preencher os impreenchíveis vazios que, segundo Lipovetsky, foram produzidos pela sociedade contemporânea.[21]

A partir de 1984, o exemplo bem-sucedido da Oktoberfest de Blumenau se espalhou por outras cidades próximas, que passaram a compor a chamada Estação do Chopp catarinense. Com o incentivo de órgãos oficiais de turismo, como a Santa Catarina Turismo (San-

---

[19] FLORES, Maria Bernardete Ramos; WOLFF, Cristina Scheibe. *Oktoberfest*: turismo, festa e cultura na estação do chopp. Florianópolis: Letras Contemporâneas, 1997.
[20] FLORES; WOLFF, op. cit., p. 32-34.
[21] LIPOVETSKY, Gilles. *A era do vazio*. Lisboa: Gallimard, 1983.

tur), essas e outras festas menores que surgiram passaram a ser vendidas como parte do calendário de eventos do estado. Assim, Santa Catarina foi transformada em um estado de festas, festas associadas às belezas naturais e ao discurso da diversidade cultural para atrair cada vez mais turistas durante todo o ano.

 Nesse mesmo período, além do incentivo ao turismo, o governo do Estado também patrocinou, através da Fundação Catarinense de Cultura, uma ampla política cultural que objetivava resgatar e valorizar as especificidades existentes nas diferentes regiões de Santa Catarina. Assim, as ações voltadas à preservação e à conservação do patrimônio histórico e arquitetônico de diversas cidades e medidas de incentivo à criação de museus, conselhos municipais de cultura, entre outras, foram desenvolvidas de forma sistemática, principalmente durante a gestão do governador Esperidião Amin, entre 1982 e 1986.[22] Foi nessa época, por exemplo, que surgiram os *Cadernos da Cultura Catarinense*, para tratar de temas ligados à história, ao folclore, à cultura e à "identidade" de Santa Catarina.[23] Paralelamente e dando subsídios a essa política cultural que tinha como compromisso central "preservar a identidade catarinense", havia um grupo de intelectuais vinculados em sua maioria ao Instituto Histórico e Geográfico de Santa Catarina e a Instituições de Ensino Superior (IES). Esses intelectuais, segundo o historiador Élio Cantalício Serpa, ajudaram a forjar, a partir da década de 1980, os discursos sobre a identida-

---

[22] As bases da proposta cultural do estado para esse período estão explicitadas nos livros *Carta dos catarinenses: Santa Catarina, um compromisso com o futuro* (Amin, 1982) e *A vez do pequeno: uma experiência de governo* (Amin, 1985).

[23] O primeiro número dos *Cadernos da Cultura Catarinense* é de julho a setembro de 1984 e tratou sobre "aspectos do Contestado". As duas edições seguintes, uma de outubro a dezembro de 1984 e outra de abril a junho de 1985, traziam como tema central "imigração, colonização e folclore de Santa Catarina".

de catarinense, publicizando-os através da imprensa, da realização de eventos em instituições de ensino superior do Estado de Santa Catarina, da publicação de livros e da elaboração de dissertações.[24]

O início da década de 1980 foi, portanto, um período marcado pelo surgimento de festas e pela valorização das culturas locais e regionais do estado de Santa Catarina. Isso, porém, não ocorreu apenas por aqui, mas em vários outros estados e países nos quais a busca pelas raízes também passou a ser uma constante. Segundo Vovelle, nessa época, uma espécie de "nostalgia das raízes" tomou conta das pessoas, lhes empurrando a buscar no passado e no local aquilo que elas acreditavam que era originalmente seu.[25] Isso fez com que esse período se caracterizasse como um tempo de "redescoberta" e de uma "nova sensibilidade" principalmente em relação à festa.[26] A partir de então, as festas e as comemorações passaram a ser quase que uma "obsessão"[27] e um fator de identificação para as sociedades cada vez mais fragmentadas, nostálgicas, do desejo e do consumo.

Michel Maffesoli também tratou dessas mudanças ocorridas nas décadas finais do século XX e as identificou como parte de um movimento de "tribalização" ou "reencantamento do mundo".[28] Pa-

---

[24] SERPA, Élio Cantalício. A identidade catarinense nos discursos do Instituto Histórico e Geográfico de Santa Catarina. *Revista de Ciências Humanas*, Florianópolis, v. 14, n. 20, p. 72, 1996.

[25] VOVELLE, Michel. *Ideologias e mentalidades*. 2. ed. São Paulo: Brasiliense, 1991. p. 254.

[26] VOVELLE, op. cit., p. 249.

[27] SEIXAS, Jacy A. Percursos de memórias em terras de história: problemáticas atuais. In: BRESCIANI, Stella; NAXARA, Márcia (Orgs.). *Memória e (re)sentimento*: indagações sobre uma questão sensível. Campinas: Ed. Unicamp, 2001. p. 37.

[28] MAFFESOLI, Michel. *A contemplação do mundo*. Porto Alegre: Artes e Ofícios, 1995.

ra ele, estava ocorrendo naquele momento um renascimento de elementos arcaicos esmagados pela racionalização do mundo, o que fazia com que ganhasse cada vez mais força uma nova "estetização da vida". Segundo Maffesoli, os diversos fanatismos religiosos, as ressurgências étnicas, as reivindicações linguísticas, as efervescências esportivas, musicais e festivas, o desejo de "estar-junto" e outros apegos aos territórios eram as manifestações mais evidentes do renascimento desse arcaísmo.

Foi, portanto, dentro de uma perspectiva de nostalgia, de redescoberta e de reencantamento do mundo que ocorreu todo o processo de valorização e reinvenção da festa e do local a partir da década de 1980 em Santa Catarina. Foi também dentro desse contexto que nasceu a festa dos trinta anos do município de São Miguel do Oeste, em fevereiro de 1984.

## A festa dos trinta anos do município

A ideia de comemorar anualmente o aniversário de São Miguel do Oeste, com uma grande programação, partiu do jornal *O Celeiro*, um semanário que entrou em circulação na cidade e na região em dezembro de 1983. Segundo os redatores do jornal, em notícia publicada na edição do dia 7 de janeiro de 1984, não havia motivos para "um município tão pujante" como São Miguel do Oeste não comemorar o seu aniversário com uma grande festa. Por outro lado, conforme a mesma notícia, a iniciativa de *O Celeiro*, cuja finalidade era acordar "os valores (migueloestinos) adormecidos ou relegados a um segundo plano", já contava com o apoio do poder público municipal, que se comprometera com a formação de uma comissão que ficaria responsável pela organização das comemorações dos trinta anos de São Miguel do Oeste. Além disso, segundo o jornal, seus representantes haviam entrado em contato com o executivo municipal e apresentado sugestões para a programação oficial. Entre as sugestões, estavam as de realização de gincanas, desfiles, jogos, jantares, sessão solene na Câmara de Vereadores e baile de encerramento. Conforme *O Celeiro*, a ideia estava lançada e as autoridades representativas do comércio, da indústria, das entidades esportivas e sociais deviam fazer sua parte.

> [...] se todos derem sua contribuição, temos absoluta certeza do sucesso que a iniciativa alcançará, como também será uma justa homenagem aqueles [sic] que com trabalho e vontade de vencer transformaram este torrão num pólo regional, na capital polivalente do extremo-oeste catarinense. [29]

É importante destacar que, até o momento da divulgação dessa notícia, tanto o jornal quanto o chefe do executivo municipal tinham dúvidas quanto à melhor época para a comemoração do aniversário da cidade. Para o prefeito, era necessário aprovar uma lei estabelecendo o dia do município. Já os representantes do jornal defendiam que a referida comemoração deveria ocorrer em 30 de dezembro, data do desmembramento em 1953, ou em 16 de fevereiro, um dia após a instalação oficial do município em 1954. Esta última data, segundo a redação de *O Celeiro*, fora "aventada" como uma alternativa ao 30 de dezembro, pelo fato de esse dia (30/12) estar muito próximo às

---

[29] O dia do município. *O Celeiro*, São Miguel do Oeste, ano 1, n. 4, p. 2, 7 jan. 1984.

festas natalinas e de fim de ano. Nos dois casos, o que prevalecia era uma indefinição que já durava vários anos.[30]

Oficialmente, a primeira data instituída pela prefeitura local foi o dia 30 de dezembro, transformado, em 1955, em feriado de criação do município. Quatro anos mais tarde, esse dia de feriado foi substituído pelo dia 15 de fevereiro. Em 1967, devido a novas mudanças na legislação federal e municipal, também o dia 15 de fevereiro deixou de fazer parte do quadro de feriados locais, assim permanecendo até 1981, quando voltou a figurar entre os feriados instituídos pelo poder público municipal.[31] Todas essas mudanças contribuíram para que durante quase trinta anos as comemorações do dia do muni-

---

[30] A escolha da data definitiva para comemoração do dia do município foi motivo de disputa e de incerteza não só em São Miguel do Oeste, mas também em outros municípios brasileiros. Foi o caso, por exemplo, do município paulista de Votorantin, desmembrado oficialmente de Sorocaba em 1965. Em Votorantim, as autoridades estavam divididas. De um lado, havia aqueles que queriam comemorar o aniversário da cidade em 1º de dezembro, dia da realização do plebiscito que aprovou a elevação de Votorantin à categoria de município, e, de outro, os que consideravam mais sensato que a comemoração ocorresse em 27 de março, dia em que o município fora oficialmente instalado. A decisão final sobre essa disputa coube ao primeiro prefeito eleito, que optou pelo dia 1º de dezembro, conforme queria boa parte das pessoas mais influentes da cidade. No entanto, como, à época, o dia 8 de dezembro era feriado nacional de Nossa Senhora da Conceição, o prefeito decidiu substituir o feriado pela Semana da Emancipação, comemorada então, pela primeira vez, entre os dias 1º e 8 de dezembro de 1965, com desfile de rua, baile e jogo de futebol. VOTORANTIM on-line. *Votorantim vive a primeira semana da emancipação*. The Way/Cidades. Disponível em: <www.theway.com.br/votorantim/historia3.asp>. Acesso em: 6 jul. 2002.

[31] As leis instituídas em 1955, 1959, 1967 e 1981 são as seguintes:
SÃO MIGUEL DO OESTE. Prefeitura Municipal. *Lei nº 18 de 13/05/1955*. Declara Feriados Municipais.
_____. *Lei nº 30/59 de 09/11/59*. Altera dispositivo de lei e dá outras providências.
_____. *Lei nº 326/67 de 18/02/1967*. Altera a lei nº 18, de 13 de maio de 1955.
_____. *Lei nº 1.346 de 20/11/1981*. Altera a lei municipal nº 326/67, de 18 de fevereiro de 1967, e contém outras providências.

cípio, as que ocorriam, acontecessem de forma irregular, ora sendo realizadas em 30 de dezembro, ora em 15 de fevereiro. Uma rápida análise dos jornais desse período, que circulavam na cidade e na região, mostra bem essa realidade.

No jornal *A Voz da Fronteira* de 18 de fevereiro de 1962, por exemplo, aparecem referências tanto ao 15 de fevereiro, considerado dia de aniversário de instalação de São Miguel do Oeste[32], quanto ao 30 de dezembro, destacado pelo jornal como o Dia do Município.

> Dia 30 de dezembro, o Dia do Município de São Miguel do Oeste, isto é o 8º aniversário da criação de nosso município. Nesta data em 1953, pela Lei n. 133, da Assembléia do Estado, São Miguel do Oeste passou a fazer parte das comunas catarinenses. Desde então, florescente, seguiu em passos largos para um desenvolvimento grandioso, graças aos esforços de seus filhos e de seus dirigentes. '*A Voz da Fronteira*', congratula-se com este povo pacato, trabalhador e laborioso de nossa terra [...][33]

Como se percebe, a ênfase do jornal é sobre as mudanças ocorridas nos oito anos anteriores e na crença de um "desenvolvimento grandioso" do município no futuro. O discurso utilizado procura mostrar uma cidade progressista que caminha a "passos largos", graças aos esforços e à boa índole dos "laboriosos" moradores e dirigentes locais. O jornal, no entanto, não faz qualquer menção a festas ou cerimoniais comemorativos na cidade, diferentemente do que ocorreu sete anos mais tarde, em 1969, quando São Miguel do Oeste

---

[32] 15 de fevereiro: 8º aniversário da instalação do município de São M. do Oeste. *A Voz da Fronteira*, São Miguel do Oeste, n. 9, 18 fev. 1962.

[33] 30 de dezembro: dia do município. *A Voz da Fronteira*, São Miguel do Oeste, n. 4, 7 jan. 1962.

completou seu 15º aniversário. Naquele ano, a contribuição do jornal chapecoense *Folha do Oeste*, através de notícias divulgadas e também do envolvimento dos seus representantes na preparação dos festejos de aniversário de São Miguel do Oeste, foi importante, inclusive, para a definição da data a ser comemorada: no caso, o dia 15 de fevereiro.

Em 1969, o 15º aniversário de São Miguel do Oeste foi destacado em duas edições do jornal *Folha do Oeste*. Na primeira, do dia 8 de fevereiro, uma pequena notícia, publicada na coluna "Filiberto Miguel informa", tratava dos organizadores e das proposições feitas para a festa. Segundo o jornal, "o programa" seria iniciado com uma missa campal e teria, posteriormente, "uma gincana automobilística, além de desfile de escolas de samba e outros programas".[34] A responsabilidade pela organização estava a cargo do próprio colunista Filiberto Miguel, do diretor da sucursal do jornal na cidade, de um membro da prefeitura local e também de representantes da "turma da Rádio Colméia". Na segunda das edições, publicada no dia do aniversário de São Miguel do Oeste, as notícias sobre a festa e a cidade renderam três páginas. O jornal relembrou a chegada do colonizador Alberto Dalcanalle e do padre Aurélio Canzi, tratou da vinda dos primeiros colonos, da construção da capela católica, do processo de emancipação do antigo distrito, dos prefeitos e outras autoridades que governaram a cidade nos seus 15 anos de existência e destacou o prêmio de Município Modelo, conquistado em 1966.[35] Além disso,

---

[34] FILIBERTO Miguel informa: de São Miguel do Oeste. *Folha do Oeste*, Chapecó, ano 5, n. 184, p. 6, 8 fev. 1969.

[35] No final de março de 1966, uma comissão de autoridades públicas e civis, designada pelo então governador Celso Ramos, indicou São Miguel do Oeste para fazer parte, como Município Modelo, do plano de desenvolvimento agrário do estado. MUNICÍPIO modelo é São Miguel do Oeste. *Folha do Oeste*, Chapecó, ano 2, n. 66, p. 2, 23 abr. 1966.

publicou mensagens de empresas e autoridades locais. Nessas mensagens, a exemplo do que ocorreu em 1962, o foco principal era o progresso e o crescimento da cidade que, segundo o jornal *Folha do Oeste*, estavam estampados no perímetro urbano através de novas e inúmeras obras, entre elas, a monumental Igreja Matriz.

> No setor comunitário, o próspero município de São Miguel do Oeste, que hoje completa seus 15 anos de vida emancipada, conta no setor religioso com a construção de uma bela Obra arquitetônica, sua Igreja Matriz, que tem à testa da mesma o Pe. Aurélio Canzi. Pelo que a reportagem pôde ter notado, a obra está sendo considerada das mais arrojadas na Engenharia Civil.[36]

Quase doze anos depois da notícia anterior, a indefinição quanto à data para comemorar o dia do município permanecia. Dessa vez, o dia escolhido voltou a ser 30 de dezembro. E o destaque em relação à festa dos 27 anos de São Miguel do Oeste foi dado pelo jornal *Tribuna do Oeste* que, em sua primeira edição, publicou:

> O município de São Miguel do Oeste completou 27 anos de emancipação político-administrativa no último dia 30 de dezembro. As festividades, porém, ocorreram nos dias 17 e 18 últimos. Destacaram-se entre outros fatos, a sessão solene com a entrega de doze obras pelo Prefeito Jarcy Antonio de Martini e a inauguração de um busto ao ex-prefeito Walnir Bottaro Daniel.[37]

---

[36] SÃO Miguel do Oeste comemora com festividades seu 15º aniversário de emancipação política. *Folha do Oeste*, Chapecó, ano 5, n. 185, p. 3-5, 15 fev. 1969.

[37] NO aniversário, entrega de doze obras. *Tribuna do Oeste*, São Miguel do Oeste, ano 1, n. 1, p. 1, 3 jan. 1981.

Em novembro de 1981, entrou em vigor a lei municipal 1346, definindo o 15 de fevereiro como data oficial para comemoração da emancipação municipal em São Miguel do Oeste. Mesmo assim, as incertezas quanto à data exata para a comemoração continuaram por pelo menos mais três anos, ou seja, até 1984, quando finalmente o dia e a maneira de comemorar o aniversário do município foram fixados, com a ajuda do jornal *O Celeiro*. O jornal e a Comissão Municipal de Cultura, criada pela Prefeitura Municipal especialmente para a festa dos trinta anos, organizaram uma nova programação comemorativa, envolvendo diversas lideranças e a população de modo geral, conforme mostra a notícia de 15 de fevereiro de 1984.

> A iniciativa de "O Celeiro" no sentido de que precisávamos fixar de forma eloqüente e festiva, a data magna do município, encontrou a mais ampla receptividade junto ao poder público municipal, não tardando em atribuir à Comissão de Cultura, [sic] a organização e coordenação das festividades programadas. Em razão disso, este jornal sente-se duplamente gratificado e feliz. De um lado porque viu aceita a idéia e por outro lado em oferecer a presente edição que é uma homenagem e uma contribuição à própria história de São Miguel do Oeste.[38]

Com a nova festa de aniversário da cidade, os sujeitos principais das comemorações municipais passaram a ser não mais os dirigentes ligados ao poder público, como ocorria nos momentos anteriores, mas aqueles definidos como os antigos pioneiros e desbravadores do município. Assim, a partir da nova festa, "inventada" em 1984, ser pioneiro e desbravador se tornou oficialmente um fator de

---

[38] CAPITAL polivalente de Santa Catarina. *O Celeiro*, São Miguel do Oeste, ano 1, n. 10, p. 2, 15 fev. 1984. Edição especial.

distinção social e uma espécie de prêmio desejado por muitas pessoas da cidade e do interior. Naquele primeiro momento, no entanto, esse prêmio era privilégio de poucos.

## Selecionando "os primeiros"

Segundo o editorial do jornal *O Celeiro* de 15 de fevereiro de 1984, para que o dia do município pudesse ser fixado como uma das comemorações mais importantes de São Miguel do Oeste, era preciso muito mais que a contribuição do jornal enquanto veículo de comunicação e que o empenho do poder público na organização e coordenação das festividades de aniversário. Era necessária, também, a participação de todos os munícipes, criando-se assim um sentimento de comunidade a partir das raízes e dos laços históricos que os uniam. E essas raízes e esses laços históricos, conforme o jornal, seriam encontrados no "vizinho estado gaúcho", de onde migraram os chamados "primeiros povoadores" do município.

> A gente migueloestina está de parabéns, pois a partir de agora, seguramente, irá consagrar este dia 15 de fevereiro para comungar em sentimentos comuns, a rememoração desta data que há 30 anos passados marcou o surgimento de São Miguel do Oeste como município autônomo e independente, a figurar em lugar de destaque na moldura do municipalismo catarinense. Ligada por raízes e laços históricos ao vizinho estado gaúcho, os seus povoadores só poderiam ser oriundos daquela unidade da federação.[39]

---

[39] CAPITAL polivalente de Santa Catarina. *O Celeiro*, São Miguel do Oeste, ano 1, n. 10, p. 2, 15 fev. 1984. Edição especial.

Ao valorizar as raízes gaúchas da população local, *O Celeiro* procurava reafirmar o discurso de bravura, de coragem e de dedicação dos migueloestinos ao trabalho e a "vocação" da cidade para o progresso, ao mesmo tempo que conclamava a população do município a "rememorar" o passado dos tempos da antiga Vila Oeste e de seus "primeiros" habitantes. Nas 44 páginas da edição especial de *O Celeiro*, dedicada aos trinta anos do município, mensagens de autoridades municipais, de entidades e empresas locais se mesclavam aos textos, às entrevistas e às fotos relativas à história da cidade. Ao longo do jornal, as homenagens privilegiavam aqueles que eram considerados os pioneiros e desbravadores do município e repetiam incessantemente a importância dos "primeiros": o primeiro padre, o primeiro delegado, o primeiro time de futebol, a primeira igreja, o primeiro nascimento, o primeiro jornal, o primeiro prefeito, o primeiro... A imagem dos "primeiros", apresentada aos leitores, era predominantemente masculina, católica, branca e urbana. Etnicamente, os "primeiros" eram tidos como sendo, majoritariamente, descendentes de italianos e alemães. Culturalmente, eram vistos como gaúchos. Física e mentalmente, eram apresentados pelo jornal e pelas lideranças locais como "homens fortes de corpo e de espírito", verdadeiros "bandeirantes do século XX", para os quais a honra, o trabalho e a luta eram "condições essenciais de existir".[40]

---

[40] A primeira e a terceira citações, entre aspas, são parte do discurso feito pelo prefeito municipal de São Miguel do Oeste no dia do aniversário da cidade, divulgadas pela edição n. 11 de *O Celeiro*. ÊXITO total na festa dos 30 anos. *O Celeiro*, São Miguel do Oeste, ano 1, n. 11, 19 fev. 1984. Já a expressão "bandeirantes do século XX" é parte da mensagem da Prefeitura Municipal publicada na edição n. 10 de *O Celeiro*. Op. cit., p. 20.

Portanto, estavam excluídos desse passado rememorado caboclos, indígenas, afrodescendentes, luteranos, mulheres de diferentes grupos étnicos e classes sociais, além de colonizadores pobres, principalmente os das áreas rurais do atual município. De todos esses grupos, os três primeiros já estavam presentes na região extremo oeste muito antes da chegada da colonização, tendo inclusive permanecido entre os colonos "de origem" ao longo de toda a década de 1940 e também das décadas seguintes. Na mesma situação desses últimos, estavam os "novos moradores" do município, ou seja, aqueles que chegaram em São Miguel do Oeste entre os anos de 1950 e 1980 e, por isso, também ficaram em sua maioria à margem da história rememorada a partir de 1984. Nesse ano, a memória oficial construída para o município foi, portanto, uma memória fragmentada e selecionada, produto dos discursos e das ações instituídas por uma parcela das autoridades e lideranças locais através da imprensa, de órgãos e entidades públicas.

Para Elias e Scotson (2000), o passado pode ser, em determinados momentos, um elemento essencial de distinção para determinados grupos sociais. Através dele, "redes de famílias antigas" podem reivindicar para si a maioria dos postos-chave nas entidades e organizações políticas locais, fazendo uso destas para reforçar e positivar ainda mais sua autoimagem e o seu papel de "guardiões da imagem comunitária e das opiniões e atitudes aprovadas".[41] Com seu poder e prestígio, essas famílias antigas também podem selecionar fragmentos do passado conforme seus interesses e fazer deles uma espécie de

---

[41] ELIAS, Norbert; SCOTSON, John L. *Os estabelecidos e os outsiders*: sociologia das relações de poder a partir de uma pequena comunidade. Rio de Janeiro: Jorge Zahar, 2000. p. 55 e 103.

"memória pública".[42] O pertencimento a essa "rede de famílias antigas" não se dá, no entanto, apenas pelo tempo de residência no local ou pela relação de parentesco existente entre os membros dessas famílias, mas é também uma consequência da forma como determinados indivíduos ou grupos de indivíduos se inserem ou são inseridos nos contextos cultural, social, político e econômico da comunidade. Nesse caso, o passado que une os vários sujeitos a uma rede, diferentemente do que propuseram Elias e Scotson, ao estudar Winston Parva, é muito mais do que o tempo vivido conjuntamente; ele é uma espécie de "polo agregador" com o qual os sujeitos se identificam circunstancial ou permanentemente, sem que necessariamente dele tenham feito parte direta ou indiretamente. No entanto, é importante destacar que o passado, ao mesmo tempo que unifica simbolicamente diferentes sujeitos e grupos de sujeitos em torno de uma memória coletiva, nesse caso uma "memória municipal", também os separa por meio de fronteiras que são forjadas e estimuladas através da emergência e tentativa de legitimação de determinadas "identidades segmentárias". Identidades que, segundo Guarinello (2001), ainda que caracterizando o grupo dos "incluídos", não é homogênea, nem uniforme, e sim fragmentada. É uma "unidade diferenciada" que caracteriza, entre outros, também a "rede de famílias antigas".[43]

A existência e a atuação de uma "rede de famílias antigas", materializada através da constituição da Comissão Municipal de Cul-

---

[42] O conceito de "memória pública" é trabalhado em: NODARI, Eunice. *A renegociação da etnicidade no oeste de Santa Catarina (1917-1954)*. 1999. Tese (Doutorado em História) – Pontifícia Universidade Católica, Porto Alegre, 1999. p. 227.

[43] GUARINELLO, Norberto Luiz. Festa, trabalho e cotidiano. In: JANCSÓ, István; KANTOR, Íris (Orgs.). *Festa*: cultura e sociabilidade na América portuguesa. São Paulo: Hucitec/Edusp/Fapesp/Imprensa Oficial, 2001. p. 971-975. (Coleção Estante USP – Brasil 500 Anos, v. 2).

tura, os investimentos do poder público e os discursos utilizados pelo jornal *O Celeiro* foram fatores decisivos para o sucesso da festa dos trinta anos de São Miguel do Oeste, fazendo com que a cidade "despertasse" os valores locais e se transformasse em modelo não só para as festas de emancipação posteriores, mas também para outros eventos municipais. Essa festa, além de ter sido uma espécie de marco inicial das grandes festas de emancipação na cidade, foi a maior dentre todas as comemorações de emancipação já realizadas em São Miguel do Oeste, tendo somado quase vinte dias de atividades.

Da mesma forma, o destaque que a festa teve no jornal local foi incomparável a qualquer outra. A explicação para isso talvez esteja relacionada, por um lado, à própria "invenção" da festa e ao caráter inaugural a ela atribuído pelo jornal *O Celeiro* e, por outro, aos interesses dos proprietários desse jornal que, assim como os proprietários dos jornais *A Voz da Fronteira*, *Folha do Oeste* e *Tribuna do Oeste*, vislumbraram na festa de aniversário de município uma oportunidade de vender anúncios e de consolidar, com o apoio da administração municipal da época, o nome do jornal como um produto regional. Além disso, o grande destaque da festa dado por *O Celeiro* só foi possível porque, no início da década de 1980, o comércio e a economia da cidade, como um todo, ainda eram bastante fortes. Sobre a situação da cidade naquele período, tratarei no quarto capítulo.

## A Comissão Municipal de Cultura

Constituída em janeiro de 1984, a Comissão Municipal de Cultura ganhou notoriedade depois do sucesso alcançado na organização da festa dos trinta anos de São Miguel do Oeste. Composta oficialmente por 17 pessoas, entre as quais filhos e filhas de pioneiros da cidade, a CMC se tornou, desde então, um dos principais locais de debate e formulação de ações destinadas à área histórica e cultural do município. No interior dessa entidade, ganharam força atividades, como festas, desfiles, encontros, exposições, entre outras, que contribuíram decisivamente para a construção e legitimação de uma memória colonizadora entre os moradores de São Miguel do Oeste.

Segundo Marli Zandoná, ex-integrante da Comissão Municipal de Cultura, a entidade foi proposta pelo jornalista Ademar Baldissera, à época uma das pessoas que possuía o maior acervo histórico do município. O objetivo da formação da CMC, conforme Zandoná, era "comemorar os 30 anos de município e ser um instrumento de valorização dos feitos de homens e mulheres que construíram São Miguel do Oeste". Para isso, segundo ela, "foram convidados amigos que afinavam com a ideia que foi encaminhada ao Prefeito Augusto Paulo Zorzo, e este constituiu a referida comissão".[44]

Além de Marli Zandoná e Ademar Baldissera, outra militante ativa da Comissão Municipal de Cultura, desde meados da década de 1980, foi Marli Ribeiro. Para ela, o surgimento da CMC, em 1984, marcou um despertar de muitos moradores para a importância de comemorar o aniversário da cidade e de valorizar elementos da cultura local. Os moradores, conforme Marli Ribeiro, iniciaram, através da Comissão Municipal de Cultura, um "movimento cultural" visan-

---

[44] ZANDONÁ, Marli. *Questões*. [entrevista concedida por e-mail]. Mensagem recebida por <larentes@yahoo.com.br> em 5 jun. 2003. Acervo do autor. Nesse depoimento, as mulheres aparecem como construtoras da história local. A referência, no entanto, é a um período em que elas ainda estavam, de forma geral, excluídas da história oficial. Esta inclusão das mulheres nos discursos atuais sobre a história da cidade é um reflexo da própria visibilidade e dos espaços por elas conquistados nas últimas três décadas, seja através da atividade acadêmica, produzindo livros e debates sobre as questões de gênero, seja por sua atuação nos diferentes movimentos sociais existentes ao longo desse período.

do retomar as raízes do município e da região. "Foi um despertar. A gente acordou que tinha São Miguel, que a cidade estava crescendo, que ela estava fazendo aniversário e que tínhamos uma necessidade de comemorar essa data." A criação dessa "necessidade", segundo ela, devia-se principalmente ao fato de São Miguel do Oeste não ter, naquele momento, nenhuma festa que a caracterizasse.

> São Miguel não tinha festa de nada. Nós não tínhamos nem pêssego demais, nem milho demais, nem maçã, nem nada que caracterizasse. A única coisa que a gente tinha era pinheiro. Mas pinheiro também não tinha mais[45]

A inexistência de uma festa que caracterizasse e projetasse São Miguel do Oeste para o cenário estadual e nacional se devia, em primeira instância, à decadência de um dos maiores eventos oficiais que existia até então no município: a Feira Agropecuária e Industrial de São Miguel do Oeste (FAISMO). Esse evento teve sua primeira edição em abril de 1974 e foi projetado para ser a vitrine do setor produtivo da região extremo oeste e de Santa Catarina como um todo. No entanto, após a sexta edição, em 1983, a feira deixou de ser realizada.[46] Ficou em aberto um espaço que, um ano depois, começou a ser ocupado com a comemoração dos 30 anos de São Miguel do Oeste. No entanto, não foi apenas a decadência da FAISMO que possibilitou a ascensão de uma nova festa e tampouco foi apenas esse o motivador do "despertar" e da "necessidade" a que Marli Ribeiro se referiu. Em

---

[45] RIBEIRO, Marli T. *Entrevista concedida a Adriano Larentes da Silva*. São Miguel do Oeste, 27 jan. 2003. Acervo do autor.

[46] Em 1994, a FAISMO foi retomada na expectativa de recuperar o dinamismo econômico que a cidade vinha perdendo, mantendo-se com o mesmo nome até 2004. A partir de 2007, a feira passa a se chamar Expo São Miguel.

vez disso, as novas festas que surgiram a partir de 1984 eram parte de um processo mais amplo de valorização do passado e do local. Nesse processo, colaborou decisivamente um grupo de pessoas vinculadas principalmente à Câmara Júnior local (Cajusmo).[47] Foi no interior dessa entidade que nasceram o Festival Artístico Cultural, realizado em 1976 e 1977, e a Semana Cultural de 1978. No caso do primeiro evento, o objetivo dos organizadores era "promover o encontro de escritores e poetas, artistas plásticos, artesãos, escultores", o que contribuiria, segundo eles, para uma maior integração dos diferentes segmentos artísticos da região oeste e dessa com as demais regiões de Santa Catarina.[48] Já a Semana Cultural, realizada em outubro de 1978, além de procurar incentivar os "valores culturais e artísticos" de São Miguel e do extremo oeste, era, conforme o Boletim Informativo da Cajusmo, também um evento alusivo aos 25 anos de emancipação política de São Miguel do Oeste. Por isso, textos sobre cultura foram elaborados nessa ocasião e apresentados posteriormente na rádio local por representantes da Câmara Júnior, da Secretaria de Educação e Cultura Municipal e de escolas da cida-

---

[47] As Câmaras Júnior nasceram nos Estados Unidos no início do século XX, espalhando-se por todo o mundo. Nelas, reúnem-se pessoas com idade entre 18 e 40 anos. Um dos principais objetivos dessas entidades é a formação de lideranças e o incentivo para que elas atuem nas suas respectivas comunidades. Para mais informações sobre o assunto, consultar: <http://www.jcbrasil.org.br/>.

[48] Sobre os Festivais Artístico Culturais de 1976 e 1977, foram consultados os seguintes documentos: CÂMARA JÚNIOR DE SÃO MIGUEL DO OESTE. *Relatório das principais atividades Cajusmo, dando ênfase ao primeiro Festival Artístico Cultural, 1º FAC*. São Miguel do Oeste, nov. 1976.
\_\_\_\_\_. *II Festival Artístico Cultural*: trabalho de "abertura". São Miguel do Oeste, 25 jul. 1977. p. 2.
\_\_\_\_\_. *Relatório II FAC*. São Miguel do Oeste, 15 a 23 out. 1977.
\_\_\_\_\_. *II Festival Artístico Cultural*: antologia – poema e poesia. São Miguel do Oeste, out. 1977.

de. Para o encerramento, essas mesmas entidades prepararam uma Noite Cultural, na qual foram realizadas homenagens e a entrega de "placas de prata", em alusão aos 25 anos do município, a dois convidados de honra: o padre Aurélio Canzi e a diretora da Rádio Colméia e ex-primeira dama do município, Idaci Wasun. Na mesma noite, houve uma apresentação folclórica, um show artístico e a apresentação de uma poesia de autoria de Augusto Alberto Neto (Nelci Andrado Mittmann) intitulada "Pioneiro, potro, chucro!".[49] Essa poesia tinha como sujeito central o pioneiro, de quem se relembrava a trajetória desde a saída dele do Rio Grande do Sul até sua morte no oeste de Santa Catarina. Entre um extremo e outro estavam as dificuldades impostas por uma terra que era apresentada como sendo, ao mesmo tempo, "rica" e "rude".

> Contradizendo os ditos,
> Duvidando dos escritos
> Tomou a trilha do agreste.
> E foi a lei do mais forte
> Com tenacidade e sorte
> Enfrentou o rude OESTE!
> Varou a estância dividida.
> Talhando cipó a faconada
> Foi cavando uma picada
> Rumo à terra prometida![50]

---

[49] CÂMARA JÚNIOR DE SÃO MIGUEL DO OESTE. *Boletim Informativo Cajusmo*. São Miguel do Oeste, 1978.

[50] NETO, Augusto Alberto [Nelci Andrado Mittmann]. Pioneiro, potro, chucro! Extremo Oeste, São Miguel do Oeste, 11 mai. 1979. In: MOREIRA, Antonio C.; TRENTIN, Eneida L. *Relatório final da prática de ensino supervisionada do curso de estudos sociais*. Chapecó: Fundeste, 1985. p. 99-102. (Anexos).

Como se vê, a representação do pioneiro nessa poesia é muito parecida com aquela construída anos mais tarde pelos jornais locais. Ou seja, o pioneiro aparece como um homem destemido, "chucro", disposto a enfrentar a "lei do mais forte", imposta pelo "sertão", para poder chegar à "terra prometida".

Baseado nessa mesma representação, em 1979, o poder público local encomendou ao artista Paulo de Siqueira um monumento a ser erguido na recém-inaugurada praça central da cidade. Construído todo em ferro, assim como era a maioria das outras obras feitas por Siqueira nesse mesmo período, o monumento ao desbravador foi inaugurado oficialmente em agosto daquele ano e se tornou, a partir de então, um dos símbolos da presença pioneira e colonizadora no município de São Miguel do Oeste. Aliado a isso, a prefeitura da cidade realizou, no ano seguinte, um concurso para escolha do hino oficial do município. Desse concurso, participaram vários autores, porém apenas dois foram classificados para a escolha final. Na composição de ambos os autores havia em comum a reverência aos pioneiros e à chegada deles a Vila Oeste na década de 1940. Das duas letras, uma era de autoria do professor e poeta Nelci Andrado Mittmann, o mesmo que no ano anterior havia publicado no jornal *Extremo Oeste* a poesia "Pioneiro, potro, chucro!", enquanto a outra, que ao final foi a escolhida, foi escrita pelo também professor e então prefeito da cidade Jarcy Antonio De Martini.

Na letra do hino escrito por De Martini, a representação do pioneiro forte e destemido se manteve. Essa representação aparece, por exemplo, na primeira e na quarta estrofes do hino, nas quais o nascimento e crescimento da cidade estão associados diretamente à presença dos colonos gaúchos.

> Na floresta verdeal oestina
> Os primeiros colonos chegaram:
> Deslumbrante, mas fértil colina
> Em cidade novel transformaram.
> [...]
> Festejemos o grupo pioneiro,
> No trabalho e na luta fiel:
> Desbravou um rincão brasileiro,
> Nele fez despontar São Miguel.[51]

Diante desses exemplos, é possível perceber algumas das matrizes dos discursos empreendidos a partir de 1984 pela imprensa e por representantes do poder público e da Comissão Municipal de Cultura. Pode-se afirmar que a festa dos trinta anos não foi um momento de ruptura ou simplesmente o início de uma prática de valorização que não existia antes. Ao invés disso, foi um tempo de redescoberta, redefinição e consolidação da festa e das representações que existiam sobre a história e a cultura local. Dessa forma, não houve uma substituição pura e simples da FAISMO por outros grandes eventos, mas a ascensão, a partir de uma lacuna existente, de um modelo de festa que já estava sendo pensado e experimentado há vários anos. Por outro lado, o fato da ascensão das novas festas ter ocorrido sem grandes rupturas não significa que não houve uma mudança importante de uma festa para a outra. Isso porque, apesar de ambos os eventos, a FAISMO e a festa de aniversário do município, estarem dentro de uma lógica comum de identificação com o local e o regional, as motivações e os significados não eram necessariamente os mesmos. Antes, com a FAISMO, o que se buscava era, em última

---

[51] DE MARTINI, Jarcy Antonio. Hino de São Miguel do Oeste. *Folha do Oeste*, São Miguel do Oeste, ano 18, n. 814, 9 fev. 2002. Suplemento especial.

análise, o progresso ou sua materialização em um futuro próximo. Agora, com a festa de aniversário da cidade e outros eventos criados a partir dela, as atenções estavam voltadas para o passado e, principalmente, para os sujeitos que dele foram selecionados. É claro que tanto no primeiro quanto no segundo caso a referência a ambos os tempos sempre existiu, porém o que ocorreu, a partir da década de 1980, foi uma maior valorização do passado em detrimento do futuro.

Com as novas festas, especialmente o passado pioneiro e colonizador do município se tornou uma espécie de "espelho" capaz de direcionar as novas gerações ao caminho do desenvolvimento. O passado ligado à época de Vila Oeste foi transformado, nesse caso, no que Hobsbawm (1998, p. 23) chama de "tribunal de apelação", cuja principal função seria servir como orientador das gerações futuras face às mudanças do seu tempo.[52] "Em 1984, quando comemoramos 30 anos precisamos cada vez mais nos espelhar na esperança e na garra dos pioneiros, para continuarmos crescendo", dizia o cartaz comemorativo elaborado pela Comissão Municipal de Cultura.[53] Através de documentos como esse e das atividades que realizavam, os membros da comissão, gradativamente, assumiam para si a tarefa de "guardiões da memória municipal", ou seja, tornavam-se os principais responsáveis pela continuidade de um passado que eles mesmos ajudaram a reinventar e valorizar. Era graças à comissão, composta, segundo o texto do jornal *O Celeiro,* por "uma plêiade de jovens di-

---

[52] Além de Hobsbawm, outro autor que tratou dessa questão foi Catroga (2001, p. 59-64), ao mostrar que a utilização do passado como um instrumento capaz de oferecer "lições" às gerações futuras se tornou recorrente nos discursos positivistas europeus desde o século XIX, tendo ganhado destaque especialmente nas comemorações cívicas nacionais a partir daquele período.

[53] SÃO MIGUEL DO OESTE. Comissão Municipal de Cultura. *Comemore São Miguel do Oeste*: 30 anos de município. São Miguel do Oeste, 1984.

nâmicos" e "arrojados", que "os grandes feitos" dos desbravadores da cidade ficariam marcados na memória municipal.

> Há que realçar na iniciativa marcas profundas de pioneirismo, através dos atos de uma geração contemporânea, que segurou com mão firme o facho brilhante do desbravador do passado, cultuando no presente toda uma história que haverá de marcar sobejamente os passos da nova geração. A prole dos grandes homens do passado não esconde o insopitável desejo de dar continuidade, [sic] a sublime missão de trabalhar em favor do desenvolvimento. Para isso, lançando mão de instrumentos que toquem o âmago da sensibilidade de cada cidadão, na tentativa de despertá-los na formação de uma corrente positiva com elos conscientes [...][54]

Pois, era graças ao "pioneirismo" de uma "geração contemporânea" que o "facho brilhante do desbravador do passado" podia continuar aceso em novas mãos. Assim, os feitos dos "grandes homens do passado" marcariam "sobejamente" o tempo presente através dos passos das novas gerações; gerações que seriam as responsáveis por dar continuidade às memórias e à "sublime missão" de prosseguir com o "progresso" conquistado coletivamente. Por outro lado, essa "nova geração", "prole dos grandes homens do passado", já não escondia mais seu "desejo" de seguir o exemplo dos feitos de seus antepassados. Por isso, reunida à Comissão Municipal de Cultura, a "nova geração" desenvolveu uma série de atividades que objetivavam tocar "no âmago da sensibilidade de cada cidadão", procurando "despertá-los" para o seu pertencimento cultural e para que valorizassem o

---

[54] MOURA, James. Os 30 anos de SMOeste. *O Celeiro*, São Miguel do Oeste, ano 1, n. 42, 22 set. 1984. Coluna Ponto Crítico, p. 21.

lugar e as coisas da sua terra. Foi assim que, depois de fevereiro de 1984, surgiu uma série de eventos com intuito de dar continuidade ao trabalho iniciado com a festa dos trinta anos de aniversário.

## A Festa da Cultura e a "identidade catarinense"

Pouco mais de três meses depois da festa de aniversário da cidade, foi realizado em São Miguel do Oeste o II Encontro Regional de Cultura, que reuniu representantes das secretarias de educação, desporto e turismo de municípios do oeste de Santa Catarina e técnicos da Fundação Catarinense de Cultura. Segundo o jornal *O Celeiro*, o encontro, que havia sido realizado na cidade de Chapecó no ano anterior, era uma iniciativa da Fundação Catarinense de Cultura e tinha como objetivo "uma maior descentralização e interiorização da cultura", além do incentivo à criação de comissões ou departamentos culturais nos municípios que ainda não possuíssem um "órgão incentivador" nessa área. A ideia da fundação, de acordo com um dos dirigentes da Comissão Municipal de Cultura de São Miguel do Oeste, era implantar no oeste do estado "uma cultura tradicional, inexistente até então". A ausência dessa cultura, segundo ele, era o resultado de uma colonização recente, cuja maior preocupação até aquele momento havia sido o desenvolvimento econômico e social. "Mas agora já existe uma infraestrutura adequada para que se comece a pensar na parte cultural da população, principalmente uma cultura nossa e não apenas consumo do que vem de fora", afirmou o representante da Comissão Municipal de Cultura, em entrevista ao jornal *O Celeiro*.⁵⁵ Durante o evento, segundo *O Celeiro*, também aconteceu uma exposição de fotos antigas de São Miguel do Oeste e foi lançada a ideia de transformar em museu e centro de artes um antigo moinho colonial existente no centro da cidade.⁵⁶

As fotos expostas no II Encontro Regional de Cultura pertenciam ao jornalista Ademar Baldissera e já haviam sido expostas em colégios e outros locais de São Miguel do Oeste. Intitulada *Retratos de Vila Oeste*, a exposição de mais de duzentas fotos durante o encontro foi visitada, entre outros, por alunos e professores da Escola Chapeuzinho Vermelho, que, segundo a direção da escola, demonstraram grande interesse, pois as fotos mostravam a "história de sua própria cidade" e contribuíam para que todos pudessem "valorizar e exaltar São Miguel do Oeste".⁵⁷

Além do II Encontro Regional de Cultura e das exposições descritas acima, outro evento que ocorreu em São Miguel do Oeste, em 1984, foi a Festa da Cultura. A criação dessa festa teve o objetivo de dar continuidade às comemorações dos trinta anos de São Miguel, contribuir para a formação de uma "cultura tradicional" no oeste catarinense e, também, de suprir a "necessidade" que, conforme a entrevista de Marli Ribeiro, os moradores locais tinham de festa.

É importante destacar que a "ausência" e a "necessidade" de festa de que falou Marli Ribeiro dizem respeito muito mais a grandes festas e eventos oficiais do que a outras formas de comemorações locais. Portanto, a referência à "ausência" ou "necessidade" não sig-

---

⁵⁵ SÃO Miguel sedia II Encontro Regional de Cultura. *O Celeiro*, São Miguel do Oeste, ano 1, n. 23, p. 24, 12 maio 1984.

⁵⁶ SÃO Miguel foi destaque no II Encontro Regional de Cultura. *O Celeiro*, São Miguel do Oeste, ano 1, n. 26, p. 15, 2 jun. 1984.

⁵⁷ SÃO Miguel do Oeste ontem, hoje, amanhã. *O Celeiro*, São Miguel do Oeste, ano 1, n. 27, p. 13, 9 jun. 1984.

nifica a negação pura e simples de inúmeras festas religiosas, esportivas e comunitárias que, há muitos anos, eram realizadas em localidades da cidade e do interior de São Miguel do Oeste. Até porque, se seguíssemos a lógica e a existência destas, veríamos que a cidade, desde o seu nascimento na década de 1940, sempre conviveu com festas. As festas dedicadas a São Miguel Arcanjo, padroeiro municipal, a Festa do Colono e Motorista e a Romaria de Nossa Senhora do Caravaggio foram sempre muito movimentadas, reunindo e envolvendo boa parte dos migueloestinos. Não foi em relação a esse tipo de comemorações que se referiu Marli Ribeiro, mas sim a eventos como a FAISMO e, principalmente, a festas com o formato daquela que comemorou os trinta anos de município. Para Ribeiro, o que a cidade tinha como necessidade naquele momento era uma festa que pudesse sintetizar e representar os traços culturais da população local. E, nesse sentido, a Festa da Cultura, realizada pela primeira vez em outubro de 1984, foi fundamental.

> Com duração de cinco dias, está esquematizada toda a programação da Festa da Cultura, que acontece de 11 a 15 de outubro, fazendo parte ainda dos festejos alusivos aos 30 anos do município. Numa programação da Comissão Municipal de Cultura, com o apoio da Prefeitura, a Festa deverá ter a participação aproximada de 15 mil pessoas, tratando-se, portanto, do maior evento cultural já realizado no município [...][58]

Entre as atividades programadas para a primeira Festa da Cultura, estavam apresentações de grupos de danças e grupos folclóri-

---

[58] PRONTA a programação geral da Festa da Cultura. *O Celeiro*, São Miguel do Oeste, ano 1, n. 42, p. 17, 22 set. 1984.

cos, feiras, exposições, projeção de filmes infantis, café colonial, jantar típico italiano, shows musicais e baile público na praça central. Durante o evento, houve também uma reconstituição da Guerra do Contestado, com a participação de mais mil figurantes.

> Essa Guerra do Contestado tinha pouco conhecimento na nossa região, mas ela era de grande importância para o pessoal que estava em Porto Alegre, que estudava e que gostava disso. Trouxeram pra gente a Guerra do Contestado e a gente passou a gostar da história, enfim a ver que também tinha a ver com a gente, tinha a ver com a nossa região, tinha a ver com a região do Irani pra cá. E a gente fez um grande teatro. Foi a primeira vez que se fez um grande evento, um grande teatro [...] Ali, entrou desde pessoas simples do interior... houve um envolvimento muito grande de toda a comunidade.[59]

A reconstituição da Guerra do Contestado durante a Festa da Cultura dava continuidade ao trabalho de valorização desse episódio histórico, tanto no âmbito local quanto no estadual. Em São Miguel do Oeste, ela ocorria cerca de dois meses após a montagem de uma exposição fotográfica, denominada *Os pelados*; nela, os sujeitos principais também eram os caboclos do Contestado. Organizada pelos membros da Comissão Municipal de Cultura, tanto essa exposição quanto a teatralização, ambas realizadas em São Miguel do Oeste, acabaram trazendo à tona a história de (ex-)habitantes da região que estavam excluídos não só da história oficial, mas também do dia a dia do município. No entanto, para minimizar essa contradição, os caboclos do Contestado foram estandartizados como símbolos de

---

[59] RIBEIRO, op. cit.

um passado distante que não interferia nem colocava em xeque a primazia daqueles identificados como pioneiros e desbravadores de São Miguel do Oeste. Essa situação foi uma forma encontrada pelos membros da CMC para, por um lado, fazer parte de um debate estadual sobre o Contestado e, por outro, poder valorizar os descendentes de europeus que colonizaram o município.

Ao recuperar a Guerra do Contestado, os membros da Comissão Municipal de Cultura inseriam-se entre aqueles que, como o governador do estado Esperidião Amin, desejavam forjar uma "identidade catarinense" naquele período. Segundo o historiador Élio Cantalício Serpa,

> [...] o discurso da identidade catarinense foi a marca registrada, na esfera cultural, do governo Esperidião Amin – 1982/1986 – que esboçou toda uma proposta de incentivos a eventos e concessão de subsídios que visavam dar voz ao discurso da identidade catarinense.[60]

Para Amin, o "jagunço do contestado" era o símbolo máximo dessa identidade. Por isso, a sua "presentificação" era incentivada através de uma política estadual desenvolvida, principalmente, pela Fundação Catarinense de Cultura.

> O Estado, de certa forma, cercava de diversas maneiras o objetivo máximo da sua proposta cultural. Patrocinou a produção de vídeo e as prefeituras que tinham afinidades com o poder estadual realizavam eventos culturais sobre o Contestado.[61]

---

[60] SERPA, op. cit., p. 72.
[61] SERPA, op. cit., p. 75-76.

A teatralização da Guerra do Contestado durante a Festa da Cultura de 1984, assim como a exposição de fotografias *Os pelados* que ocorreu em agosto do mesmo ano, evidenciava a existência de afinidades políticas entre os membros do poder público local, a Comissão Municipal de Cultura e o governo do Estado. Além disso, representava a contribuição de São Miguel do Oeste para a criação de um "catarinensismo" em Santa Catarina, ideal perseguido não só pelo então governador do Estado, mas também por outros sujeitos.

Além da teatralização da Guerra, outro atrativo da I Festa da Cultura foi a Feira Regional do Livro. Nessa feira, mais de trezentos títulos foram colocados à disposição do público, entre eles, alguns lançados durante o próprio evento. Esse foi o caso, por exemplo, de duas obras que abordavam assuntos ligados à história de São Miguel do Oeste. Dessas, a que causou maior polêmica foi uma história em quadrinhos escrita pelo arquiteto e cartunista Marcos Telles. Intitulada *Vila Oeste, Porco Dio*, a obra de Telles virou, inclusive, objeto de debate na Câmara de Vereadores da cidade, pois alguns vereadores consideraram ofensivos o título e algumas das caricaturas feitas. *Vila Oeste, Porco Dio*, segundo escreveu Marcos Telles, no convite do lançamento da obra, era uma história em quadrinhos que lembrava o passado e satirizava o presente de São Miguel do Oeste.[62]

> Os pinheirais, as casas cobertas com tabuinhas, a antiga igreja matriz, os clássicos entre Guarani e Atlético, os bailes do C.T.G., fazem parte do cenário do passado onde desfilam os quarenta personagens de Vila Oeste, Porco Dio. Através de caricaturas de políticos e figuras popula-

---

[62] TELLES, Marcos. *Convite*. São Miguel do Oeste, out. 1984a.

res, pretendemos homenagear São Miguel do Oeste em seu trigésimo ano de emancipação.[63]

Durante a Feira do Livro ocorreu, também, o lançamento de duas obras escritas pelo poeta Augusto Alberto Neto (Nelci Andrado Mittmann). A primeira, intitulada *Xiii! Roubaram um pedaço da lua*, conta a história de uma indiazinha que um dia percebeu que estava faltando um pedaço da lua. A segunda obra, intitulada *Deu mico no milharal*, trata da chegada dos colonizadores gaúchos no oeste catarinense e do impacto que isso causou na flora e na fauna da região. Segundo uma breve apresentação feita pelo próprio autor, o livro *Deu mico no milharal* foi escrito "numa tentativa de preservar e retornar às origens, valorizando todos os elementos integrantes da vida" e relembrando a chegada do homem branco "no sertão".

> Quando os gaúchos decidiram explorar e colonizar o Oeste Catarinense e outros Estados do Norte, foram obrigados pelas circunstâncias, a enfrentar diversas e adversas dificuldades. Além dos perigos naturais do sertão bravio, tais como os tigres, as cobras, os carrapatos e os mosquitos-borrachudos que não deixavam os homens, as mulheres e as crianças em sossego, havia chusmas de macacos que desafiavam os colonizadores com suas peraltices.[64]

No livro, os macacos são apresentados como observadores das atitudes tomadas pelos colonizadores. São eles que percebem, com espanto e curiosidade, a presença daqueles "seres estranhos" em seu território. Em pouco tempo, os macacos observaram que

---

[63] TELLES, op. cit.
[64] NETO, Augusto Alberto [Nelci Andrado Mittmann]. *Deu mico no milharal*. São Miguel do Oeste: Edição do autor, 1984. p. 11. (Os Desbravadores, v. I).

"os Bichos-Homens" haviam construído no local escolhido "uma cabana de pau-a-pique coberta com folhas de palmeiras" e que já começavam a roçar o mato, abrir picadas, fazer plantações e cortar "com pesados machados" as árvores mais grossas.

Diante da nova situação, os micos resolveram agir com hostilidade, atacando o milharal dos colonizadores, que começava a produzir. Tudo isso gerou conflito e morte e fez com que os animais decidissem abandonar o seu território. Antes de partirem, porém, reclamam em tom de lamento:

> As matas foram ao chão
> Nada sobrou da realeza
> Onde os homens metem mão
> Destroem toda a natureza!...[65]

---

[65] NETO, op. cit., p. 40. Longe de qualquer intenção de tratar indígenas como "selvagens" ou "animais", poderíamos dizer que as relações estabelecidas entre macacos e colonizadores, no caso da história do livro *Deu mico no milharal*, são muito semelhantes àquelas existentes entre indígenas e colonizadores ao longo da história de Santa Catarina. Um exemplo claro dessa situação foi a dos índios Botocudos ou Xocleng do Vale do Itajaí, os quais causaram medo e apreensão entre os imigrantes alemães que colonizaram aquela região no século XIX, sendo muitas vezes acusados de atacar suas lavouras de milho e de outros produtos. Décadas mais tarde, no entanto, depois de perseguidos e mortos por bugreiros contratados para exterminá-los, parte dos índios Xocleng, a exemplo do que aconteceu com o grupo Kaingang e Guarani, acabou fugindo para outras regiões de Santa Catarina e de estados vizinhos ou foi aldeada, deixando a maior parte das suas terras nas mãos dos novos moradores. Para mais informações sobre esse assunto, consultar: 1) SILVA, Fábio José. *Medo branco de sombras indígenas*: o índio no imaginário dos moradores do Vale do Itajaí. 2003. Trabalho de Conclusão de Curso (Graduação em História) – Universidade Federal de Santa Catarina, Florianópolis, 2003. 2) SANTOS, Sílvio Coelho. *Índios e brancos no Sul do Brasil*. Florianópolis: Edeme, 1973.

Representação de Vila Oeste na obra "Vila Oeste, Porco Dio!"
Fonte: Telles (1984b, p. 4).

Colonizadores na derrubada do mato
Fonte: Neto (1984, p. 31).

A micada, ciscada de receio, espionava as manobras dos recém-chegados.

O desmatamento, a colonização e o cotidiano dos moradores de Vila Oeste entre as décadas de 1940 e 1960 são os assuntos centrais do livro *Deu mico no milharal* e da história em quadrinhos *Vila Oeste, Porco Dio*. Nessas obras, houve a inserção de uma discussão que dava uma perspectiva um pouco diferente à história oficial, que estava sendo construída naquele momento, principalmente pela Comissão Municipal de Cultura. Em *Deu mico no milharal*, por exemplo, o pioneiro aparece não apenas como o agente do progresso, mas também como aquele que possuía uma prática cultural nociva ao meio ambiente.[66] Já em *Vila Oeste, Porco Dio*, a dicotomia de presente e passado é quebrada com o trânsito irregular de personagens entre um tempo e outro. No entanto, mesmo tendo adotado perspectivas diferentes, ambos os autores também acabaram, de certa forma, contribuindo para a manutenção dos discursos que vinculavam pioneiros e desbravadores a um tempo inicial e heroico. O próprio momento do lançamento das obras e as intencionalidades dos autores descritas no início de uma e no convite para a outra são bastante significativos das vinculações existentes.

## Observando o todo

O processo desencadeado pela festa dos trinta anos de São Miguel do Oeste foi extremamente importante para a consolidação de uma prática de valorização da cultura e da história local. São Miguel

---

[66] Essa percepção sobre os impactos causados pelos pioneiros no meio ambiente não deixa de ser um reflexo de uma nova sensibilidade em relação à natureza e uma consequência de um amplo debate que vinha ocorrendo em todo o mundo naquele período, motivando a entrada em cena de novos grupos de ambientalistas e ecologistas.

do Oeste passou a ter duas grandes festas oficiais a partir de 1984, ambas muito semelhantes.

A primeira era a festa de aniversário municipal, que, desde então, ganhou uma periodicidade anual e se transformou em espaço de exaltação do passado colonizador e de geração de novas perspectivas para o futuro. Desde 1984, essa festa foi realizada sempre próximo ao feriado de 15 de fevereiro, ou no próprio feriado, estendendo-se, algumas vezes, para outras épocas do ano.[67] Em muitos momentos, a festa de aniversário do município foi também o espaço encontrado por autoridades e lideranças locais para a abertura de eventos ou para a inauguração de obras e monumentos. Foi isso que ocorreu, por exemplo, em 1988, quando o município completou 34 anos, e em 1994, durante o 40º aniversário da cidade.

Em 1988, o ponto alto da comemoração do aniversário municipal foi a inauguração do Museu Histórico de São Miguel do Oeste, um dos ideais perseguidos pelos membros da Comissão Municipal de Cultura desde 1984.

> Em solenidades que contaram com a presença de autoridades civis, militares e eclesiásticas, convidados especiais e população em geral, foi inaugurado oficialmente, segunda-feira, dia 15 de fevereiro, o Museu Histórico de São Miguel do Oeste. Localizado no antigo prédio da prefeitura, o Museu praticamente reconstitui a história do município, através de uma bem montada exposição fotográfica, de objetos e pertences doados por pioneiros que desde me-

---

[67] Os únicos anos em que a festa de aniversário do município não ocorreu foram 1986 e 1996.

ados de 1940 passaram a trabalhar e residir na região do Extremo-Oeste de Santa Catarina.⁶⁸

Durante a inauguração do museu, segundo o jornal *Folha do Oeste*, as autoridades presentes lembraram nomes de desbravadores e de pioneiros da cidade, salientando sua importância para o progresso de São Miguel do Oeste. Na mesma ocasião, convocaram a população a fazer doações de documentos e outros materiais antigos que pudessem "enaltecer" cada vez mais "os feitos" das famílias pioneiras.⁶⁹

Em 1994, a exemplo do que havia ocorrido em anos anteriores, a festa dos 40 anos de São Miguel do Oeste culminou com a abertura dos Jogos Abertos do município (Jasmos). Na ocasião, todo o cerimonial festivo ocorreu no Estádio Padre Aurélio Canzi e contou com a presença de autoridades, delegações esportivas e da população em geral. Para aquele momento, também compareceram, como convidados de honra, antigos moradores do município; eles chegaram em suas carroças e foram saudados como heróis pelas autoridades e pelo público presente.

> Queremos Levar nosso Canto a Todo o Canto deste nosso Rincão..... cantar as figuras VIVAS, que deram a vida por este Chão....... Do Nosso Pioneiro AURÉLIO, ao Já Esquecido ELIAS, da Gruta de Santa Lurdes, Jamais Esqueceríamos. Vila Oeste, dos Pinheirais....... do Cheiro da Mata Virgem.... do Canto dos Pássaros, da Lama nas Ruas.... dos

---

⁶⁸ INAUGURADO Museu Histórico de São Miguel. *Folha do Oeste*, São Miguel do Oeste, ano 2, n. 108, p. 12, 20 fev. 1988.
⁶⁹ INAUGURADO, loc. cit.

Primeiros Heróis Desbravadores, que aqui aportaram através da Balsa do Rio Uruguai.⁷⁰

Na abertura dos Jasmos, a leitura desse texto, pelo mestre de cerimônia, foi feita ao som da música *El Condor Pasa* e precedeu a movimentação das carroças com os colonizadores até a frente do palanque oficial, a execução do hino de São Miguel do Oeste, a leitura de uma relação de nomes de pioneiros, o "parabéns a você" e a declaração de abertura dos XIII Jasmos, com uma encenação sobre os jogos olímpicos na Grécia antiga — os antigos gregos e os seus deuses foram colocados lado a lado com pioneiros e desbravadores.

Em função dessas e de outras especificidades, as festas de aniversário do município se constituíram, especialmente a partir da década de 1980, como espaços de retorno às origens, de produção e seleção de memórias, não só em São Miguel do Oeste, mas também em outras cidades catarinenses e brasileiras. Transformado em feriado municipal em um grande número de cidades, o dia do município é hoje umas das comemorações presentes em diversas regiões do Brasil. Seu caráter, sua organização e seus objetivos, no entanto, dependem muito da dinâmica e do sentido que os habitantes e as lideranças de cada local imprimem a ele.

Em Santa Catarina, o dia do aniversário de instalação, emancipação ou fundação municipal faz parte do calendário oficial de vários municípios.⁷¹ Em muitos deles, como Blumenau, Florianópolis, Chapecó e Joinville, essa é a única data que foi transformada em feriado

---

⁷⁰ SÃO MIGUEL DO OESTE. Prefeitura Municipal. *Cerimônia de abertura dos XIII Jasmos e 40 anos de São Miguel*. São Miguel do Oeste, 1994. p. 1.

⁷¹ As informações sobre os feriados municipais em Santa Catarina foram retiradas da página do Tribunal de Justiça de Santa Catarina, na Internet, onde constam os feriados de 89 cidades catarinenses. Tribunal de Justiça de Santa Catarina. *Fe-*

local permanente pelo poder público municipal. Em outras, como Criciúma, Joaçaba, São Francisco do Sul e São Miguel do Oeste, esse dia faz parte de um quadro mais amplo de feriados locais. Dentre eles, estão principalmente os feriados religiosos dedicados a santos católicos, padroeiros municipais ou não, o Dia do Colono e do Motorista ou feriados móveis que marcam o início de festas, como é o caso de Ituporanga, onde acontece a Festa Nacional da Cebola.[72]

A existência de festas de aniversários municipais, de feriados e de outras datas comemorativas locais e nacionais faz com que, anualmente, em muitos municípios, memórias sejam "re-presentificadas"[73], disputadas, silenciadas, ao mesmo tempo que identidades individuais e coletivas são (re)construídas. Nessas festas, presente, passado e futuro se misturam, se completam e, por vezes, até se excluem, mesmo que continuem inseparáveis. Com base nessa perspectiva, a festa pode ser lida como um local de ausências e de presenças, de valorização e de esquecimento. Nesse local, mesmo que de forma invisível, memórias são disputadas, construídas e reconstruídas, seja para manter o *status quo* ou para modificá-lo.

---

*riados Municipais*. Disponível em: <http://www.tj.sc.gov.br/institucional/feriados.htm>. Acesso em: 6 jul. 2002.

[72] Além desses feriados, existem o Dia do Sapateiro, comemorado na cidade de São João Batista no dia 25 de outubro, o dia 26 de dezembro (Segundo Dia de Natal), feriado municipal em São Carlos, no oeste do estado, e o Dia da Reforma, comemorado no dia 31 de outubro nas cidades de Maravilha, Mondaí, Palmitos e Cunha Porã. Na cidade de São Miguel do Oeste, além do dia da emancipação, outro feriado municipal existente atualmente é o do padroeiro do município, São Miguel Arcanjo, comemorado no dia 29 de setembro.

[73] "Re-presentificação", segundo Catroga (2001, p. 46), significa tornar presente novamente dentro da tensão tridimensional do tempo (presente, passado e futuro). CATROGA, Fernando. Memória e história. In: PESAVENTO, Sandra Jatahy (Org.). *Fronteiras do Milênio*. Porto Alegre: Ed. UFRGS, 2001.

Tomando as festas como uma categoria ampla de análise, Guarinello (2001) sugere que elas são

> [...] laboriosamente e materialmente preparadas, custeadas, planejadas, montadas, segundo regras peculiares a cada uma e por atividades efetuadas no interior da própria vida cotidiana, da qual são necessariamente o produto e a expressão ativa.[74]

Para Guarinello, a festa aparece como uma interrupção do tempo social, "uma suspensão temporária das atividades diárias", "uma produção social". Segundo o autor, as festas estimulam a produção de uma determinada identidade entre os participantes, dada pelo compartilhamento do símbolo que é comemorado e que se inscreve na memória coletiva como um afeto coletivo, como "uma junção dos afetos e expectativas individuais", como "um ponto comum que define a unidade dos participantes". Para ele, a festa é, em um sentido bem amplo, "produção de memória e, portanto, de identidade no tempo e no espaço sociais". Porém, as festas não apenas unificam diferentes, mas também traçam fronteiras, espontâneas ou impostas, entre os "aptos a dela participar e os que são estranhos a ela". Ainda conforme Guarinello, uma festa pode representar uma tentativa de impor determinada identidade segmentária ao conjunto da sociedade, "seus sentidos podem ser forçados, manipulados, disfarçados".[75]

Esses "disfarce" e "manipulação", propostos por Guarinello, no caso das festas dedicadas à comemoração do aniversário municipal, se dão principalmente a partir do poder público, que tem a responsabilidade de definir a programação, os sujeitos homenageados e a

---

[74] GUARINELLO, op. cit., p. 971-975.
[75] GUARINELLO, loc. cit.

própria visibilidade da festa. Porém, a sua "invenção" nem sempre é apenas uma iniciativa governamental, como foi o caso das comemorações de aniversário que ocorreram, a partir de 1984, na cidade de São Miguel do Oeste.[76]

Além das comemorações do aniversário municipal, a segunda grande festa oficial que ganhou importância e força após 1984 foi a Festa da Cultura. Essa festa, que inicialmente surgiu como uma extensão das comemorações dos trinta anos e da decadência da FAISMO, despontou, principalmente a partir de sua segunda edição, em 1986, como um espaço fundamental para que a cultura local pudesse ser amplamente valorizada. Entre 1986 e 1994, a Festa da Cultura movimentou anualmente a cidade de São Miguel do Oeste e a região extremo oeste de Santa Catarina.[77] No início da década de 1990, a divulgação dessa festa chegou inclusive ao Rio Grande do Sul, ao Paraná e à Argentina.

A ideia dos organizadores da Festa da Cultura, segundo Marli Zandoná, era criar e fortalecer, em São Miguel do Oeste, um evento que pudesse ser referência na região oeste e em todo o estado, atraindo turistas de diferentes locais, como acontecia com as festas de outubro do Vale do Itajaí, em especial a Oktoberfest.

> Na época [meados dos anos 80], a Oktoberfest de Blumenau tomava proporções nacionais e, espelhados no sucesso de Blumenau, guardadas as proporções, tencionávamos

---

[76] O termo "invenção" está sendo usado com base nos escritos de Hobsbawm e Ranger (1984, p. 10) sobre a "invenção das tradições". HOBSBAWM, Eric; RANGER, Terence (Orgs.). *A invenção das tradições*. Rio de Janeiro: Paz e Terra, 1984.

[77] Nesse período, a Festa da Cultura tinha uma duração média de uma semana e acontecia geralmente durante o mês de outubro.

fazer algo que repercutisse no Estado e principalmente na região.[78]

Porém, ao contrário das Festas de Outubro do Vale do Itajaí, a Festa da Cultura não estava centrada em uma única etnia, mas principalmente na diversidade cultural que caracterizava a região extremo oeste. "Idealizamos valorizar a culinária italiana, considerada a descendência de grande parte dos pioneiros: e ir avançando em todos os segmentos", continuou Zandoná.[79] Assim, ao mesmo tempo que havia uma valorização das etnias de maior predominância no processo de colonização da cidade, em especial a italiana, se abriram espaços na Festa da Cultura para manifestações culturais ligadas a diversos outros grupos, como poloneses, afrodescendentes, indígenas e até açorianos.

Isso ocorria em partes, porque no momento da invenção dessa festa, em 1984, os seus organizadores não haviam encontrado algo que fosse típico o suficiente para a caracterização da cidade e da festa. "São Miguel não tinha festa de nada. Nós não tínhamos nem pêssego demais, nem milho demais, nem maçã, nem nada que caracterizasse", afirmou anteriormente Marli Ribeiro. Sobre o assunto, além desse depoimento de Ribeiro, o texto escrito em 1992 para o lançamento da 8ª Festa da Cultura também é bastante elucidativo.

> Já vai longe o ano de 1984, quando um Grupo de Pessoas se reuniu e decidiu que São Miguel do Oeste deveria ter uma Festa Típica....... aí começou alguns Problemas, Típi-

---

[78] ZANDONÁ, op.cit.
[79] ZANDONÁ, op.cit.

co de Que? Não tínhamos nenhuma Fruta Típica, a FAISMO, Nossa Feira, já estava Morrendo [...][80]

Foi, portanto, por falta de um elemento caracterizador que a Festa da Cultura, diferentemente da festa de aniversário do município, tornou-se abrangente, não privilegiando apenas um ou outro grupo étnico. Da mesma forma, os organizadores da Festa da Cultura acabaram gradualmente incorporando atrações semelhantes às que até 1983 faziam parte da FAISMO, dando à festa um caráter ainda mais ampliado.

Segundo Marli Ribeiro, a rápida expansão da Festa da Cultura e a transformação desta em uma espécie de "miniFAISMO", a falta de continuidade dos investimentos do poder público e o próprio ressurgimento da Feira Agropecuária e Industrial de São Miguel do Oeste foram fatores decisivos para que a Festa da Cultura deixasse de existir após a 10ª edição, em 1994. Nesse ano, ocorreu exatamente o inverso do que havia acontecido dez anos antes, quando, depois do fim da FAISMO, havia nascido a Festa da Cultura. Além disso, o fim de uma festa e a ascensão da outra se devia também à necessidade que a cidade teve, a partir da década de 1990, de encontrar alternativas para a grave crise econômica na qual estava envolvida. Por isso, entre a FAISMO e a Festa da Cultura, os representantes do poder público optaram por retomar a primeira.

---

[80] SÃO MIGUEL DO OESTE. Prefeitura Municipal. *Lançamento da Festa da Cultura*. São Miguel do Oeste, 1992.

## A contemporaneidade da festa e da memória

> Eu participei uma vez. É bonita. [...] A gente vê pelo jornal. [...] Uma época teve. Até eles fizeram dos pioneiros. Foi o ano passado ou retrasado. Eu achei importante aquilo. A história dos pioneiros. Porque nunca era comentado. Daí agora a própria Igreja Matriz ela fez um livro da história de cada comunidade do município. Então cada comunidade tem a sua história nesse livro.[81]

Das festas e dos eventos inventados e reinventados ao longo dos últimos trinta anos, os que permanecem sendo realizados hoje em São Miguel do Oeste são as festas de aniversário do município e a Expo São Miguel (antiga FAISMO), ambos mantendo boa parte das motivações iniciais.

No caso desses dois eventos, as expectativas estiveram voltadas, desde 2003, para o 50º aniversário da cidade. Por causa disso e por questões econômicas e políticas, a FAISMO, que vinha sendo realizada de dois em dois anos, foi transferida para 2004. Pelos mesmos motivos, a festa dos 49 anos do município foi bastante modesta, foram dispensadas inclusive as homenagens aos pioneiros e às suas famílias, diferentemente do que aconteceu no ano de 2002. De acordo com Marli Ribeiro, os pioneiros não foram homenageados em 2003 porque se pensava fazer, no ano seguinte, um grande evento de cinquenta anos, "um resgate da história". Para 2004, segundo ela, seria instituído um troféu aos pioneiros vivos e aos representantes dos já falecidos. Por conta disso, já havia, desde o início do ano de 2003, a preocupação de pessoas que se consideravam pioneiras em deixar o nome na lista de espera para serem homenageadas.

---

[81] DANIEL, Josefina Aurélia. *Entrevista concedida a Adriano Larentes da Silva*. São Miguel do Oeste, 4 fev. 2003. Acervo do autor.

> Para você ter uma idéia essa semana [final de janeiro de 2003] veio um senhor e disse: 'olha eu sou pioneiro e estou aqui desde mil e novecentos... se vão ser homenageados, será que poderiam me chamar?'. Como esse ano não vai ter homenagem de pioneiro então é um fato estranho porque ele tem oitenta e poucos anos e ele disse: 'mas será que eu vou viver até o ano que vem'. Porque o ano que vem completa cinquenta anos e a gente quer fazer um evento bem grande em todos os sentidos.[82]

Essas situações mostram a produção dos chamados pioneiros nos últimos anos no contexto local e regional. Hoje é comum que muitos moradores de São Miguel do Oeste se refiram com orgulho aos tempos de Vila Oeste e aos seus antepassados que ali viveram. Expressões como "puro mato", "puro sertão", "não tinha nada", "havia tudo por fazer", entre outras, são recorrentes quando o assunto é a história da cidade. São elas que ajudam a ambientar o ouvinte em um tempo de dificuldades e "desbravamento", do qual muitos dizem não conseguir esquecer. "Aqui àquela época era puro mato [...], puro sertão", lembra David.[83] "Nós choramos, choramos. Choramos o dia inteiro. Choramos, choramos. Sair do meio de uma cidade pra vim aqui no mato. Ah, eu e minha irmã choramos. Nunca vou me

---

[82] RIBEIRO, op. cit. As comemorações dos cinquenta anos de São Miguel do Oeste iniciaram no dia 8 de fevereiro de 2004, com o Desfile da Reconstituição Histórica, que contou com a presença dos chamados pioneiros e desbravadores de São Miguel do Oeste. Em número bem maior que em anos anteriores, eles abriram simbolicamente o desfile, sendo saudados como heróis pelo grande público presente na praça central da cidade. Além desse desfile, as comemorações dos cinquenta anos contaram também com bolo de aniversário, *shows* musicais, sessão solene na Câmara de Vereadores, além de outras atividades festivas, encerradas no dia 15 de fevereiro.

[83] ANDREATTA, David. *Entrevista concedida a Adriano Larentes da Silva*. São Miguel do Oeste, 27 jan. 2003. Acervo do autor.

esquecer", recorda Carmelinda.[84] Procurando valorizar relatos como esses, algumas escolas têm realizado, atualmente, palestras com antigos moradores para que eles contem as suas histórias aos alunos. Outras realizam visitas às bibliotecas e ao museu local, onde estudantes e professores se aproximam visual e imaginariamente do passado da cidade e de parte de seus moradores. Apesar desse crescente interesse pela história local, um dos poucos materiais didáticos disponibilizados para consultas na Biblioteca Pública Municipal é uma apostila montada pela Secretaria Municipal de Educação. Nela constam nomes das primeiras famílias colonizadoras e de autoridades municipais, datas, mapas e explicações sobre alguns símbolos municipais.

Outro espaço que historicamente tem sido importante para a constituição da memória municipal e regional é a Rádio Peperi AM. Era nessa emissora que, até o início de 2003, os moradores de São Miguel do Oeste e região podiam ouvir, todos os sábados pela manhã, um programa radiofônico no qual boa parte dos entrevistados era de antigos habitantes do extremo oeste. Intitulado "Retrato Falado", esse programa foi ao ar pela primeira vez em abril de 1990, em substituição a um antigo programa de entrevistas da emissora chamado "O Outro Lado do Eu". Como apresentador, o "Retrato Falado" tinha o jornalista e proprietário da emissora Ademar Baldissera, que era, também, ex-integrante da Comissão Municipal de Cultura e um dos maiores idealizadores e entusiastas da história local desde o início da década de 1980. Para a primeira entrevista, o convidado foi Olimpio Dal Magro, ex-diretor das empresas colonizadoras Barth/Benetti e Pinho e Terras e primeiro prefeito eleito da cidade.

---

[84] ANDREATTA, Carmelinda. *Entrevista concedida a Adriano Larentes da Silva.* São Miguel do Oeste, 27 jan. 2003. Acervo do autor.

Desde 1990, foram 217 entrevistas gravadas para o programa "Retrato Falado", todas com duração média de uma hora. Dessas, a maioria foi reprisada após a morte de Ademar Baldissera, em 1997; algumas foram reprisadas mais de uma vez, geralmente quando um dos entrevistados falecia. Além do "Retrato Falado", a divulgação de inúmeros outros programas e a transmissão de eventos comemorativos, como as festas de aniversário de município e as Festas da Cultura, fizeram da Rádio Peperi AM um dos espaços centrais no processo de valorização e preservação da memória municipal. Juntamente com os jornais impressos com circulação local e as práticas instituídas pelo poder público migueloestino, essa emissora colaborou para que a história de São Miguel do Oeste fosse mantida em bases muito semelhantes àquelas construídas especialmente a partir de 1984.

Quando o assunto é a história do município, não é difícil encontrar, entre os novos e os antigos moradores de São Miguel do Oeste, referências a Vila Oeste e às pessoas que ali viviam. Em um levantamento realizado no início de 2003, em treze comunidades do perímetro urbano de São Miguel do Oeste, entre os 23 nomes lembrados pelos entrevistados quando foram perguntados sobre pessoas importantes na história da cidade, os dois primeiros eram do grupo definido como "pioneiro", ou seja, do grupo que chegou a partir de 1940. Um deles, o mais citado, foi o do padre e pioneiro Aurélio Canzi e o outro o do ex-diretor das empresas colonizadoras Barth/Annoni e Pinho e Terras, Olimpio Dal Magro.[85]

No mesmo levantamento, os entrevistados foram questionados sobre as quatro principais festas e eventos existentes naquele período em São Miguel do Oeste. A ideia, ao fazer essas questões, era

---

[85] As informações foram obtidas através de 25 questionários respondidos por 32 pessoas residentes nas regiões norte, sul, leste e oeste de São Miguel do Oeste.

perceber as representações dos moradores locais principalmente em relação à festa de aniversário do município. Foram citados mais de vinte eventos ou festas. Os quatros principais, segundo os moradores, eram, em ordem de importância, a FAISMO, a festa do padroeiro São Miguel Arcanjo, a festa de aniversário do município e o Motocão (encontro de motociclistas).

Quando o assunto era especificamente as comemorações do aniversário municipal, os significados atribuídos foram os mais variados. Nelcy, por exemplo, foi pela última vez à festa de aniversário do município em 2000. Disse que gosta de ir para "ver a altura do bolo". Sadi afirma que ouviu falar da festa, mas não lembra a data de comemoração, acha que é em agosto. Severino diz que essa festa "sempre tem". Nela, as autoridades e a população "fazem aquele bolo, se ajuntam". Elza acha que o lado bom da festa são as homenagens aos pioneiros. Quanto ao bolo, diz que não é importante. No geral, não concorda com a programação. Afirma que poderia ser diferente, com palestras e outras atividades de conscientização. Janete e Leandro, apesar de se dizerem um pouco "por fora", confirmam que ouviram a programação através do rádio e que é uma festa grande, que reúne as pessoas da região principalmente para os *shows*.[86] No geral, a maioria dos entrevistados demonstra conhecer a festa de aniversário do município, apesar de pouco mais de 20% deles se dizerem frequentadores.

Os dados e os depoimentos apresentados revelam, portanto, as visões de diferentes sujeitos em relação às festas e à história local. Através dessas informações, é possível perceber que houve a manutenção e a ressignificação das festas inventadas em 1984 e das repre-

---

[86] Entre os termos associados pelos entrevistados à festa de aniversário municipal, os quatro primeiros foram, respectivamente, bolo, *shows*, praça e pioneiros.

sentações que os organizadores dessas festas tinham em relação à história municipal. O fato de os pioneiros aparecerem em primeiro plano e de as festas de aniversário de município terem sido consideradas as terceiras em importância é produto de todo um "trabalho de memória", que foi e continua sendo realizado especialmente pelo poder público municipal, com o apoio da imprensa e de uma parcela das lideranças locais. Foi graças a essas e outras instâncias do poder que um grupo seleto de antigos moradores de São Miguel do Oeste, os quais tiveram maior visibilidade ao longo da trajetória do município, foi destacado dentre os demais habitantes. Enquanto isso, a grande maioria da população, principalmente aquela economicamente mais pobre, ficou não só à margem da história oficial, mas também continuou excluída em diversos espaços da cidade e do campo.

# Revisitando Vila Oeste

No romance *São Miguel*, Guido Wilmar Sassi revela o dia a dia de uma localidade e de sujeitos pouco conhecidos, ainda hoje, na história de Santa Catarina.[87] Às voltas com uma grande seca e totalmente dependentes da extração e comercialização da madeira, os moradores de Vila Oeste pediam diuturnamente a graça e a intercessão do seu santo protetor, São Miguel Arcanjo, e de outros santos populares para que a chuva chegasse e a enchente viesse.

> Chegados às margens do Uruguai, os homens depositaram o santo em um oratório feito de pedras e as mulheres acenderam velas. Fabiano começou os padre-nossos e as ave-marias. Depois falou ao seu povo, recomendando-lhe que tivesse fé nos poderes do santo. Deus mandaria a chuva que vinha do céu e fazia com que o rio enchesse, para benefício de todos eles. O povo tivesse fé. Rezasse, fizesse devoção. Logo seria o dia de São Miguel, e o santo mandaria a enchente, para acabar com as privações de todos.[88]

---

[87] SASSI, Guido Wilmar. *São Miguel*. 2. ed. Rio de Janeiro: Antares/MEC, 1979. A primeira edição é de 1959.

[88] SASSI, op. cit., p. 236.

A história se passa nos meses de agosto e setembro, no início da década de 1950. Sassi transporta o rio Uruguai para o centro da Vila[89] e faz do rio um dos seus principais personagens. É esse rio que faz movimentar toda a economia local, que leva a madeira e os balseiros no tempo das cheias para a Argentina, que estimula sonhos e saudades para os que vão e para os que ficam, que gera a vida, mas também a morte. É a partir do rio e da falta de chuva que o autor cria personagens, romances e intrigas que mostram a diversidade da população de Vila Oeste. Em *São Miguel*, Sassi revela, também, o cotidiano de trabalhadores explorados por madeireiros e atravessadores. Pessoas como Mário, que, mesmo trabalhando incansavelmente com a madeira, não dispunha sequer de um pequeno rancho para morar e ter sua independência depois que se casasse com Anita.

Em seu livro, Guido Sassi traz à tona, portanto, muito mais que cenas e intrigas de amor ou uma história desvinculada dos problemas do seu tempo e que se passa em um lugar apenas imaginário. Em vez disso, o romance é um retrato da situação vivenciada em Vila Oeste, no extremo oeste de Santa Catarina, entre 1943 e 1946. Nesse período, a Vila, que mais tarde foi denominada São Miguel do Oeste, enfrentou uma forte seca e, em consequência disso, uma grave crise econômica. Conforme mostrou Heinen (2000), isso fez com que o desespero e a falta de perspectivas tomassem conta dos poucos migrantes que já haviam se estabelecido no local.

> As poucas famílias residentes falavam em sair. A colonização à beira da falência. [...] O desespero era tamanho em Vila Oeste, que, pelo fim de 1945, largaram a madeira em-

---

[89] Vila Oeste não é/era banhada pelo rio Uruguai. A localidade mais próxima por onde esse rio passava era a Vila de Mondaí.

balsada em pequenos pelotões separados, para conseguir descer pelos canais das corredeiras.[90]

Outro relato que mostra bem as dificuldades enfrentadas na época foi escrito em 1950, pelo então pároco da Vila, padre Aurélio Canzi. No relato, padre Aurélio, após ter uma visão do "menino Deus" e de anjos que lhe mostraram a proximidade da enchente, resolve comunicar a boa nova aos madeireiros de Vila Oeste. Os madeireiros, no entanto, não acreditaram na história e, mais tarde, no início de 1946, foram surpreendidos pela enchente.

> Vila Oeste sofria a conseqüência da seca. Não dava enchente no Uruguay [sic] e não descia madeira; começou uma grande falta de dinheiro. Neste ínterim, foi feita a Estrada Vila Oeste - Dionísio Cerqueira, mas nem a madeira levada nesta Fronteira resolveu para salvar a [colonizadora] Barth Anoni que quase se foi a bancarrota, tanto que neste ano [1945] nem foi feita a festa de São Miguel [...]. No fim do ano o peregrino começou a fazer uma novena e no dia do Santo Natal à uma hora da tarde teve uma visão e avisou aos madeireiros que no próximo mês de janeiro daria uma grande enchente e que muito bem poderia marcar na barranca do Uruguay [sic] o lugar onde chegaria a água. Poucos ou nenhum acreditou, a enchente veio e todos andavam desprecavidos e a desgraça foi grande.[91]

Aqui, mais uma vez os personagens e os acontecimentos descritos por Guido Sassi se confundem com os da Vila Oeste da primeira

---

[90] HEINEN, Luís. Colonização e desenvolvimento do oeste de Santa Catarina. In: PARÓQUIA SÃO MIGUEL ARCANJO. *50 anos de caminhada*: 1950-2000. São Miguel do Oeste, 2000. p. 11 e 12.
[91] PARÓQUIA SÃO MIGUEL ARCANJO. *Livro Tombo*: 1949-2002. São Miguel do Oeste. Livro n. 1, folha 11.

metade da década de 1940. No entanto, apesar das inúmeras aproximações existentes entre o romance e os acontecimentos vivenciados na prática pelos moradores locais, a Vila Oeste descrita por Sassi nem sempre se assemelha à Vila construída discursivamente nas décadas de 1940 e 1950 e, principalmente, àquela idealizada e construída a partir da década de 1980 e que tem sido constantemente reinventada nos dias atuais. Na Vila Oeste de Sassi, diferentemente das demais, não existem grandes homens, tampouco aparecem e se sobressaem desbravadores e pioneiros descendentes de italianos e alemães. Pelo contrário, os mais de vinte personagens existentes na obra pertencem a diferentes grupos étnicos e classes sociais e todos, indistintamente, dependem do rio e da chuva para sobreviver. Em *São Miguel*, a presença de colonos descendentes de italianos e alemães na região é retratada como parte de um conflito étnico e econômico e de decadência dos antigos coronéis locais. No romance, esses colonos aparecem como "estrangeiros" que aos poucos vão tomando conta de tudo.

> No que é que eu me fiz? Foi na erva-mate, você sabe disso. Mas naquele tempo havia homem de verdade. Agora vocês deixaram os estranja [sic] tomar conta de tudo. Quem é que manda no mate que ainda tem? É estrangeiro. Quem é que manda na madeira? É gringo do Rio Grande. Essa italianada tomou conta de tudo. E vocês de braço cruzado, achando bonito. Fosse no meu tempo...[92]

Esse diálogo, entre o coronel decadente Gracílio Medeiros e seu filho Graciliano, está na contramão da maioria dos depoimentos que até hoje foram construídos sobre Vila Oeste e mostra que Sassi trabalha, por um lado, com a ausência de grandes homens e, por outro,

---

[92] SASSI, op. cit., p. 50.

com a existência de diferenças e semelhanças entre os habitantes de Vila Oeste. Assim, o autor abre atalhos que podem levar a uma análise da história do atual município de São Miguel do Oeste a partir de outra perspectiva que não aquela que tem sido tradicionalmente utilizada. É uma perspectiva que inclui outros "primeiros" e outros "inícios", que extrapola os gabinetes e os discursos oficiais e os sujeitos e territórios de maior visibilidade, que focaliza para além da colonização, mostrando uma vila, uma cidade e uma região bastante plurais.

A partir da pluralidade existente na Vila Oeste, descrita por Guido Sassi, é possível pensar a colonização e o processo de urbanização do atual município de São Miguel do Oeste com referenciais diferentes daqueles que têm sido tradicionalmente utilizados. Assim, a homogeneidade, construída por práticas discursivas e não discursivas baseadas na descendência étnica (italianos e alemães), na supremacia da religião católica e na primazia e no empreendedorismo dos colonos gaúchos, passa a ser questionada. Da mesma forma, a harmonia entre os primeiros migrantes e a inexistência de conflitos dão lugar a diversas fronteiras.

São fronteiras étnicas, econômicas, territoriais, culturais. Pensar a partir dessa perspectiva, portanto, permite dar um novo enfoque às relações que vêm sendo estabelecidas e reconstruídas, ao longo de mais de sessenta anos, pelos diversos sujeitos que ocuparam e que ocupam o extremo oeste catarinense e, em especial, o atual município de São Miguel do Oeste.

## O extremo oeste indígena e caboclo

Em abril de 1929, a comitiva do governador Adolfo Konder chegou pela primeira vez ao extremo oeste de Santa Catarina. A região era, até então, um lugar desconhecido pelas autoridades estaduais e por isso, segundo discursos da época, precisava ser visitada, "descoberta" e estrategicamente ocupada.

A viagem de Mondaí a Dionísio Cerqueira levou seis dias, período em que a comitiva governamental seguiu por picadas abertas na mata. Nos locais onde parava, o grupo aproveitava para descansar e fazer anotações sobre tudo o que encontrava. Surgiam então descrições e representações do extremo oeste que variavam da beleza à selvageria e aos mistérios da floresta.

> Cercava-nos a majestade da paisagem bravia, a floresta brasileira, com todo o seu esplendor e os seus mistérios! Os rumores das suas germinações, o perfume das suas flores e a sapidez estranha dos seus frutos! Os gritos estridentes, bárbaros dos seus pássaros e o murmúrio humano e doce das suas águas![93]

Além dos elementos da natureza, que pareciam "estranhos" e "bárbaros" a viajantes como Othon Gama D'Eça, outro fator que chamava a atenção era as características dos habitantes da região, os quais eram descritos também com entusiasmo e estranhamento. Dois desses habitantes foram encontrados pela comitiva de Konder próximos ao atual município de Guaraciaba.

> Encontramos, acampados num 'passo', dois camaradas que andam a roçar a picada: um grande velho, com a cara cheia de rugas como o caroço do pêssego, e um rapazola robusto, cor de cobre, de olhos zombeteiros e cabelos ásperos como o cedenho, já de *winchester* pela bandoleira.[94]

---

[93] D'EÇA, Othon G. *Aos espanhóis confinantes*. 2. ed. Florianópolis: Fundação Catarinense de Cultura/Fundação Banco do Brasil/UFSC, 1992. p. 79.

[94] D'EÇA, op. cit., p. 91.

Os dois homens encontrados, segundo Gama D'Eça, demonstravam ter um grande conhecimento da região, pois indicaram o caminho até Barracão (PR) e contaram "duns alemães" que se perderam na "mataria" e que, por isso, haviam passado cinco dias comendo apenas pinhão. Além disso, ao contrário dos viajantes, os dois homens não pareciam ter medo de animais selvagens. O mais velho, conforme Othon Gama D'Eça, inclusive "sorriu com superioridade" ao ouvir falar em tigres.

Em 1930, um ano depois da visita de Adolfo Konder e comitiva ao extremo oeste, a região do atual município de São Miguel do Oeste foi novamente percorrida. Dessa vez, pelo padre jesuíta Theodoro Treis, de Itapiranga (SC), que, em apenas quatro dias, teria batizado oitenta crianças caboclas. O relato desse acontecimento foi registrado por Edvino Holscher, diretor do Museu São Jorge de Guaraciaba, em seu manuscrito com mais de quatrocentas páginas. Nesse mesmo documento, Holscher escreve sobre a existência de uma serraria que se instalava naquele mesmo ano na região da atual comunidade de São Vicente, interior de Guaraciaba. Essa serraria, informa ele, teve que ser fechada em 1936 devido à resistência dos caboclos que estavam na área.

> A serraria foi fundada em função de um caminho que existia entre Porto Alegre até Mato Grosso do Norte, com vicinais pelas quais faziam contrabando com a Argentina [erva mate, sal, pólvora, madeira serrada], bem como, uma vasta área de Araucárias no local da implantação da serraria. [...] [No entanto,] os caboclos que moravam na região não aceitaram a forma como os proprietários entraram nas matas. Sem ordem e permissão começaram a derrubada.[95]

---

[95] HOLSCHER, Edvino C. História de Guaraciaba. Livros 1-2 Man. In: HOELSCHER, Adelir C. *Linha Olímpio*: uma comunidade e sua memória. 1999. Traba-

Outro relato escrito por Holscher mostra que, no início da década de 1940, quando colonos migrantes começavam a chegar ao extremo oeste, parte do fornecimento de carne suína e de gado que a Vila Oeste recebia provinha de caboclos que habitavam a região. "[...] os porcos eram tocados por piques abertos que cortavam o sertão em varas de dezenas de animais", escreveu ele.[96]

Segundo Spenassatto (2008), a presença do caboclo como "primeiro desbravador da terra" era visível em toda a região na década de 1930.

> No município de Descanso, já em 1935, havia luso-brasileiros trabalhando na exploração da erva-mate. Na localidade de Derrubada, no município de São José do Cedro, eles criavam porcos e gado que comercializavam com os primeiros colonizadores de Vila Oeste e região. Também no município de Bandeirante foi constatada a presença de uma família de caboclos, que conforme informações orais, não criou caso quando a colonizadora se identificou dizendo-se proprietária da terra em que residia.

A presença dos dois homens descritos por Othon Gama D'Eça e de outros sujeitos que foram encontrados pela comitiva governamental, das oitenta crianças batizadas pelo padre Theodoro Treis e dos demais habitantes que, segundo Edvino Holscher (1999) e Spenassatto (2008), moravam e tinham seus negócios na região, mostra, portanto, que o extremo oeste catarinense, apesar de não muito povoado à época, já apresentava, no período anterior à colonização, vários sinais de ocupação. Era uma ocupação feita principalmente

---

lho de Conclusão de Curso (Graduação em História) – Universidade do Oeste de Santa Catarina, Chapecó, 1999. p. 33 e 34.
[96] HOLSCHER, loc. cit..

por "brasileiros" ou caboclos que utilizavam diferentes espaços da região para extrair madeira e erva-mate, criar animais e fazer pequenas plantações. Conforme mostrou Artur de Lara Ribeiro em entrevista que concedeu a Antônio Moreira, a realização de todas essas atividades visava fundamentalmente à subsistência, não havendo grandes preocupações em gerar excedentes ou delimitar territórios.

> Naqueles tempos, lá onde nós morávamos era folgado para a caboclada, porque terra não compravam, tinham a vontade. Fazia casa, criava galinha, criava porco [...] Nós tínhamos isso aí tudo pra nós. Morávamos onde queria, criávamos onde era dono, nós éramos donos. [97]

Os caboclos, portanto, eram os "donos do sertão". Moravam "onde queriam", deslocando-se constantemente de um ponto ao outro em busca do sustento para a família. Essa situação mudaria anos mais tarde, quando grande parte desses caboclos foi gradualmente expulsa das terras onde morava. Segundo Jesus de Rosa Lima, em Moreira (1990), isso aconteceu porque os caboclos já não se enquadravam mais no novo modelo de ocupação implantado.

> [...] quase todos foram embora, não se enquadravam. Ficou os que tinham requerimento [...] requeriam a gleba, mas nem pagava imposto. Quando vieram, veio a firma, (os caboclos) foram vendendo, foram naquelas glebas, tinha muito pinhal. [...] não se enquadravam com o ambiente. Eles foram criados de outro jeito. A cultura era diferente

---

[97] MOREIRA, Antonio C. *A produção do espaço e a mudança de cultura na área rural de São Miguel do Oeste, de 1950 a 1980*. 1990. 49 f. Monografia (Pós-Graduação em Geografia Humana II) – FAFIG, Guarapuava, 1990. Os depoimentos extraídos desse trabalho estão originalmente transcritos em linguagem coloquial.

> de toda essa gente que tinha, era diferente. [...] ele era assim, não de trabalhar por dia ou por mês, nada disso, não tinha nada disso. [...] quando veio a medição, foi tirado e feito a gleba deles e tirado a metade no imposto atrasado que ficou com esses vendedores de terra, esses que comeram tudo.[98]

Além dos caboclos, outros dois grupos que também habitavam o extremo oeste nesse mesmo período eram compostos por índios Kaingang e Guarani.[99] Alguns Guarani participaram, inclusive, da comitiva de Adolfo Konder, em 1929, e foram descritos como "tropeiros correntinos" por Othon Gama D'Eça.

> São dois tipos de novela regional, de perfis agrestes, os tropeiros correntinos. Usam uma sobrecalça de lona branca e um pano de listas vivas na cabeça. Tisnados, de nariz aquilino e de cabelos negros, corridos e ásperos como crinas, acusam logo a raça guarani. Falam, porém, o português, tão corretamente como o espanhol, e creio que nem conhecem a língua da sua gente.[100]

Essa descrição mostra que muitos indígenas já dominavam perfeitamente alguns códigos dos descendentes de europeus, a língua, por exemplo. Falavam "tão corretamente" o português e o espanhol, segundo Othon Gama D'Eça, que pareciam desconhecer o idioma "da sua gente". O uso que faziam da língua era parte das estratégias de sobrevivência desenvolvidas por eles. Assim, ora privilegiavam o

---

[98] MOREIRA, op. cit., p. 21.
[99] Para mais informações sobre os índios do oeste catarinense consultar *Cadernos do Centro de Organização da Memória Sócio-Cultural do Oeste de Santa Catarina - CEOM*, n. 6 e n. 8.
[100] D'EÇA, op. cit., p. 72.

espanhol, ora o português e, se necessário, também o guarani. Apesar do uso híbrido que faziam da língua, seus traços físicos, aos olhos de quem, como Othon Gama D'Eça, não era do local, logo acusavam o seu pertencimento étnico e contribuíam para demarcar claramente as fronteiras identitárias entre os indígenas e o grupo visitante. "Tisnados, de nariz aquilino e cabelos negros" ou "cor de cobre, de olhos zombeteiros e cabelos ásperos como o cedenho". Características físicas que, para Othon Gama D'Eça, apareciam definidoras de identidade no jogo nós/outros, mas que nem sempre definiam claramente quem era indígena e quem era caboclo. No caso daqueles acompanhantes da comitiva governamental, no entanto, a denominação "tropeiros correntinos" sugeria pelo menos um dos seus locais de origem: a Argentina.[101]

Foi desse país vizinho e de outros lugares da região que muitos indígenas saíram a partir da década de 1940 para trabalhar junto a caboclos e colonos "de origem" na abertura de estradas, derrubada da madeira e "limpeza da área", que começava a ser comercializada pelas companhias colonizadoras instaladas na região de São Miguel do Oeste.

## Chegam os novos moradores

No início da década de 1940, um novo grupo de pessoas chegou à região do atual município de São Miguel do Oeste e ao extremo oeste catarinense. Esse grupo, assim como os que chegaram em épocas anteriores, também tinha os seus objetivos claramente defi-

---

[101] Além do relato de Othon Gama D'Eça, a referência aos "indígenas argentinos" aparece também em entrevistas realizadas com antigos moradores do extremo oeste catarinense.

nidos. Dessa vez o que buscavam, no entanto, não era apenas o reconhecimento e a integração da área visitada ou a conversão dos "infiéis" que ali residiam, mas principalmente a efetivação de um negócio extremamente lucrativo: a venda de terras e a derrubada e a comercialização da madeira.[102]

Apesar dos evidentes interesses existentes, a chegada desse grupo de colonizadores, que recentemente haviam constituído no Rio Grande do Sul a firma Barth, Benetti & Cia Ltda, foi apresentada à época e, principalmente, posteriormente como um gesto nobre, que possibilitou a entrada da "civilização" em uma região de "puro mato", onde "não tinha nada" além de uma natureza "inóspita". A partir desse momento, toda a área do atual município de São Miguel do Oeste foi minuciosamente levantada e geometricamente dividida em pequenos lotes que possuíam 25 hectares em média. Da mesma forma, foram definidos o local da sede da colonização e a maneira como as famílias que adquirissem terras seriam distribuídas. Inicialmente, a Barth/Benetti optou pela separação das famílias conforme a situação étnica e religiosa de cada uma. Assim, aos descendentes de italianos foi destinada a região de Canela Gaúcha, aos alemães luteranos, a atual comunidade de Sete de Setembro e aos alemães católicos, a região do Alto Guamerim.[103]

---

[102] Dentre os membros do grupo recém-chegado, alguns integrantes, como era o caso de Alberto Dalcanale, já atuavam há vários anos no ramo de colonização, sendo inclusive sócios de outras empresas colonizadoras da região oeste catarinense.

[103] Além da Barth/Benetti, outras colonizadoras do oeste catarinense fizeram a divisão de suas terras conforme a etnia e a opção religiosa dos migrantes. Esse foi o caso da Volksverein, em Itapiranga, e da Sul Brasil, na região de Maravilha, ambas estudadas respectivamente por Werle (2001) e Werlang (1992). Em São Miguel do Oeste, essa divisão perdurou até 1944, quando assumiu o novo administrador da firma, Olimpio Dal Magro. DAL MAGRO, Olimpio. *Entrevista concedida a Adriano Larentes da Silva*. São Miguel do Oeste, 11 maio 2002. Acervo do autor.

Nessa época, além da venda de terras, outro negócio muito lucrativo para a Barth/Benetti foi a retirada e a comercialização da madeira. Para isso, ela possuía diversas serrarias e muitos empregados espalhados pela região. "Tinha serraria por todos os lados", recorda Adolfo Jagnow, que, no início da década de 1940, trabalhou na derrubada da madeira nos arredores de Vila Oeste.[104] Eram cerca de oito ou nove serrarias, segundo ele, quase todas de propriedade da empresa colonizadora. Nessas serrarias trabalhavam, lado a lado, descendentes de italianos e de alemães, caboclos, negros e indígenas, sendo que, num primeiro momento, os grupos de caboclos, negros e indígenas compunham boa parte do quadro de trabalhadores.[105] "Gente branca naquele tempo não ia trabalhar no mato", confirma Eleonora, esposa de Adolfo.[106] Para ela e o marido, a pobreza era um dos principais fatores que levava os colonos "de origem" a procurarem as serrarias. "A vida era assim mesmo, a gente era pobre, não tinha nada. E trabalhava, a gente só trabalhava", lamenta Adolfo.

A dedicação ao trabalho, as necessidades vividas naquele momento pelos diferentes grupos que ocupavam a região e, principalmente, os interesses das empresas colonizadoras em relação à madeira e às terras do extremo oeste foram fatores decisivos para que grandes extensões de floresta nativa fossem devastadas a partir do início da década de 1940. Em menos de quatro anos, somente nos arredores de Vila Oeste, foram milhares de árvores derrubadas, o que provocou uma mudança considerável na paisagem local. Essa mudança pode ser percebida por fotos daquela época; nelas aparecem

---

[104] JAGNOW, Adolfo; JAGNOW, Eleonora. *Entrevista informal concedida a Adriano Larentes da Silva*. São Miguel do Oeste, 7 fev. 2003. Acesso do autor.

[105] Dentre os trabalhadores dos três grupos, um dos nomes lembrados por Adolfo Jagnow foi o de Martim Abel, o qual, segundo Adolfo, era um ex-cativo.

[106] JAGNOW; JAGNOW, op. cit.

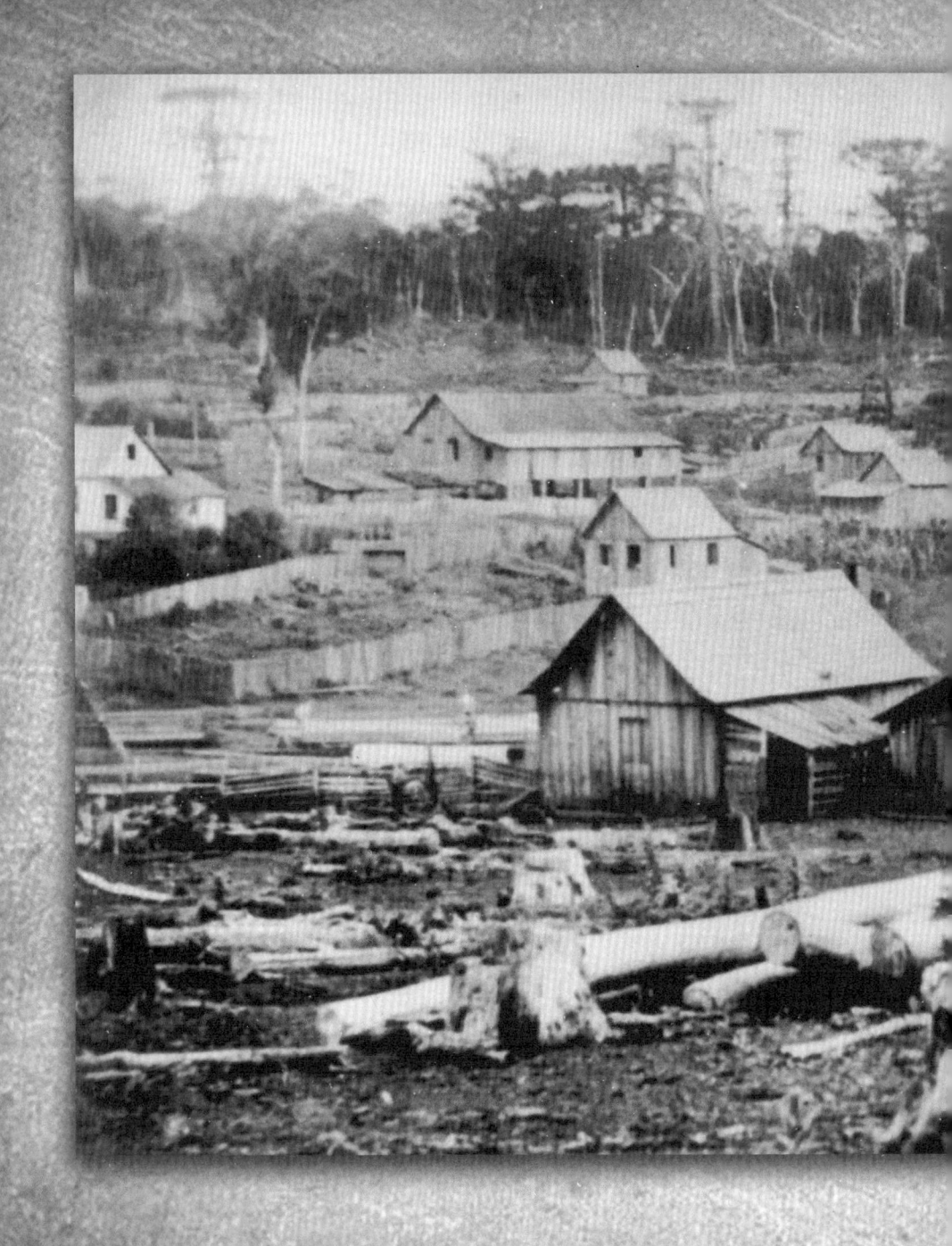

Vila Oeste no início dos anos 1940
Fonte: Foto Stúdio Andrin ([194-]).

as primeiras casas do núcleo colonial em meio às árvores cortadas e à floresta remanescente.

Sobre as transformações ocorridas na paisagem local nos primeiros anos da colonização, ao relatar sua chegada em Vila Oeste em fevereiro de 1944, padre Aurélio Canzi escreveu:

> Encantadora foi àquela manhã de seis de Fevereiro em que um dos peregrinos se levantou ao clarear o dia, e assomando à janela, contemplou [...] Vila Oeste, sendo que, no ano de 1940, no mesmo mês um dos peregrinos por aqui havia passado e o pinheiral majestoso convidava, a elevar a Deus um cântico de eterno louvor tão belo êle [sic] era; mas agora parte destas gigantescas árvores haviam cindido ao braço vigoroso do desbravador gaúcho.[107]

Pelo relato, se percebe que a madeira, a mata, mesmo sendo abundante e "encantadora", ia rapidamente sendo retirada. No entanto, a maior parte do lucro com a venda dessa madeira não ficava com aqueles que derrubavam a mata ou eram proprietários das terras devastadas, mas sim com a própria colonizadora. Conforme Grando (2001), nas áreas do extremo oeste onde predominavam os pinhais o objetivo era a venda da madeira, enquanto nos locais onde predominava a mata subcaducifólia se vendiam os lotes, mas as árvores consideradas nobres, como pinheiros, cedros e louros de porte, ficavam sob o domínio da empresa colonizadora.[108] Além do lucro, a retirada da madeira tinha o objetivo de "limpar a área", seja para o

---

[107] Esse relato foi escrito por padre Aurélio em janeiro de 1950 no *Livro Tombo* da Paróquia São Miguel Arcanjo (livro n. 1, folha 8).

[108] GRANDO, Paulo J. O extremo-oeste catarinense: características da organização espacial e perspectiva de desenvolvimento sócio-econômico. In: FONTANA, Airton (Org.). *Construindo a sustentabilidade*: uma perspectiva para o desenvolvimento regional. São Miguel do Oeste: McLee, 2001. p. 24.

plantio, seja para a construção de novas casas. No caso da vila (sede da colonização), a construção de novas casas e demais edificações interessava diretamente à colonizadora, pois contribuiria para passar uma imagem de progresso e desenvolvimento aos compradores que ali chegassem em busca de terras e de riqueza.

A vila, portanto, era a vitrine do restante da área que estava sendo vendida e, por isso, devia ser cada vez mais desvinculada do caráter de isolamento e "selvageria" que a natureza lhe conferia. Nesse sentido, a extração e a venda da madeira acabou sendo fundamental, pois, além de ser uma boa fonte de renda para os colonos, os balseiros, os demais trabalhadores, os donos de serraria e, acima de tudo, os atravessadores, também representava, para os dirigentes da época, uma espécie de afastamento da "barbárie" e aproximação da "civilização". Ser "civilizado" em contextos como esse, conforme mostrou Arruda (2000), significava se afastar do "atraso", do "embrutecimento" e do "isolamento", do que foi construído como "sertão", no século XIX, por viajantes, engenheiros, médicos, sanitaristas, geógrafos, botânicos, romancistas, entre outros.[109] Desde essa época, segundo Arruda, sertão e cidade se transformaram, em termos, com significados opostos e, muitas vezes, foram usados para designar lugares imaginários e utópicos.[110] Assim, enquanto o sertão foi construído como

---

[109] ARRUDA, Gilmar. *Cidades e sertões*: entre a história e a memória. Bauru: Edusc, 2000. p. 167 e 168.

[110] Além de Gilmar Arruda, outro trabalho interessante sobre essa temática foi escrito por Naxara (2001), mostrando a construção do "sertão", as relações entre natureza e civilização e a forma como foram concebidos durante o século XIX por escritores como Euclides da Cunha e viajantes como Auguste de Saint-Hilaire. NAXARA, Márcia. Natureza e civilização: sensibilidades românticas em representações do Brasil no século XIX. In: BRESCIANI, Stella; NAXARA, Márcia (Orgs.). *Memória e (res)sentimento*: indagações sobre uma questão sensível. Campinas: Ed. Unicamp, 2001.

o local da "barbárie", a cidade aparecia como "propulsora do progresso da nação" e como um espaço habitado por pessoas "civilizadas".[111]

No caso da microrregião do extremo oeste catarinense, sertão e cidade, mesmo mantendo a diferenciação exposta anteriormente, apareciam muitas vezes como espaços complementares. Isso se dava principalmente a partir das propagandas das empresas colonizadoras, nas quais ambos os espaços eram divulgados como sinônimos de riqueza e de prosperidade aos colonos que se dispusessem a comprar as terras que estavam sendo oferecidas.

> TERRAS férteis e de primeira qualidade, com matas virgens cobertas de madeiras de lei e pinhais, servidas de abundantes águas e ótimo clima. São terras apropriadas para o plantio de alfafa, trigo, milho, feijão, fumo, cana, parreiras e etc. Não há formigas.
> Faz apenas 5 anos que entraram os primeiros colonos, os quais já são mais [de] 2.000. Existe a VILA OESTE, Centro da Colonização, com mais de 200 casas; é provida de luz elétrica, paróquia, comércio, indústria, escolas, médico, oficina mecânica, moinho, serrarias, selarias, hotéis, ferrarias e de outros muitos confortos. E' zona de grande futuro. As ESTRADAS são excelentes, dando saída aos produtos por Barril e, mais tarde, para o Norte. Há Linhas de ONIBUS de Carazinho todas as 2as e 5as feiras, passando por Sarandí, Barril, Águas do Prado, Mondai [sic] e daí até Vila OESTE, centro da Colonização. – AS TERRAS SÃO LEGALIZADAS com títulos perfeitos, dando-se escritura imediata. Mais informações os interessados poderão obter com a firma BARTH, ANNONI & CIA LTDA. em Carazinho, à Av. Flores da Cunha N.1452, C. postal 95 – fone 87. Ou ainda com o sr. ARCISO PERTILE, C. postal 95, Carazinho, e com os diversos agentes espalhados no interior do Estado.

---

[111] ARRUDA, op.cit., p. 168.

OS NEGÓCIOS podem ser efetuados no escritório da firma em VILA OESTE, ou em CARASINHO [sic].[112]

Nessa propaganda, divulgada em 1946, pelo jornal *Correio Riograndense* para atrair colonos gaúchos para o oeste de Santa Catarina, "terras férteis" e "matas virgens cobertas de madeiras de lei e pinhais" apareciam como grandes atrativos e como elementos capazes de garantir bons lucros e o sustento da família colona nos primeiros anos da migração para uma região que poderia lhe assegurar "grande futuro". Da mesma forma, a propaganda enfatizava o não isolamento do local onde as terras estavam sendo vendidas, destacando com letras maiúsculas a existência de uma Vila, "VILA OESTE", habitada por diversos moradores e servida por "ESTRADAS" e "ONIBUS", além de "outros muitos confortos". As propagandas, por um lado, transformavam o "sertão" e a natureza em um lugar de utopias e sonhos e, por outro, mostravam o seu gradativo afastamento da "barbárie" através da ocupação e da construção de núcleos coloniais por famílias de colonos migrantes. Esses colonos ganhavam o *status* de "elemento civilizador"[113], pois, com seu "braço vigoroso", assumiam para si a tarefa de "desbravar" uma região que até então

---

[112] Anúncio divulgado pelo jornal *Correio Riograndense* de 1946 mostrando as vantagens de se adquirir as terras vendidas pela colonizadora Barth/Annoni & Cia Ltda. 6.500 lotes coloniais à venda pela nova "colonização oeste" de propriedade da firma Barth/Annoni & Cia. Ltda. *Correio Riograndense*, Garibaldi, p. 4, 19 jun. 1946.

[113] O *status* de "elemento civilizador" se contrapõe a discursos construídos no final do século XIX e início do século XX por intelectuais como Silvio Romero, que via nos grupos germânicos e italianos um "perigo" para o país, conclamando as autoridades brasileiras a valorizar o "elemento portuguez". ROMERO, Silvio. *O elemento portuguez no Brasil* (Conferência). Lisboa: Typ. da Companhia Nacional Editora, 1902.

era vista, por muitos que ali chegavam, como um lugar de "matarias vastas e desertas", "sem justiça, sem lei, sem escola".[114]

A partir de 1944, a colonizadora Barth/Benetti, em crise devido à seca e à falta de compradores de terra, passou por uma reestruturação que ocasionou a mudança de sua razão social para Barth, Annoni & Cia. Ltda e motivou a contratação do comerciante gaúcho Olimpio Dal Magro para administrá-la. No mesmo ano, Vila Oeste também passou a ser sede de uma nova empresa colonizadora. Denominada Sociedade e Colonizadora Bandeirante Ltda., a nova firma tinha como diretor Ruy Arcádio Luchesi e foi a principal responsável pela comercialização e colonização de uma extensa área de terras na fronteira com a Argentina.[115]

Especialmente a partir dessas duas empresas colonizadoras,[116] novos colonos passaram a ser atraídos para o extremo oeste de Santa Catarina por propagandas como a mostrada anteriormente e outras feitas, principalmente, por agentes ou corretores contratados para a venda de terras. Esses agentes, segundo os diretores da Barth/Annoni e da Bandeirante, eram escolhidos por sua liderança e seu círculo de amizade na região onde moravam. "Eram pessoas conhecidas, bem credenciadas. Então o colono que tinha intenção de comprar vinha ver e tal, a gente fazia o negócio", explicou Olimpio Dal Magro.[117]

---

[114] Esta descrição, "selvagem" do extremo oeste catarinense, pode ser encontrada nos relatos feitos por José Arthur Boiteux (1931), outro membro da comitiva do governador Adolfo Konder, a qual visitou a região em 1929.

[115] A área comercializada pela Bandeirante abrangia a região dos atuais municípios de Bandeirante e Paraíso, enquanto as terras comercializadas pela Barth/Benetti (Annoni) incluíam principalmente a região do atual município de São Miguel do Oeste.

[116] Além das colonizadoras Barth/Annoni e Bandeirante, também atuaram na comercialização de terras na região de São Miguel do Oeste as empresas Alberico Azevedo, Madeireira Iguassu Ltda, Pinho & Terras Ltda. e Sociedade Madeireira Santa Rita Ltda. (DE BONA, 2004).

[117] DAL MAGRO, op. cit.

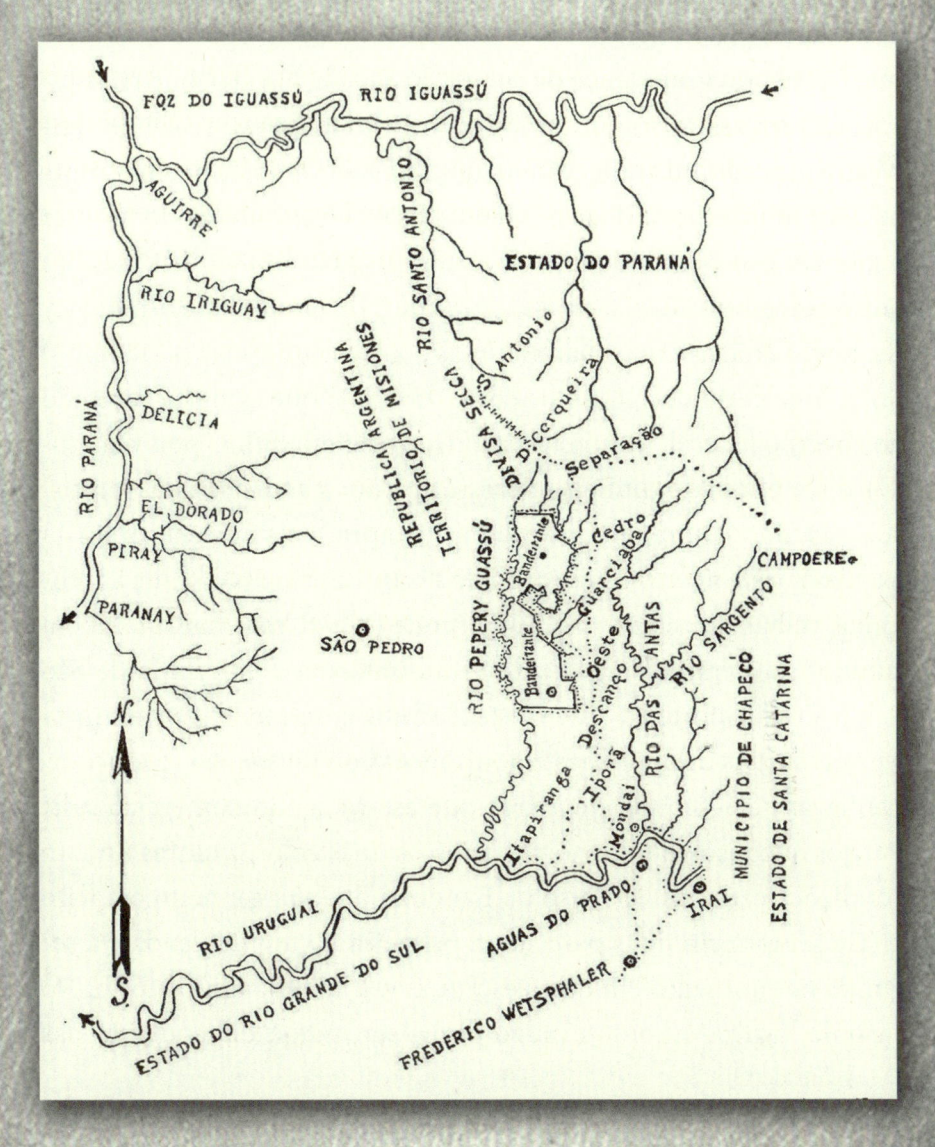

Mapa mostrando a localização das terras
comercializadas pela Colonizadora Bandeirante
Fonte: Luchesi ([194-]).

Além dos agentes propagandistas e das propagandas em jornais, outra estratégia utilizada, principalmente pela Colonizadora Bandeirante, era o envio de correspondência a possíveis famílias interessadas em adquirir terras.

Por fora do envelope da correspondência, havia o mapa que reproduzimos anteriormente, mostrando a área que estava sendo vendida. No interior da correspondência, havia um boletim com informações sobre a fertilidade das terras, os produtos que poderiam ser plantados e as possibilidades de futuro para os colonos e as famílias que resolvessem se instalar na região de Vila Oeste.[118] Segundo Ruy Luchesi, as terras eram "baratíssimas", pois a empresa (Bandeirante) tinha uma certa obrigação de colonizá-las, já que as havia recebido do governo federal. Mesmo assim, o negócio era difícil, pois nem todos dispunham do dinheiro necessário para a aquisição das terras.

O local de origem dos colonos compradores que chegaram ao extremo oeste a partir da década de 1940 era principalmente as "colônias velhas" do estado do Rio Grande do Sul, mas havia também colonos do Paraná, de parte de Santa Catarina e do estado de São Paulo. O transporte até Vila Oeste era feito, geralmente, em automóveis ou ônibus das próprias colonizadoras ou de agentes que acompanhavam os colonos até a área que estava sendo comercializada. Para os que resolviam adquirir terras, as duas colonizadoras tinham condições variadas. No caso da Bandeirante, o pagamento era feito quase sempre em duas parcelas, a primeira no ato da venda e a segunda no momento em que a escritura era lavrada em cartório. No caso da Barth/Annoni, o prazo podia ser maior, dependendo das

---

[118] O mapa, elaborado pelo diretor da Bandeirante, Ruy Luchesi, encontrado no arquivo pessoal do colonizador em formato de carimbo, foi passado para o papel em uma tipografia da cidade.

condições do comprador. "Nós fazíamos o seguinte: metade era à vista e metade em seis meses. Se não pagava no prazo, eles pagavam 9% de juro ao ano. E pagavam como podia pagar".[119] Para abrigar os recém-chegados, a estratégia das duas colonizadoras também era um pouco diferente. A Bandeirante, por exemplo, não construiu um barracão para abrigar os primeiros migrantes, mas sim pequenas casas onde eles se alojavam temporariamente até fixarem-se em definitivamente em suas terras. Já a Barth/Annoni tinha um barracão, "um galpão", com capacidade para cerca de 10 famílias.

As duas colonizadoras tinham em comum, conforme Ruy Luchesi, o fato de serem empresas como qualquer outra, pois dependiam do dinheiro recebido para continuar no mercado.

A entrada das empresas colonizadoras e a chegada de novos moradores ao extremo oeste na década de 1940 representaram, portanto, uma mudança considerável na maneira de ocupação do espaço regional e de relação do homem com o meio ambiente. Se antes os caboclos e indígenas eram donos de tudo, extraindo da natureza apenas o necessário para seu sustento, com a chegada dos colonos "de origem", eles foram, por um lado, tornados intrusos, sendo expulsos das terras onde moravam, e, por outro, aproveitados como mão de obra barata na derrubada e no beneficiamento da madeira, na abertura de estradas e no trabalho na agricultura. Assim, caboclos e indígenas, mesmo tendo contribuído decisivamente para as transformações ocorridas, tiveram sua presença reduzida populacional e simbolicamente, ocupando, a partir de então, papel de coadjuvantes em um processo no qual a lógica passou a ser a dos colonizadores.

---

[119] DAL MAGRO, op. cit.

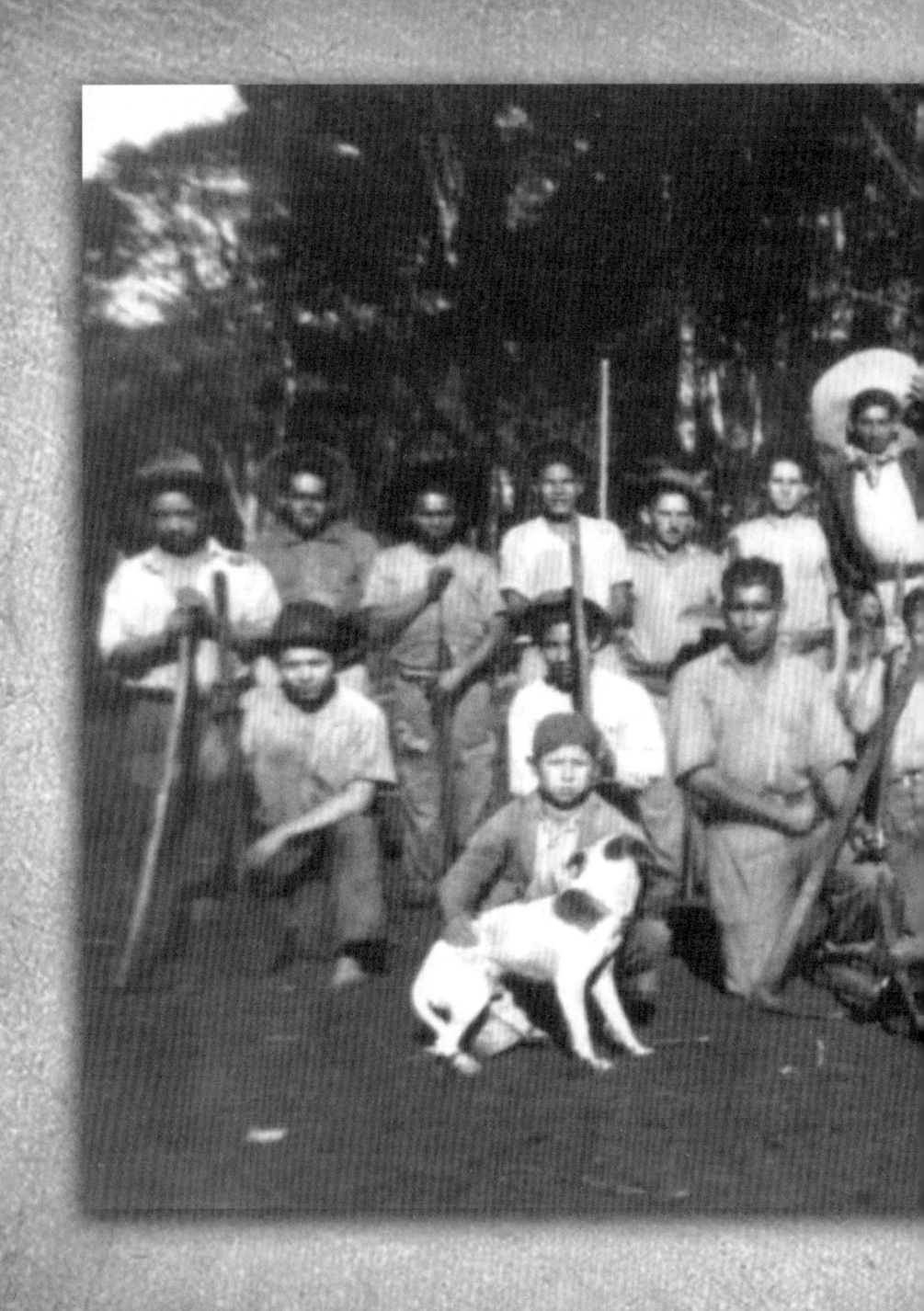

Turmeiros
Fonte: Luchesi (1944).

## Turmeiros

Na foto anterior, de 1944, um grupo de turmeiros é retratado no momento em que abria mais uma estrada em Vila Oeste. Um deles, no centro da imagem, com um dos joelhos no chão, parece posicionar seu braço direito estrategicamente sinalizando sua coragem e força física (à sua frente, uma enxada).

Coragem, força física, enxada. Elementos que foram e continuam sendo utilizados como símbolos da colonização de São Miguel do Oeste e como forma de distinção do grupo de pioneiros do município. Então, esse turmeiro que acabamos de descrever também foi um pioneiro, um desbravador? Que semelhança há entre o seu rosto e o rosto do *Desbravador*, erguido na praça central?

O semblante do homem de joelhos (na foto anterior) é de caboclo, negro, indígena, é de "bugre" diriam alguns moradores locais. Ao redor deles, outros têm o mesmo rosto: o rosto do esquecimento e da exclusão. Para muitos, talvez eles tenham sido personagens secundários de uma história na qual os heróis são brancos, descendentes de europeus. Para outros, no entanto, tiveram a mesma importância dos demais colonos, pois também foram fundamentais para o desenvolvimento do atual município de São Miguel do Oeste e da região.

O que se sabe é que, a partir da década de 1940, enquanto agrimensores e engenheiros práticos definiam, junto com os administradores das empresas colonizadoras Barth/Benetti e Bandeirante, o melhor local para a construção da praça, da igreja, do cemitério e das estradas, os sujeitos identificados como turmeiros eram os responsáveis pela execução do serviço. Os turmeiros trabalhavam em vários grupos e em toda a região. Conforme Ruy Luchesi, ex-administrador da Colonizadora e Madeireira Bandeirante Ltda., o número desses trabalhadores era muito grande. "Tinha muita gente. Eu não posso calcular o número, mas era muita gente que tinha. [...] Nós pegávamos turmas com 30, outras com 10, outras com 20. Às vezes tinham várias turmas pegando o trajeto".[120] Essas turmas, segundo ele, moravam, provisoriamente, em barracos cobertos com folhas de palmeiras ou tabuinhas de madeira, que os próprios turmeiros construíam próximo aos locais de trabalho e que seriam abandonados de três a quatro meses depois, quando concluíssem o trajeto contratado.

Ao relatar suas viagens pela região, padre Aurélio Canzi escreveu em 1950 sobre os turmeiros:

> Especialmente gratos nós testemunhamos pela caridosa acolhida que nos foi prodigalizada por toda a parte. Sem esquecer os donos de casas de pouso, mencionamos destacadamente as autoridades, os chefes de emprezas [sic], as professoras e professores, os afoitos motoristas que nos conduziam por estradas praticamente intransitáveis, e os humildes turmeiros que tantas vezes nos valeram nos piores atoladores, e nos deram guarida em sua barraca, para não pernoitarmos ao relento.[121]

Como se vê, o contato entre o padre e as turmas de trabalhadores de estradas era frequente desde os primeiros anos da colonização. Para o padre Aurélio, que se autodenominava "peregrino", esse contato, além de lhe garantir "guarida" durante a noite, era também a possibilidade que ele tinha de concretizar um dos seus grandes ideais: evangelizar indígenas e principalmente o grupo de caboclos existente na região.

---

[120] LUCHESI, Ruy A. *Entrevista concedida a Adriano Larentes da Silva*. São Miguel do Oeste, 10 maio 2002. Acervo do autor.

[121] PARÓQUIA SÃO MIGUEL ARCANJO, op. cit., folha 3.

> Os caboclos, os matreiros, neste coração de peregrino têm e sempre tiveram um lugar de destaque e honra por serem pobres e abandonados. Cristo veio a terra para evangelizar aos pobres, um dia algum talvez alcance possuir o ideal do peregrino.[122]

A presença dos turmeiros na região refletia a sociedade heterogênea que Guido Sassi tão bem revelou no romance *São Miguel*. Além deles, quantos outros "pobres e abandonados" existiam no extremo oeste? Quantos outros viviam em condições precárias, trabalhando aqui e ali, migrando de um lugar a outro? Quantos outros eram turmeiros, mas também balseiros, peões de madeireira e trabalhadores rurais? Quantos deles eram caboclos, indígenas, afrodescendentes? Quantos possuíam mulheres e filhos?

É muito difícil precisar numericamente, mas, com certeza, a quantidade desses trabalhadores era muito grande. Apesar disso, há poucas referências a eles e, principalmente, a suas famílias na história oficial do município e da região.

Vale lembrar, no entanto, que, mesmo excluídos da memória oficial, os trabalhadores foram essenciais para o desenvolvimento regional antes da colonização, no início dela e nas décadas seguintes a ela. Além disso, esses trabalhadores continuaram presentes no campo, nas madeireiras e nos novos bairros que nasceram na cidade de São Miguel do Oeste a partir das décadas de 1950 e 1960, tendo sua imagem ressignificada em vários momentos da história local e da nacional, conforme veremos a seguir.

---

[122] PARÓQUIA SÃO MIGUEL ARCANJO, op. cit., folha 9.

# Progresso e exclusão: a cidade vista de baixo (1954-1984)

Em novembro de 1954, um grande desfile festivo marcou a posse do primeiro prefeito e dos primeiros vereadores eleitos de São Miguel do Oeste. Na ocasião, desfilaram pelas ruas da cidade meninos e meninas com trajes de escolares e de indígenas, além de homens e mulheres a pé, a cavalo, em tratores, carros e caminhões.[123]

Entre os participantes do desfile, alguns carregavam cartazes, faixas e a bandeira nacional. Em uma dessas faixas, conduzida juntamente com uma imagem de um índio Guarani, lia-se: "C. E. Guarani saúda o prefeito e os vereadores".[124] Já uma outra faixa, colocada no alto de um caminhão, lembrava diferentes grupos étnicos presentes em São Miguel do Oeste e região: "Homenagem da [madeireira]

---

[123] A descrição do desfile festivo é feita a partir de um conjunto de sete fotografias tiradas pelo fotógrafo Martin José Andrin no dia da posse do novo prefeito e dos vereadores de São Miguel do Oeste.

[124] FOTO STÚDIO ANDRIN. *Alguns atletas do C. E. Guarani e moças na homenagem ao sr. prefeito e vereadores.* 1954. 1 álbum (33 fot.): p&b, 10 cm x 15 cm, foto n. 6.

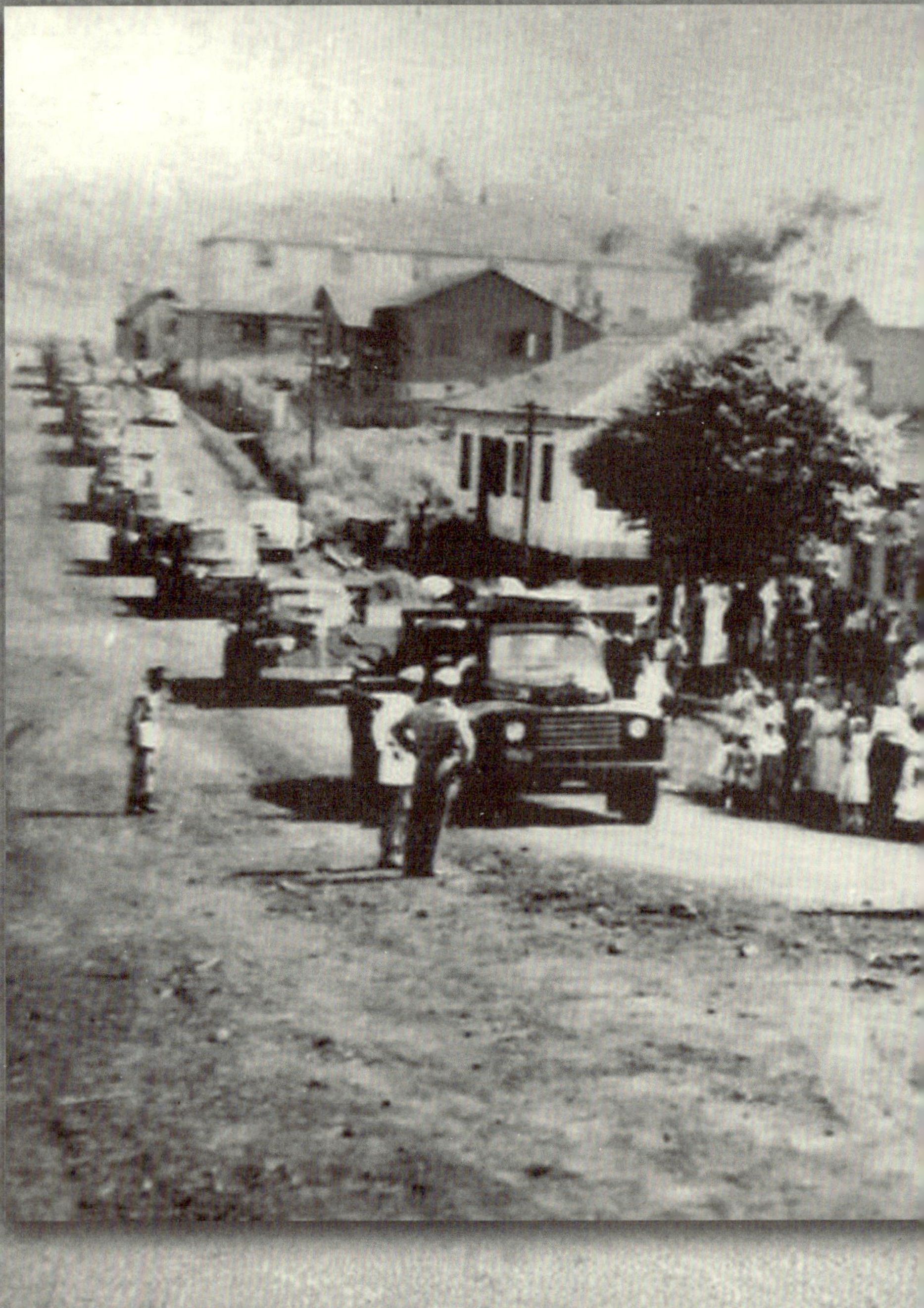

Desfile de posse do primeiro prefeito eleito de São Miguel do Oeste
Fonte: Foto Stúdio Andrin (1954).

Farro ao Fritz, Bepe e ao Caboclo".[125] Próximo dali, em baixo de árvores, em frente a casas e prédios públicos, dezenas de pessoas estavam atentas a toda aquela movimentação.

O desfile de posse do novo prefeito e dos novos vereadores, no dia 15 de novembro de 1954, marcou um momento importante na história local, pois representou não só a ascensão dos primeiros políticos escolhidos pelo voto popular para administrarem o município recém-criado, mas também uma maior visibilidade de sujeitos pertencentes ao grupo que mais tarde seria identificado como "pioneiros e desbravadores" de São Miguel do Oeste.[126]

Na eleição do ano de 1954, o prefeito eleito foi Olimpio Dal Magro, comerciante e ex-diretor das colonizadoras Barth/Annoni e Pinho e Terras. Para vereadores, os escolhidos foram o ex-intendente distrital Avelino De Bona, o pároco da Igreja Matriz São Miguel Arcanjo, padre Aurélio Canzi, os empresários Pedro Waldemar Ramgrab e Vany Massoni, o ex-delegado de polícia Aloísio Arsênio Klein, o agricultor e representante da Colonizadora Pinho e Terras em Romelândia, Arvin Wrasse, e o ex-prefeito Walnir Bottaro Daniel. Canzi e Ramgrab foram eleitos pelo Partido Libertador (PL), enquanto os demais, inclusive o prefeito Olimpio Dal Magro, pertenciam à União Democrática Nacional (UDN).

A composição do poder no recém-criado município de São Miguel do Oeste refletia as mudanças pelas quais passava a região do antigo município de Chapecó desde o início da década de 1950.

---

[125] FOTO STÚDIO ANDRIN. *Homenagem a Olimpio Dal Magro, quando de sua posse como prefeito*. 1954. 1 álbum (33 fot.): p&b, 10 cm x 15 cm, foto n. 9. Acervo do autor.

[126] Vale lembrar que, entre fevereiro (mês da instalação do município) e novembro de 1954 (data da posse dos eleitos), a cidade teve dois prefeitos provisórios: Leopoldo Olavo Erig e Walnir Bottaro Daniel.

Conforme mostraram Hass (2000) e Nodari (1999), o grupo político dos antigos coronéis, concentrado no Partido Social Democrático (PSD), foi, a partir desse período, gradativamente perdendo seu poder em várias áreas do oeste, em função dos diversos movimentos emancipacionistas que surgiram em toda a região.[127] Até então, segundo Nodari, era "uma elite de origem portuguesa", transferida da capital do estado, que ocupava os principais cargos do poder público, como prefeitos, delegados de polícia, juízes de direito, vereadores e outros funcionários de órgãos governamentais. De acordo com a autora, essas pessoas, apesar de formarem um grupo relativamente pequeno, "acabavam ditando as normas" da política regional, ao mesmo tempo que eram as guardiãs dos discursos, da memória e dos símbolos nacionais. Os outros grupos, como os italianos e os alemães, foram obrigados a se adaptar à situação, "renegociando sua etnicidade", principalmente durante o Estado Novo, quando tiveram de se preocupar em garantir a sua sobrevivência econômica, social, cultural e física diante do processo de nacionalização que os colocou em perigo.[128]

Em São Miguel do Oeste, a presença dessa "elite de origem portuguesa" era visível e se refletia nos cargos ocupados em entidades civis e órgãos públicos locais. A Sociedade Amigos de Vila Oeste, por exemplo, formada em 1949 com o objetivo de transformar Vila Oeste em Distrito, tinha como presidente de honra João Batista Zecca e como presidente João Batista Machado Vieira, ambos pertencentes ao grupo dos "de origem portuguesa" ligados à elite chapecoense. João

---

[127] Somente em 1953, ano do desmembramento de São Miguel do Oeste, foram criados outros sete novos municípios no oeste: Dionísio Cerqueira, Itapiranga, Mondaí, Palmitos, São Carlos, Xanxerê e Xaxim.

[128] NODARI, op. cit., p. 6.

Batista Machado Vieira foi, inclusive, o primeiro "intendente-exator" da nova Vila, sucedido, em 1950, por Generoso Rodrigues de Morais.[129] Nesse processo, deve-se levar em conta que a permanência desses três em cargos públicos não se devia apenas a uma questão étnica, mas vinculava-se também à sua filiação partidária. Ou seja, Zecca, Vieira e Morais eram ligados, direta ou indiretamente, ao PSD, que entre 1947 e 1950, esteve no poder na Prefeitura Municipal de Chapecó e no governo do Estado de Santa Catarina.

Mas, e os caboclos e indígenas presentes no desfile de 15 de novembro de 1954?

Eles participaram simbolicamente do cerimonial festivo, sendo lembrados por crianças e adultos através do uso de trajes típicos, faixas e cartazes. Acompanhados da bandeira nacional ou simplesmente desfilando a pé ou em carro aberto, eles serviram como símbolos da brasilidade de uma região onde o poder estava concentrado, cada vez mais, nas mãos de descendentes de alemães e italianos. Por outro lado, davam um sentido de unidade a um território dividido por partidos cujos vínculos étnicos ainda eram muito fortes. Segundo Mônica Hass, a imagem da UDN, grande vitoriosa em São Miguel do Oeste, era a de um partido voltado especialmente aos alemães, enquanto partidos como PSD e PTB disputavam o eleitorado italiano e caboclo. Essa identificação dos udenistas com os alemães, de acordo com a autora, tinha a ver com a campanha de nacionalização ocorrida na era Vargas, "durante os governos de Aristiliano e Nereu Ramos (este último agora líder do PSD), quando os imigrantes e descendentes de alemães foram perseguidos, presos e maltratados".[130]

---

[129] INSTITUTO BRASILEIRO DE GEOGRAFIA E ESTATÍSTICA. *Enciclopédia dos municípios brasileiros*. v. 32. Rio de Janeiro, 1959. p. 349-352.

[130] HASS, Mônica. *Os partidos políticos e a elite chapecoense*: um estudo do poder local – 1945-1965. Chapecó: Argos. 2000. p. 159.

É importante salientar, entretanto, que, no ano de 1954, teutos e ítalos já não eram mais considerados pelo governo brasileiro uma ameaça ao país, porém, continuavam fragilizados e influenciados por práticas e representações construídas durante a campanha de nacionalização. Entre essas práticas, estavam as comemorações de feriados nacionais, com desfiles de escolares e outras formas de demonstrações patrióticas, as quais identificavam a continuidade de um discurso nacionalista em todo o oeste catarinense. Segundo Nodari (1999), na década de 1950, a região permanecia influenciada por esse discurso construído durante o Estado Novo e que fazia com que o passado pessoal e local acabasse "desvanecido" no universo de uma "memória pública nacional". "Os interesses locais, regionais, de classe e étnicos, permaneceram, sem dúvida, de uma forma ou de outra, mas o teor dominante acabou sendo nacionalista".[131] Essa situação, ainda de acordo com Nodari, só foi alterada anos mais tarde, quando finalmente a memória pública local e regional passou para o primeiro plano.

Percebe-se, portanto, que a presença indígena e cabocla no desfile de 15 de novembro de 1954 fazia parte de um processo mais amplo, que tinha, por um lado, a ascensão do grupo dos "de origem" italiana e alemã e, por outro, a decadência dos antigos coronéis locais e daqueles pertencentes a uma "elite de origem portuguesa" que estivera no poder até então. Apesar dessa mudança, houve a manutenção da "memória pública nacional", pois, em função da campanha de nacionalização, ela estava enraizada na cultura regional.

Ainda sobre os indígenas e os caboclos, o segundo ponto importante a ser ressaltado é que, apesar de estarem presentes na posse dos recém-eleitos e, de forma geral, também no cotidiano da no-

---

[131] NODARI, op. cit., p. 291.

va cidade, os dois grupos continuavam sendo vistos como intrusos pelos dirigentes locais, tendo pouco ou nenhum acesso aos espaços constitutivos de poder. Aos olhos dos dirigentes e de boa parte da população local, caboclos e indígenas não passavam de mão de obra barata a ser utilizada em madeireiras, no transporte das balsas, na abertura de estradas, no trabalho com a erva-mate, na empreitada de lavouras, entre outras atividades. Além disso, os indígenas não faziam parte da cidade idealizada por segmentos da sociedade regional, eram vistos como sinônimo de atraso e, portanto, indesejáveis dentro de uma lógica desenvolvimentista e de progresso. Nesse ponto, a exclusão não se limitava aos caboclos e aos indígenas, ia além das fronteiras étnicas, chegando inclusive ao grupo dos colonos "de origem" com pouco poder aquisitivo, os quais também não faziam parte diretamente das instâncias locais de poder, apesar de boa parte do discurso regional e estadual se fundamentar na imagem desses como colonos construtores de uma região progressista e em franco desenvolvimento.

Essas afirmações se tornam evidentes se retornarmos à nominata dos eleitos em São Miguel do Oeste em 1954. A partir dela, é possível perceber que, de todos os escolhidos naquela ocasião, apenas um (Arvin Wrasse) provinha diretamente da área rural do município, o que mostra um controle urbano dos cargos eletivos municipais. Entre os eleitos, a maioria era composta de colonizadores, madeireiros e comerciantes. Eles também estavam à frente de clubes, entidades e associações existentes na cidade, como o Clube Esportivo Guarani, o Clube Atlético Montese e, mais tarde, o CTG Porteira Aberta, o Clube Comercial, o Lions Clube, a Associação Comercial Industrial de São Miguel do Oeste, entre outros. Um exemplo bastante elucidativo dos espaços ocupados por essa elite urbana pode ser dado a partir da biografia do ex-colonizador Olimpio Dal Magro. Além de ter sido diretor das empresas colonizadoras Barth/Annoni e Pinho e Terras, foi também um dos principais líderes da Sociedade Amigos de Vila Oeste, primeiro prefeito e, anos mais tarde, vereador de São Miguel do Oeste. Além disso, Dal Magro foi presidente do Clube Esportivo Guarani e do Clube Atlético Montese, sócio fundador do Lions Clube, do Frigorífico Peperi S/A, da Gener Agroindustrial e do Frigorífico Safrita de Itapiranga. Foi, ainda, proprietário de madeireiras, ervateira, empresa de ônibus e concessionárias de veículos.[132]

A biografia de Dal Magro retrata, portanto, os diferentes espaços por onde circulavam as elites locais. Enquanto isso, os pequenos agricultores "de origem", assim como indígenas, caboclos e outros sujeitos pertencentes às camadas mais pobres da população migueloestina, estavam, em geral, excluídos do processo eleitoral, das decisões tomadas, das entidades criadas e do modelo de cidade desejado por um grupo minoritário. Sobre esse município dividido e cheio de contradições, trataremos a seguir.

## A indústria madeireira e a formação da elite migueloestina

Para o ex-fotógrafo Martin José Andrin, a instalação do município de São Miguel do Oeste em 1954 "foi um momento de festa, de alegria". "Porque facilitava pra tudo. Porque qualquer coisinha tinha que ir a Chapecó. Tudo quanto era documento tinha que ir fazer em

---

[132] ASSOCIAÇÃO COMERCIAL E INDUSTRIAL DE SÃO MIGUEL DO OESTE. Associados fundadores da Associação Comercial e Industrial: Olimpio Dal Magro. Disponível em: <www.smo.com.br/acismo/historia/olimpio.htm>. Acesso em: 22 abr. 2002.

Chapecó".[133] Para ele, assim como para os demais moradores da antiga Vila Oeste e dos outros sete novos municípios criados naquele momento, o desmembramento trouxe maior autonomia e facilitou a vida, permitindo o acesso a serviços antes distantes. Além disso, realimentou o sonho e a esperança de muitos em um futuro cheio de prosperidade e abriu caminho para inúmeras transformações nos espaços urbanos e rurais do novo município.

Em 1954, viviam, em São Miguel do Oeste, aproximadamente 12 mil habitantes.[134] Desse total, a grande maioria dos habitantes se concentrava na zona rural, onde se dedicava ao plantio de milho, de trigo e de feijão, à extração e à venda de madeiras e à criação de suínos. Já os moradores da sede do município estavam envolvidos especialmente com o comércio, os serviços públicos e a indústria madeireira, esta última uma das principais fontes de renda da população local. "O comércio maior que existia aqui era a madeira", recorda Martin José Andrin, morador da cidade desde 1951.

> Serrava madeira e levava pra fora. Então tinha, porque foi contado, 30 caminhões-reboque que carregavam madeira pra Mondaí e também para o Carazinho (RS) [...] Quem cortava mais madeira era a Sican – Sociedade Indústria & Comércio Aparício Nunes Ltda. Tinha oito serrarias.[135]

---

[133] ANDRIN, Martin José. *Entrevista concedida a Adriano Larentes da Silva*. São Miguel do Oeste, 6 maio 2002. Acervo do autor.

[134] Os dados de população são uma estimativa feita pelo autor com base nos números fornecidos pelos Censos Demográficos de 1950 e 1960, nos quais São Miguel do Oeste apresentou uma população total de 7.362 e 19.359, respectivamente.

[135] ANDRIN, op.cit. A importância da indústria madeireira também é confirmada pelos demais entrevistados.

Apesar de as serrarias e madeireiras serem negócios bastante lucrativos e necessitarem de diversos trabalhadores, o número de pessoas empregadas nelas e em outros setores da economia local não passou de cinco operários por empresa até o final da década de 1950, segundo dados da Inspetoria Regional de Estatística Municipal de Santa Catarina.[136] Em se tratando da indústria madeireira, esses números são questionáveis, pois provavelmente não levaram em conta que muitos trabalhadores atuantes no setor eram contratados apenas como tarefeiros ou empreiteiros e que, por isso, não apareciam nos registros oficiais. "Era tudo empreiteiro", afirmou Olimpio Dal Magro em entrevista concedida em maio de 2002.[137] Relembrou: "A maior parte era gente que vinha só pra trabalhar no serviço de madeireira", confirmando que era inicialmente um ofício étnico, desenvolvido especialmente pelo grupo de "brasileiros" residentes na região. Eram esses trabalhadores que, conforme mostrou Martin José Andrin, enfrentavam as piores condições de trabalho, de alimentação e de moradia.

> Eles [os empreiteiros e peões de madeireira] sofriam muito. O que eu vi aonde eles cortavam longe daqui, dá uns quinze quilômetros, o que os empregados passavam no meio daquele mato, o que eles comiam eu não conseguiria comer [...] Tinha uma serraria aqui, aqui havia seus empregados. Os que puxavam as torras [sic] moravam aqui [na Vila]. Mas a maioria dos empregados das serrarias que ficavam longe morava onde tinha a serraria, perto da serraria, ao redor da serraria.[138]

---

[136] INSTITUTO BRASILEIRO DE GEOGRAFIA E ESTATÍSTICA, op. cit.
[137] DAL MAGRO, Olimpio. *Entrevista concedida a Adriano Larentes da Silva*. São Miguel do Oeste, 11 maio 2002. Acervo do autor.
[138] ANDRIN, op. cit.

Foi, portanto, a partir do trabalho desses sujeitos, muitos deles anônimos, que o novo município de São Miguel do Oeste pôde crescer economicamente e desenvolver sua estrutura urbana ao longo da década de 1950. Foi principalmente a partir da extração e da comercialização da madeira e da agricultura que se tornou possível a formação de uma elite urbana em São Miguel do Oeste, constituída por donos de madeireiras, proprietários de terra, comerciantes, profissionais liberais e funcionários públicos. Essa elite, no entanto, não era homogênea. Em vez disso, estava dividida por disputas políticas e familiares, formando, segundo Margareth Maria Missen Drefahl, verdadeiros "clãs" locais.[139] Esses "clãs", de acordo com ela, eram grupos fechados que reuniam as famílias mais abastadas da cidade, as quais atuavam e se reuniam em partidos políticos e clubes sociais, além de outros espaços. Usufruindo do poder econômico que os pais possuíam, os filhos dessa elite iam estudar em colégios fora do município, principalmente em Curitiba e Passo Fundo, retornando definitivamente à cidade após estarem formados. Eram os membros desses "clãs" que ditavam as normas de conduta e o modelo de cidade desejado. Para isso, eles se utilizavam dos diversos espaços sociais, além dos jornais impressos e, mais tarde, também do rádio.

## São Miguel: a "princesa do oeste"

Após a instalação do município, em 1954, as autoridades migueloestinas se mostravam eufóricas e esperançosas com as mudanças que ocorriam em São Miguel do Oeste e em todo o país. Essa eufo-

---

[139] DREFAHL, Margareth M. M. *Entrevista informal concedida a Adriano Larentes da Silva*. Joinville, 28 jul. 2002. Acervo do autor.

ria aparecia estampada na imprensa local, que, seguindo a tendência nacional, também procurava reafirmar a importância do progresso para a região e enfatizar os sinais de chegada desse progresso. Para ela, cada nova obra inaugurada representava a efetivação das mudanças desejadas e a certeza de um futuro promissor.

> Com a presença de autoridades estaduais e municipais e o povo em geral que estão convidados para este ato, deverá ser inaugurada, hoje, às 11 horas, os dois conjuntos Diesel que fornecerão luz e força à cidade. Os referidos motores foram cedidos pelo Governo do Estado ao município, por convênio, devendo os mesmos fornecer 300 KWA de luz a cidade de São Miguel.[140]

Da mesma forma, grandes projetos que surgiam na cidade ou na região eram recebidos com festa pelas autoridades e pela população e logo noticiados com entusiasmo pela imprensa local.

> Soube nossa reportagem que um grupo de homens de negócio desta cidade, havia tomado a iniciativa de formarem uma sociedade para a construção de um frigorífico, a sêr [sic] localizado em São Miguel do Oeste. [...] É realmente uma iniciativa de vulto. Grande capital, grande empreendimento.[141]

Em outra reportagem, um dos colaboradores do mesmo jornal continua:

---

[140] HOJE, às 11 horas, inauguração da força e luz dos novos motores. *A Voz da Fronteira*, São Miguel do Oeste, ano II, n. 63, p. 1, 6 dez. 1959.

[141] O extremo oeste catarinense será dotado de moderno frigorífico. *A Voz da Fronteira*, São Miguel do Oeste, n. 16, p. 1, 8 abr. 1962.

> Tal indústria significará, não só um grande passo ao progresso de São Miguel; não só trabalho para dezenas de operários, mas também um melhor pagamento aos suínos criados pelos nossos colonos e granjeiros. [...] Estamos de parabéns.[142]

Conforme os discursos da imprensa da época, o progresso e os seus benefícios eram os objetivos a serem alcançados. Para isso, deveria haver a colaboração dos diferentes setores da sociedade local. Isso faria com que, ao final, todos saíssem ganhando, tanto os moradores do campo quanto os da cidade.

No final da década de 1950, apesar do otimismo com a gradativa chegada do progresso, São Miguel do Oeste ainda era um município essencialmente rural. Em 1958, segundo estimativas do Departamento Estadual de Estatística, viviam apenas 1.650 pessoas na área urbana do município, o que representava menos de 15% do total da população.[143] O restante, cerca de 85%, continuava vivendo no meio rural.[144]

Apesar do baixo número de habitantes urbanos, São Miguel do Oeste e outras "cidadezinhas" da região aumentavam gradualmente a sua população e melhoravam a sua infraestrutura. "Nossas cidadezinhas já estão perdendo a feição de burgos coloniais, e estão de fato se convertendo em cidades", escreveu, em novembro de 1959, um dos colaboradores do jornal *A Voz da Fronteira*. Nesse período, além da melhoria no serviço de energia elétrica, que até então era precário e atendia um baixo número de famílias, a cidade ganhou

---

[142] PICHETTI, Antonio. Frigorífico São Miguel S/A. *A Voz da Fronteira*, São Miguel do Oeste, n. 17, p. 1, 15 abr. 1962.
[143] O total de habitantes em 1958, segundo essa estimativa, era de 11.197.
[144] INSTITUTO BRASILEIRO DE GEOGRAFIA E ESTATÍSTICA, op. cit., p. 351.

novos telefones, escolas e outras edificações. Também nessa época e nos anos seguintes, instalaram-se em São Miguel do Oeste novas agências bancárias, revendas de automóveis, cooperativas, indústrias e agroindústrias, usina hidroelétrica, entidades e órgãos públicos estaduais e federais. A cidade foi pouco a pouco se consolidando como polo econômico e político do oeste catarinense, o que acabava encorajando a imprensa e as autoridades locais a buscarem novas denominações para ela.

Uma dessas denominações apareceu no jornal *A Voz da Fronteira* em 1959, durante as eleições para prefeito municipal, e, em seguida, com a oficialização da instalação do Colégio dos Irmãos Lassalistas na cidade. Nesses dois momentos, São Miguel do Oeste foi apresentada como a "princesa do oeste", um lugar "sorridente" e de "vertiginoso progresso" que vinha "tomando o vulto de gigante [...], um gigante idealizado".[145] Era esse "gigante idealizado" que, segundo a imprensa e as autoridades locais, precisava ser bem estruturado para que pudesse fazer frente às mudanças que continuavam ocorrendo rapidamente na cidade e no campo.

Sobre essas mudanças, Pedro Waldemar Ramgrab, então candidato a prefeito municipal de São Miguel do Oeste, afirmou em agosto de 1965: "O desenvolvimento, aqui, atingiu um ritmo tal de evolução que nada poderá impedir seu prosseguimento".[146] Por isso, segundo Ramgrab, era preciso dotar especialmente a área urbana de serviços e de infraestrutura, de modo a fazer frente aos novos tempos e, também, simbolizar o progresso alcançado. Entre esses serviços,

---

[145] A denominação "princesa do oeste" e as demais expressões entre aspas foram publicadas em edições do jornal *A Voz da Fronteira*: n. 42, 12 jul. 1959; n. 44, 26 jul. 1959; n. 45, 2 ago. 1959; n. 60, 15 nov. 1959 e n. 62, 29 nov. 1959.

[146] RAMGRAB, Pedro W. *Programa de uma administração – 1966-1970*. São Miguel do Oeste, ago. 1965.

os mais urgentes, conforme ele, eram o nivelamento e a abertura de novas ruas, o calçamento das ruas centrais, a canalização de córregos e riachos, a conclusão da praça central, a ampliação do perímetro urbano, a organização do Plano Diretor da cidade e a construção de novas habitações.

> Com o advento da era industrial que se instalará em São Miguel do Oeste, por fôrça [sic] da eletrificação, a demanda de habitações, em breve, se constituirá em grave óbice para a localização de elevado número de famílias, o que desde já deve ser assunto para preocupações.[147]

No seu plano de governo, Ramgrab apontava, portanto, para o aumento do número de habitantes da cidade e definia as principais medidas a serem tomadas diante das modificações que ocorreriam na estrutura urbana de São Miguel do Oeste nos anos seguintes. Ramgrab de fato estava certo em suas previsões, pois a cidade não só cresceu em número de habitantes, mas também se transformou, nas décadas seguintes, no município mais urbanizado da microrregião do extremo oeste de Santa Catarina, segundo o IBGE. Em 1960, o Censo Demográfico demonstrou que residiam no meio urbano de São Miguel do Oeste 18% da população local, percentual que passou para 35% em 1970, 52% em 1980, 60% em 1991 e 85% em 2000.[148]

Com o crescimento da população urbana de São Miguel do Oeste, a sede do município passou a ser, cada vez mais, o centro das atenções das autoridades locais. Até porque ela era a vitrine do mu-

---

[147] RAMGRAB, op. cit., p. 5.
[148] Os números de habitantes urbanos para esse período, segundo os Censos Demográficos do IBGE, são os seguintes: 1960, 3.539; 1970, 7.956; 1980, 18.712; 1991, 25.638; 2000, 27.378.

nicípio, como Vila Oeste fora, no passado, a vitrine da colônia. Como vitrine, a cidade deveria passar uma imagem positiva, de progresso e de desenvolvimento, capaz de atrair novas indústrias e empreendimentos. Além disso, com o crescimento da economia, as elites migueloestinas ganhavam ainda mais força no município, exigindo novas e contínuas mudanças nos espaços urbanos.

Essas elites, através dos jornais impressos, da emissora de rádio e do poder público, acabavam sendo as principais construtoras da imagem local, ao mesmo tempo que eram as mais interessadas em ter uma cidade com o conforto, a beleza e a estrutura dos maiores centros urbanos do país. Nesse sentido, o Plano Diretor que entrou em vigor em 1970 possuía um papel decisivo, pois tinha a função de efetivar o modelo de cidade desejado.

## A cidade da ordem e do progresso

A foto seguinte é da cidade de São Miguel do Oeste a partir de uma perspectiva aérea, que privilegia o traçado retilíneo de suas ruas e avenidas. Nessa imagem recente, a cidade parece inicialmente imóvel, tal qual a Nova Iorque observada do alto do *World Trade Center* por Michel de Certeau na década de 1970.[149] Vista de um plano aéreo, ela se mostra funcionalista, ordenada; um lugar em que é difícil ou quase impossível se perder. Suas largas vias conduzem seus ocupantes de um lado ao outro de uma forma que é aparentemente prática e rápida. As construções existentes também demonstram uma certa homogeneidade e seus moradores parecem desaparecer

---

[149] CERTEAU, op. cit., p. 169-191.

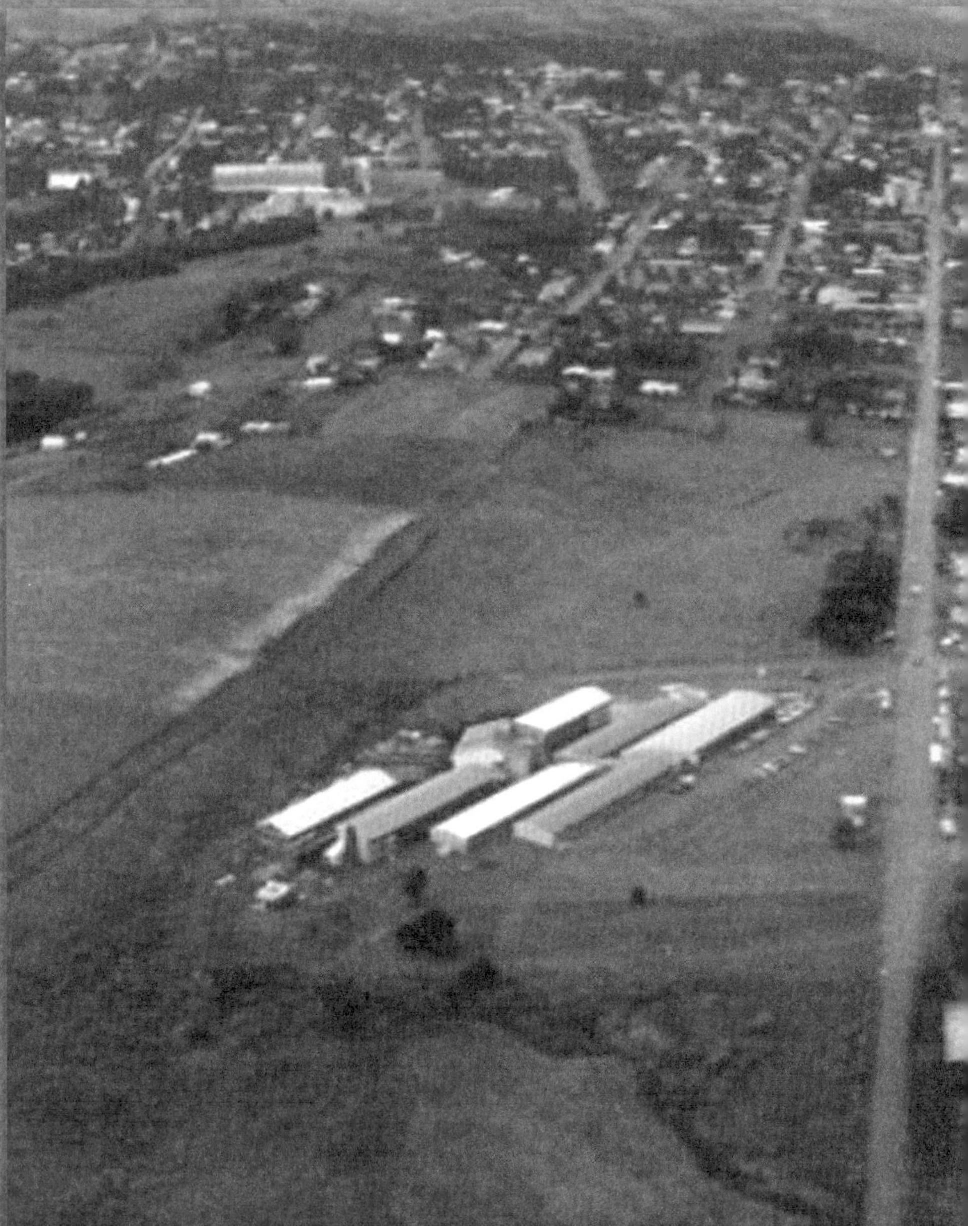

Foto aérea de São Miguel
Fonte: Foto Stúdio Andrin (2000).

na magnitude de suas formas. Vista do alto, ela é a materialização da cidade ideal: a cidade da ordem e do progresso.

A atual cidade de São Miguel do Oeste foi projetada no início da década de 1940 e seguiu o modelo de outras cidades modernas do mundo ocidental. Foi concebida para ser higiênica, organizada, bonita e progressista.

O mapa a seguir (apresentado na próxima página) mostra Vila Oeste de um plano aéreo, deixando clara a forma geométrica em que foi dividida. Foi a partir desse modelo, idealizado na década de 1940, que São Miguel do Oeste cresceu e enfrentou o processo de urbanização das décadas seguintes. Assim, em 1970, quando entrou em vigor o novo Plano Diretor da cidade, as bases já haviam sido lançadas.

Pelo Plano Diretor de 1970, as larguras de 20 e 25 metros para ruas e avenidas, definidas no início da colonização na década de 1940, foram mantidas. Já os tamanhos de praças, calçadas e novas edificações deveriam seguir o padrão estipulado pelo poder público local. Nas ruas com calçamento, por exemplo, não seriam aceitas e nem licenciadas construções de casas de "madeira rústica e sem pintura a óleo ou similar [...], sem janelas de vidro e com metragem inferior a 56m$^2$" e tampouco "construções de puxados", muito comuns entre boa parte dos habitantes locais.[150] Da mesma maneira, as construções ou reformas de edifícios nas áreas centrais deveriam ser submetidas à "censura estética da Prefeitura", principalmente quando as fachadas estivessem voltadas para logradouros públicos. Nesses casos, eram

---

[150] SÃO MIGUEL DO OESTE. Prefeitura Municipal. *Lei n. 611*. Aprova o Plano Diretor da cidade e dá outras providências. São Miguel do Oeste, 9 nov. 1970, folha 3.

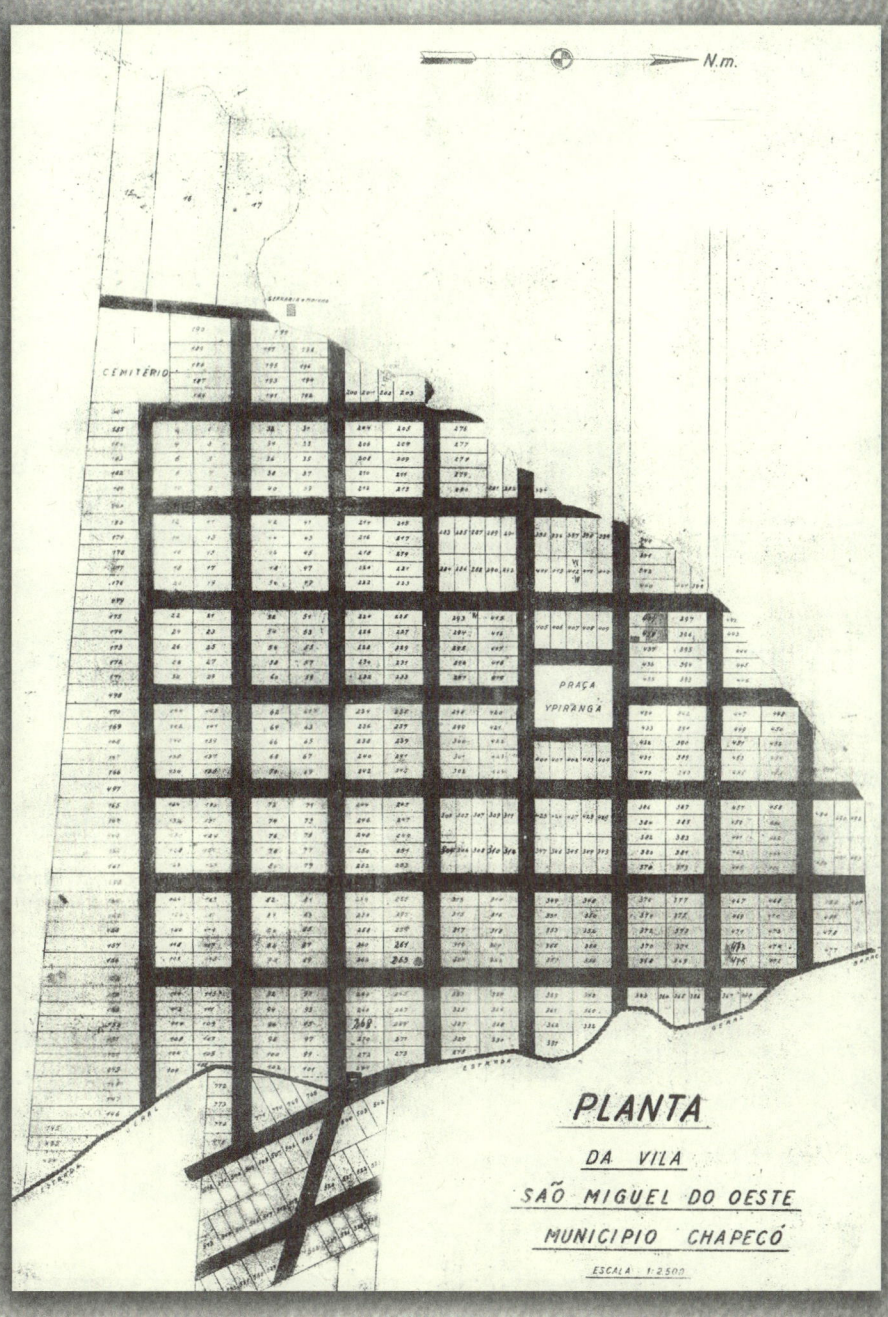

Mapa de Vila Oeste
Fonte: Luchesi ([194-]).

VISITE SÃO MIGUEL, CAPITAL DO "EXTREMO OESTE" SC

Cartão Postal de São Miguel do Oeste
Fonte: Foto Studio Arte (1972).

"expressamente proibidas" pinturas "berrantes" nas fachadas, pois seriam contra a "estética" da cidade.[151]

Com o novo Plano Diretor, tentava-se colocar em prática uma cidade que seguisse os padrões de beleza, limpeza e organização definidos pela elite local. A cidade deveria passar uma imagem de "progresso", principalmente aos moradores de outras localidades do estado e do País. A construção dessa imagem se daria de diversas maneiras, inclusive através de fotografias e cartões postais que, principalmente a partir da década de 1960, procuravam mostrar São Miguel do Oeste de um plano aéreo.

Nesse cartão postal (apresentado nas páginas anteriores), a tentativa de criar uma imagem de organização e de pujança econômica da cidade de São Miguel do Oeste foi feita através de uma foto panorâmica que privilegiou o traçado retilíneo das largas ruas e avenidas da área central e de fotos aproximadas, mostrando as ruas calçadas, arborizadas e iluminadas, os edifícios e os automóveis. Complementando o poder de atração das imagens, o cartão traz uma mensagem convidando para uma visita a São Miguel do Oeste, cidade apresentada no postal como a "capital do extremo oeste" de Santa Catarina.

Guardadas as especificidades de cada período e de cada documento, poderíamos dizer que a imagem construída através do cartão postal se assemelha muito àquela que a empresa colonizada Barth/Annoni procurava passar com o anúncio publicado no jornal *Correio Riograndense* de 1946. Ou seja, havia uma cidade planejada e organizada, e nela estavam todos os sinais de "civilização". No caso da propaganda, o que se destacava era a fertilidade das terras, a existência de casas, os moradores, o comércio e a infraestrutura mínima, a ligação através de estradas e ônibus. No caso do cartão postal, conti-

---

[151] SÃO MIGUEL DO OESTE. Prefeitura Municipal. Op. cit., folha 15.

nuam aparecendo os mesmos elementos, mas que são apresentados através de imagens visuais, em vez de um texto descritivo. No cartão, o atrativo das terras é substituído por uma cidade que se apresenta grande e ordenada. Nele, é possível ver as casas, os edifícios, as ruas asfaltadas e iluminadas, os automóveis e a estação rodoviária (imagem central) e observar o não isolamento do local.

Além de ocorrer por meio de cartões postais e fotografias, a projeção de uma imagem positiva da cidade se dava também através de festas, exposições e feiras, como era o caso da FAISMO, cuja primeira edição foi em abril de 1974. Entre os objetivos iniciais da FAISMO, estavam a necessidade de "estabelecer maior intercâmbio entre agropecuaristas e técnicos de todos os Estados da Federação", "divulgar as realizações da Indústria, Comércio" locais, "atrair capitais de investimentos nas atividades agropecuárias, bem como a implantação de novas indústrias" e "projetar os municípios de São Miguel do Oeste e Descanso, e a Região Extremo Oeste Catarinense no cenário Nacional e Internacional".[152] A FAISMO, na visão dos organizadores, ajudaria a divulgar a cidade e a região do extremo oeste, possibilitando que crescessem ainda mais a partir do incremento das produções agrícola, agropecuária, industrial e comercial. De acordo com o jornal *O Estado* de abril de 1976, a FAISMO era a

> [...] fórmula para o Extremo Oeste promover progresso [...] Com apenas três versões da Feira Agro-Industrial de São Miguel d'Oeste, a fisionomia da região já vem sofrendo profundas transformações. É a pecuária recebendo contribuições valiosas para seu desenvolvimento e expansão [...] São os comerciantes buscando a atualização do mercado

---

[152] FAISMO. *Regulamento geral da 1ª feira agro-industrial e comercial de São Miguel do Oeste*. São Miguel do Oeste, jan. 1974. p. 1.

> e dos sistemas de mercadologia. São os industriais investindo em novas áreas da atividade [...] São os administradores públicos a sentir e a aferir os novos anseios de uma comunidade desenvolvimentista, sem falar no entusiasmo de trabalho e participação que a FEIRA desperta em todos aqueles que dela tomam parte [...][153]

Portanto, com a FAISMO, o discurso de que São Miguel do Oeste era a "capital do extremo oeste" ganhava cada vez mais força e servia de estímulo para novas mudanças no perímetro urbano.

Esse conjunto de medidas, entre elas, a melhoria da infraestrutura urbana, a elaboração de um Plano Diretor para a cidade e a criação da FAISMO, se insere em um contexto de mudanças pelas quais São Miguel do Oeste estava passando, especialmente nas décadas de 1960 e 1970, e que possibilitaram para alguns grupos a manutenção e a reconstrução de sonhos e utopias presentes desde os primeiros anos da colonização. Dessa forma, para muitos moradores locais, continuava a haver motivos para que os discursos que construíam São Miguel do Oeste como um lugar de futuro promissor, de progresso e de riqueza também se mantivessem. No entanto, para além da permanência do discurso desenvolvimentista e das medidas voltadas à construção de uma cidade esteticamente ideal, havia outros territórios e situações que não se adaptavam ao modelo desejado e que não podiam ser capturados a partir de um plano aéreo.

---

[153] FAISMO é fórmula para extremo oeste promover progresso. *O Estado*, Florianópolis, 21 abr. 1976. Caderno Especial, p. 2.

## Entre o rural e o urbano

Quando Ramão e Carlinda dos Santos migraram para a cidade de São Miguel do Oeste, em meados da década de 1970, decidiram levar consigo animais e produtos da agricultura. "Eu trouxe uns porcos, umas galinhas, bastante produto", informou ele.[154] O casal pensava em garantir assim o sustento para a família nos primeiros tempos, se precaver contra quaisquer imprevistos e também manter um vínculo com o meio rural.[155]

O caso de Ramão e Carlinda não é exceção. Como eles, outros agricultores deixaram o campo naquele mesmo período e também mantiveram na cidade muitos de seus hábitos rurais. Chegavam quase sempre desiludidos com a situação da agricultura, porém, mantinham-se ligados a ela através de pequenas plantações, da criação de animais e de outras práticas cotidianas. Eram práticas que desestabilizavam censos demográficos, mapas e normas que definiam os limites entre os habitantes do campo e da cidade, práticas que mostravam a vida e o movimento do meio urbano e rural e se contrapunham à ordem estabelecida e idealizada, que era apresentada por meio de imagens panorâmicas.

A criação de animais, principalmente nas áreas centrais da cidade, sempre foi uma prática condenada pela imprensa, pelas autoridades e por alguns moradores locais. No jornal *A Voz da Fronteira* de 1962, esse tema aparecia associado a outros assuntos como a existên-

---

[154] SANTOS, Ramão. *Entrevista concedida a Adriano Larentes da Silva*. São Miguel do Oeste, 31 jan. 2003. Acervo do autor.

[155] Antes de migrar para a cidade, Ramão e Carlinda moravam de agregados no interior do município. Na cidade, o local escolhido para residir foi o bairro São Jorge.

cia de "privadas" e "mato" no centro urbano, o excesso de barulho de alguns "fandangos", a falta de energia elétrica, a péssima condição de algumas estradas e a ausência de uma infraestrutura urbana mínima.

Dentre os principais críticos em relação a esses temas, um dos que mais se ocupou com eles nesse período assinava com o pseudônimo Alfi-nete. Ele aproveitava sua coluna semanal, intitulada "Você SABIA?...", para questionar as autoridades e a população local.

> Você SABIA?... [...] que as coisas que mais exalam mau cheiro em nossa cidade são: essas criações de porcos, esse gado e também esse nosso sistema de esgotos, com serviços pela metade? [...] que "EU" vou pôr um Jardim Zoológico em minha casa? E que vai me sair por preço X..... as feras que lá vou Ter..., pois são essas que estão se criando nos "matos" das nossas...cal...?çadas? [...] que a nossa querida "cidade que mais cresce, no Oeste Catarinense" à noite, nas ruas é uma escuridão completa?...[156]

Além de Alfi-nete, outros moradores de São Miguel do Oeste faziam críticas à manutenção de práticas rurais na cidade e à falta de uma boa infraestrutura urbana.

Em ofício encaminhado, em janeiro de 1962, ao médico chefe do Posto de Saúde de São Miguel do Oeste, um dos moradores do centro reclamava dos "suaves perfumes", das "privadas" e do "mau cheiro" da criação de suínos ali existente e solicitava providências para "atenuar" o "sofrimento" sentido.

> Resido no centro de nossa cidade, porém mais parece que no meio colonial, e isto porque vizinhos existem que se

---

[156] Os trechos acima foram extraídos da Coluna "Você SABIA?...", do jornal *A Voz da Fronteira* (28 out. 1962; 25 nov. 1962; 2 dez. 1962).

> dão ao desplante de fazer criação de suínos, contaminando o ar, tornando-o o mais das vezes insuportável, atraindo com isto os mais variados insetos propagadores de moléstias. Aproveito da mesma forma, requerer a V.S., no alcance de sua função, a interferir junto aos proprietários de casas dentro da zona urbana de nosso município, a providenciarem conforme é determinada por lei, a instalação de sanitários, com as respectivas fossas, porquanto, o método até então adotado, ou seja, "as privadas", não mais se coadunam com o crescimento de nossa cidade, e mesmo infectam o ar com "seus suaves perfumes".[157]

Meses mais tarde, quem também escreveu para o jornal *A Voz da Fronteira* foi o próprio chefe do posto de saúde local. Em tom de lamento, ele perguntava: "Deus meu, haverá município mais azarado que o meu?" Para ele, São Miguel do Oeste era um "pedaço abandonado" no extremo oeste de Santa Catarina e a situação vivenciada naquele momento era um "castigo" que a população não merecia.

> Abandonado sim, parece-nos até um insulto ao brio dos que habitam por estas plagas, um desleixo tão grande no trato daquilo que o povo necessita, daquilo que interessa diretamente o povo. É desejo sincero o meu: que as coisas mudem, que o progresso chegue a São Miguel e aqui se estabeleça.[158]

Segundo Cury, a chegada do progresso poderia ser efetivada se as autoridades municipais seguissem o exemplo de outras gran-

---

[157] GEVAERD, Victor N. Perfume e insetos. *A Voz da Fronteira*, São Miguel do Oeste, n. 6, 28 jan. 1962.

[158] CURY, Camilo. Deus meu!!! *A Voz da Fronteira*, São Miguel do Oeste, n. 46, 16 dez. 1962.

des cidades como São Paulo, mesmo que para isso fosse preciso usar estratégias não muito convencionais.

> Lembro-me bem, e não vão muito longe, daqueles tempos, em que, criança ainda, íamos e passávamos horas e horas, deliciando-nos, contemplando maravilhados, trabalhadores braçais, que com auxílio de burros e pequenas carroças, abriam as estradas que ajudaram a construir a grandeza de São Paulo de hoje. Diz a sabedoria popular, que quem não tem cão caça com gato. Vá lá, vá lá, diz o moço aquele... Mas ao menos, se não tem cães, ajeitem bons gatos e quem sabe, sigamos o exemplo de São Paulo.[159]

Na mesma época, em torno de 1960, outro fator que incomodava as autoridades e uma parcela da população de São Miguel do Oeste era a realização de determinados "fandangos" nos arredores da cidade. Um deles, segundo denúncia encaminhada à delegacia de polícia e publicada pelo jornal *A Voz da Fronteira*, estava localizado na rua Santos Dumont, bairro Azevedo. Ali, os moradores se queixavam da existência de "pessoas desconhecidas e desordeiras" que faziam "grandes algazarras" ao saírem dos "fandangos do João Weber". Os moradores escreveram ao delegado regional de polícia em maio de 1962:[160]

> [...] vimos solicitar-lhe medidas que julgar cabíveis ao caso, na observância da ordem e respeito aos moradores, quando por ocasião destes fandangos, pois exigimos o respeito, apelamos pela ordem e queremos dormir tranqüilos.

---

[159] CURY, op. cit.
[160] SILVA, P. Olívio da. Exigimos respeito, apelamos pela ordem e queremos dormir tranqüilos. *A Voz da Fronteira*, São Miguel do Oeste, n. 19, 6 maio 1962.

Os moradores da Santos Dumont, portanto, "apelavam pela ordem", o chefe do posto de saúde desejava que o progresso chegasse definitivamente à cidade, o morador do centro exigia providências em relação aos suínos, as privadas e seus odores, enquanto Alfi-nete, além de questionar a presença de animais na cidade, também lembrava do "mato" nas calçadas, do esgoto inacabado, da "escuridão completa" das ruas do centro durante a noite. Todos esses sujeitos e essas situações abordados no jornal local mostravam que a cidade sonhada, da ordem e do progresso, era difícil de ser efetivada. Da mesma forma, os limites entre o campo e a cidade eram extremamente tênues. "Resido no centro de nossa cidade, porém mais parece que no meio colonial", reclamou Gevaerd.[161] Para ele e outros habitantes de São Miguel do Oeste, as fronteiras entre o rural e o urbano eram deslocadas ou eliminadas por "suaves perfumes" exalados pelas "privadas" e pela criação de porcos, bois e outros animais, pelas plantações nas áreas centrais e por outros hábitos e costumes da população do município. O odor dos animais criados no centro e os outros odores mencionados representavam, assim, as fronteiras ou a ausência delas. Além disso, eram vistos como sinais de atraso e associados ao mundo rural. Esses odores diferiam daqueles que, anos mais tarde, viriam das chaminés do Frigorífico Peperi (atual Aurora), simbolizariam o progresso e que, com a ajuda dos ventos, "levavam" a cidade para o campo.

## De agricultor a operário

O mapa (a seguir) mostra o crescimento urbano de São Miguel do Oeste a partir da década de 1950. Por meio dele, percebe-se a am-

---

[161] GEVAERD, op. cit.

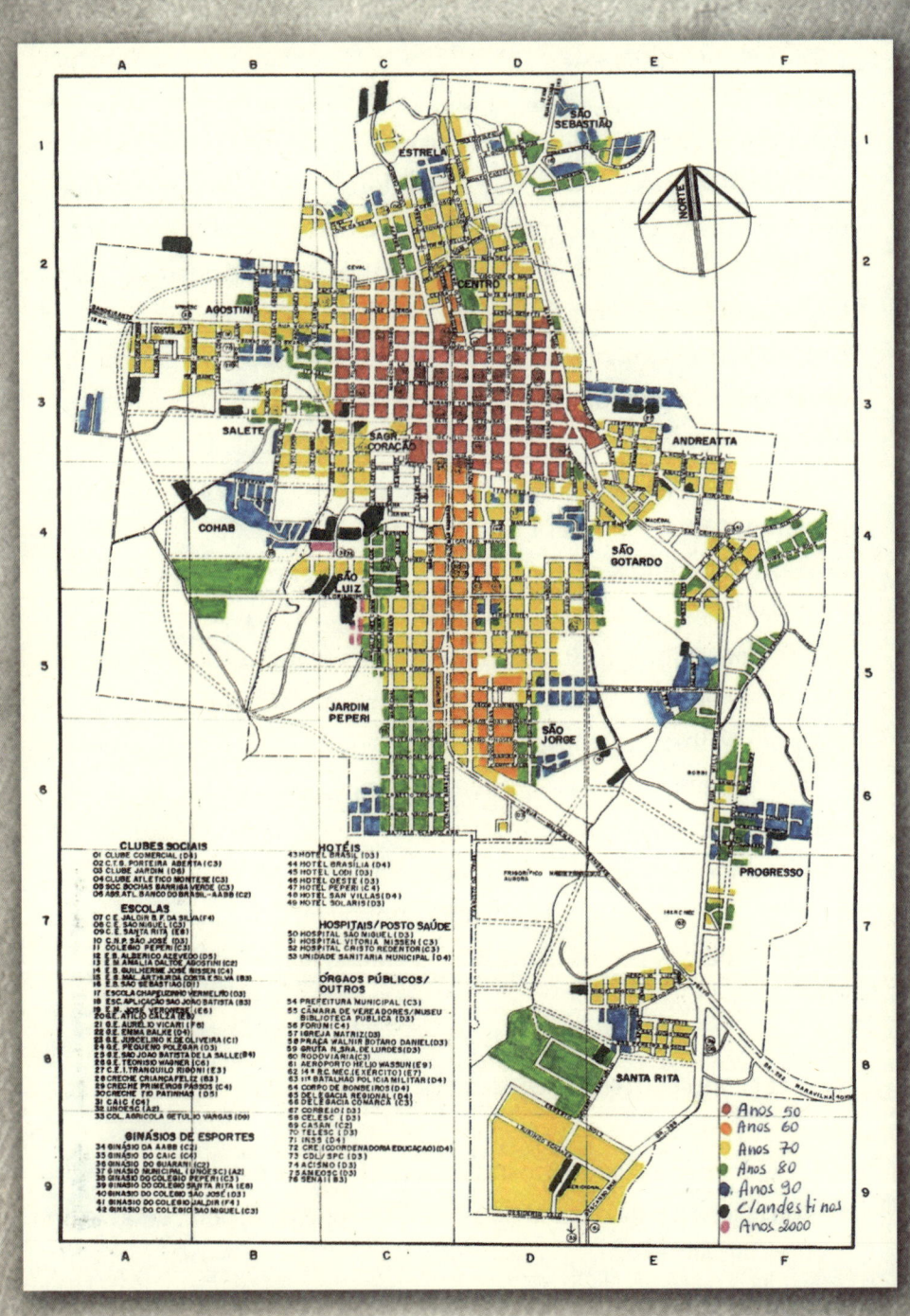

Mapa urbano de São Miguel do Oeste
Fonte: Silva (2003). Elaboração do autor, a partir de mapa da Prefeitura
Municipal de São Miguel do Oeste.

pliação dos espaços ocupados e os períodos em que houve maior crescimento.

A cor vermelha indica a área urbana liberada para novas construções na década de 1950, demonstrando uma concentração populacional ao redor da igreja matriz. Ao final desse período, os limites da cidade eram, segundo o mapa, a atual avenida Salgado Filho, o Estádio do Guarani, a rua Willy Barth e a região do cemitério municipal.[162] Já na década de 1960 (cor laranja), percebe-se que a cidade cresce em direção à região norte e mais acentuadamente no sentido sul, acompanhando a rua Waldemar Ramgrab, que, naquele momento, se consolidou como uma das principais vias de acesso a São Miguel do Oeste.[163] Verifica-se, também, que, na década de 1970 (cor amarela) e nos anos seguintes (cores verde, azul e rosa), houve a ampliação do perímetro urbano, ao mesmo tempo que as ocupações começaram a ocorrer de forma irregular, atingindo todas as regiões da cidade.[164]

Dentro dessa lógica, a cidade de São Miguel do Oeste tornou-se o local de moradia de inúmeros sujeitos, entre eles ex-agricultores oriundos do interior do próprio município, de outras cidades de

---

[162] Até o ano de 1955, os limites da cidade eram ainda menores, conforme a lei n. 47 de dezembro daquele ano. Os novos limites estabelecidos por essa lei foram os seguintes: "Começa no lageado Guamirim, à rua Almirante Barroso, segue ao oeste até a rua Marcílio Dias; sobe por esta, rumo norte, até a linha divisória das chácaras, seguindo-a até encontrar a linha norte-sul que divide os lotes urbanos com as chácaras; desce por esta até a rua Sete de Setembro, pela qual segue, ao leste, até encontrar o lageado Guamirim." SÃO MIGUEL DO OESTE. Prefeitura Municipal. *Lei n. 47, de 10 de dezembro de 1955*. Altera a área do perímetro urbano da cidade. São Miguel do Oeste, 1955. Livro 1, folha 76.

[163] Até então, o transporte da madeira e de outros produtos era feito pela Linha Barra do Guamerim.

[164] Em 1972, entrou em vigor a lei n. 701, alterando a área do perímetro urbano da cidade de São Miguel do Oeste.

Santa Catarina e do Rio Grande do Sul. Foram especialmente esses ex-agricultores que, a partir das décadas de 1960 e 1970, contribuíram para aumentar o número de loteamentos de antigas chácaras e para alterar a fisionomia da cidade de São Miguel do Oeste.

A chegada de moradores oriundos das áreas rurais foi motivada, a partir desse período, por muitos fatores. Entre eles, citam-se a gradativa partilha das terras pelas famílias, a falta de políticas agrícolas para as pequenas propriedades, a modernização dos implementos agrícolas, as intempéries (secas, geadas, chuvas de granizo), o aumento do número de agricultores "integrados" e as novas exigências das agroindústrias em operação na região, além, é claro, dos atrativos oferecidos pela cidade, como melhor acesso à escola, à saúde, entre outros benefícios. Esses diversos fatores, apesar de suas peculiaridades regionais, eram, na sua maior parte, resultado de uma política agrária e de urbanização, construída pelo Regime Militar e pelos governos estaduais a partir de uma lógica de progresso e de modernidade.[165]

Atilio Greggio foi um desses agricultores que migraram para o perímetro urbano de São Miguel do Oeste, por volta do ano de 1976, indo morar em uma chácara nas proximidades da Cooper São Miguel, na região oeste da cidade. Antes disso, ele residia na Linha Alto Caçador, em uma terra que recebera de seu pai como presente de casamento.

> Onde eu morava era um lugar meio ruim de água. Não tinha muita alternativa para a criação de suínos. Porque outras coisas, plantar muito a gente era poucos e não podia produzir muito, era pouca safra. A Ana que é minha esposa ela tinha as crianças pequenas, ajudava [na lavou-

---

[165] Para outras informações sobre esse assunto, consultar: ESPÍNDOLA, Carlos José. *As agroindústrias no Brasil*: o caso Sadia. Chapecó: Grifos, 1999.

ra] mas não era lá muito. E eu sozinho, começou alguns problemazinhos de saúde e então resolvi de ir mais perto da cidade pra tentar mudar de agricultor para operário.[166]

Na cidade, Atilio foi trabalhar inicialmente em uma madeireira, local onde encontrou outros ex-agricultores como ele.

> O que se encontrava lá, que trabalhava [em madeireira], eram todas pessoas iguais a mim, que estavam vindo do campo em busca de coisas melhores, que não estavam indo muito bem na agricultura. Uns por pouca terra, pouco espaço, e outros porque desanimavam. Os preços também já começavam a não dar resultado. Não viam o resultado do trabalho e estavam deixando o campo e vindo. Um pouco também influenciados [por aqueles] que diziam que [na cidade] se trabalhava e chegava no fim do mês ganhava aquele salário que dava pra se virar bonito. Lá na roça sabe, uma safra vem uma vez por ano, qualquer intempérie, seca, já fica uma safra frustrada. Então muitas pessoas vinham com esse objetivo, pensando ser melhor na cidade.[167]

Por volta do ano de 1979, após ter passado por duas madeireiras, Atilio, ainda com problemas de saúde, conseguiu emprego como ajudante de motorista em um comércio local. No novo emprego, segundo ele, tudo ia bem, ele havia, inclusive, sido promovido a motorista de caminhão, quando inesperadamente o comércio no qual trabalhava acabou fechando as portas. Foi naquele momento que o

---

[166] GREGGIO, Atilio. *Entrevista concedida a Adriano Larentes da Silva*. Florianópolis, 14 fev. 2003. Acervo do autor.

[167] Atilio trabalhou em duas madeireiras. Na primeira havia, segundo ele, cerca de sessenta empregados e na segunda em torno de trinta. GREGGIO, op. cit.

ex-agricultor decidiu voltar para a agricultura, sem, porém, deixar de morar na cidade.

> Continuei morando lá [na cidade]. Quando eu saí da agricultura eu não tinha vendido o pedaço de terra que eu tinha, uma pequena morada. E daí eu voltei trabalhar em cima daquela morada, mas continuei morando lá perto da cidade.[168]

Atilio tornou-se, assim, um "urbano-residente"[169], colaborando diretamente para a instabilidade das fronteiras entre campo e cidade. Isso porque, mais do que manter práticas rurais no meio urbano, ele e a sua família faziam da chácara onde moravam uma extensão das terras que possuíam no interior do município.

> Quando voltei na agricultura, eu tinha um terreno um pouco grande perto da cidade, [mas] meio retirado [do centro]. Lá todo mundo criava os [seus] animaizinhos. Eu tinha uma vaca. E o produto que eu colhia na agricultura pagava frete e levava [para a cidade]. Eu criava uns porquinhos, tinha a vaca, e o que sobrava vendia. Ela [a esposa] e as crianças cuidavam disso aí. Ela foi se virando, ela dava um jeito. [...] Era como se tivesse no interior, só mais perto da cidade. Continuava a mesma vocação do campo.[170]

Situação semelhante à do agricultor Atilio Greggio era vivida pela família de Maria Giongo. Ela, o esposo e mais dez filhos tam-

---

[168] GREGGIO, op. cit.
[169] O termo "urbano-residente" foi usado por Milton Santos (2001, p. 91) para designar todos aqueles que moram nas cidades e trabalham no campo.
[170] GREGGIO, op. cit.

bém chegaram à cidade na década de 1970, oriundos do município gaúcho de Soledade.

> Ele [o esposo] sempre tinha vontade de vim. Falavam de São Miguel. Tinha o velho Chapão que era conhecido dele e ele veio atrás e daí comprou terra aqui [...] Eu cheguei e gostei de ficar aqui. Parecia que ia tudo melhor. A gente lá sofria muito na roça.[171]

Em São Miguel do Oeste, o local escolhido pela família Giongo foi uma área recém-loteada, no bairro Andreatta. Maria trabalhava a maior parte do tempo em casa, enquanto o esposo passava a semana fora, trabalhando em uma terra adquirida no interior. "Eu em casa. Fazia doce, pastel e coisarada pra vender", informou ela. Já os filhos, que no início ajudavam na roça e vendiam os quitutes preparados por Maria, foram aos poucos arrumando empregos na cidade: "[...] depois pegaram a estudar... daí todos eles estudavam e começaram a trabalhar um pouco. Aqui quase todos trabalharam na Madebal [madeireira], por ali assim".[172]

As histórias de Atilio e Maria mostram, portanto, um pouco da dinâmica do crescimento urbano de São Miguel do Oeste na década de 1970, período em que ocorreu um aumento considerável do êxodo rural em toda a região oeste de Santa Catarina. Essas trajetórias revelam uma cidade que foi se espalhando com a chegada de famílias de pequenos agricultores, as quais passaram a ocupar áreas cada vez mais distantes do centro. Por outro lado, ao mesmo tempo que isso ocorreu, criaram-se novos espaços para a manutenção de

---

[171] GIONGO, Maria. *Entrevista concedida a Adriano Larentes da Silva*. São Miguel do Oeste, 23 jan. 2003. Acervo do Autor.
[172] GIONGO, op. cit.

práticas agrícolas no meio urbano e para que esse local continuasse sendo uma extensão do campo; isso ia na contramão dos discursos oficiais construídos naquele período para a cidade.

## Mundo Novo, Buraco Quente e Barra do Guamerim: territórios de conflitos

Com o aumento do número de moradores e a ampliação do perímetro urbano de São Miguel do Oeste nas décadas de 1960 e 1970, as áreas rurais passaram a ser cada vez mais habitadas. Entre elas, as duas áreas nas quais foram morar Atilio e Maria. A primeira, denominada à época Mundo Novo, situava-se na parte oeste, enquanto a segunda, conhecida popularmente como Buraco Quente, ficava no lado leste da cidade.

Nessas duas comunidades, o processo de ocupação seguiu lógicas um pouco diferentes uma da outra, apesar de abrigarem sujeitos com trajetórias parecidas. Enquanto, na primeira, parte dos antigos moradores foi expulsa, não resistindo à pressão da especulação imobiliária, na segunda, foi o próprio processo de loteamento e comercialização de terras que favoreceu a entrada de famílias com pouco poder aquisitivo, inclusive as de pequenos agricultores. Paralelamente aos processos vivenciados por essas duas comunidades da área urbana, em uma outra região do município, denominada Barra do Guamerim, os conflitos também se tornavam cada vez mais visíveis à medida que se formavam dois grupos distintos de moradores. Um deles composto por colonos "de origem" e o outro integrado, em sua maioria, por "brasileiros" pobres; esses últimos formaram, na Barra do Guamerim, uma espécie de "favela rural", conhecida como Loteamento.

É sobre estes três territórios, Mundo Novo, Buraco Quente e Barra do Guamerim, e seus conflitos que trataremos a seguir.

### *Mundo Novo: uma região "manjada"*

A região do Mundo Novo, hoje bairro Salete, era inicialmente parte da zona rural do município de São Miguel do Oeste. Localizada em uma baixada, era cortada por um pequeno rio e habitada por três grupos de moradores.

O primeiro deles era composto por colonos "de origem", que lá se instalaram na fase inicial da colonização do município. Eles eram proprietários de chácaras e de terras que mais tarde foram transformadas em loteamentos. O segundo grupo era formado por "brasileiros", que, ao longo dos anos, foram se estabelecendo nos fundos das terras que oficialmente eram daqueles primeiros. "Na época, os proprietários dessas áreas não davam importância. Como era perto de um riacho, um córrego, eles foram se colocando", lembra o ex-agricultor Atilio Greggio.[173] Esses moradores da região ribeirinha trabalhavam, geralmente, nas terras dos colonos "de origem" da localidade ou atuavam como diaristas, tarefeiros e empregados em outras partes da cidade e do interior. O terceiro grupo era composto por ex-agricultores e migrantes de diferentes etnias que chegaram ao Mundo Novo principalmente a partir da década de 1970, atraídos pela venda de lotes e chácaras e pela instalação de serrarias e madeireiras na região analisada. Algumas dessas pessoas moravam em suas próprias casas, mas a grande maioria residia nas casas construídas pelas serrarias e madeireiras ali instaladas.

---

[173] GREGGIO, op. cit.

Entre os três grupos, o segundo e o terceiro eram os que reuniam o maior número de moradores. Era nesses grupos, especialmente no segundo, que estavam as famílias economicamente mais pobres, as quais não eram vistas com bons olhos, principalmente pelos descendentes de italianos e alemães residentes no bairro. Essa visão negativa, presente, inclusive, entre aqueles "de origem" com pouco poder aquisitivo, se manifestava fundamentalmente em relação aos "brasileiros" que habitavam nas proximidades do riacho que cortava a comunidade e àqueles que trabalhavam nas madeireiras e serrarias e moravam nas casas construídas por seus empregadores. No entanto, é possível que as disputas e os conflitos internos em toda aquela região não ocorressem apenas em função das identidades étnicas de seus moradores, pois envolviam também o próprio grupo de "brasileiros" excluídos.

Apesar da existência desses grupos e subgrupos, as percepções dos demais moradores de São Miguel do Oeste em relação ao Mundo Novo acabava não refletindo aquelas diferenças internas. Para quem não era do local, a impressão era de uma região perigosa, habitada por pessoas de índole duvidosa.

> Ele [o Mundo Novo] era meio manjado porque qualquer coisa que o pessoal falava a referência era o Mundo Novo. Uma pessoa que não era muito uma pessoa de bem diziam que tinha que ir morar no Mundo Novo. Era uma péssima imagem que tinham. No início era assim.[174]

Essa imagem negativa da região do Mundo Novo foi sendo parcialmente alterada, principalmente a partir da década de 1980,

---

[174] GREGGIO, op. cit.

à medida que as populações mais pobres do local foram saindo em função da diminuição do número de funcionários das serrarias e madeireiras ali instaladas e do fechamento de algumas delas. Foi nessa época, também, que aumentou o número de novos moradores oriundos do interior do município e de outras cidades circunvizinhas. Eles passaram a comprar terrenos e chácaras nas proximidades da área habitada pelos "brasileiros". "Apertados", os "brasileiros" foram obrigados a sair do local e ir em busca de novos espaços para morar.

> Começaram a chegar os loteamentos no Mundo Novo. Os proprietários começaram a lotear as áreas e foi chegando [novos moradores] e daí foi apertando aquelas famílias lá. Então aquelas famílias começaram a ir embora dali. Uns tinham pequenas propriedades, outros era só barraco. Uns vendiam, outros simplesmente abandonavam. Daí foram indo. Uns iam para o bairro São Luiz, hoje é São Luiz, antes tempo eu não sei nem dizer o nome desse local, fica nos fundos da cidade, em uma baixada. Outras famílias iam lá para a costa do [rio] Índio [que era] outro local também que as terras tinham os donos mas eles não davam importância. Foram se encostando perto dos rios. Outras famílias foram para o outro lado da cidade que é um lugar de bastante morro. Daí se colocavam lá provisoriamente. Hoje pertence ao Bairro Andreatta, São Gotardo. Antigamente chamavam Buraco Quente.[175]

Como se percebe pelo depoimento, houve, a partir da década de 1980, profundas mudanças no Mundo Novo, fazendo com que a região fosse gradualmente deixando de ser um território habitado predominantemente por famílias de "brasileiros" economicamente

---

[175] GREGGIO, op. cit.

pobres. A maioria dessas famílias, no entanto, apesar de ter deixado o bairro, permaneceu na cidade, distribuindo-se pelos diversos espaços, entre eles, a comunidade Buraco Quente.

### Buraco Quente ou bairro Andreatta?

A história da região de São Miguel do Oeste conhecida como Buraco Quente ou bairro Andreatta tem muitos pontos em comum com a descrita anteriormente, começando pela ocupação do local que, assim como no caso do Mundo Novo, ocorreu por grupos distintos de moradores.

Nessa região, os moradores mais antigos também eram aqueles pertencentes às famílias que chegaram com o início da colonização do atual município de São Miguel do Oeste. Dessas famílias, a primeira foi a de David Andreatta, que chegou com os pais ao local em 1941, vindos de São Sebastião do Caí (RS). Nessa época, segundo David, a área ocupada "era puro mato". "Aqui aquela época era puro mato. Depois nós derrubamos o mato, plantamos e tal e o meu pai loteou, fez o bairro", informou ele em entrevista concedida em janeiro de 2003.

A área adquirida pela família Andreatta na década de 1940 foi loteada na década de 1970, tendo recebido inúmeras famílias de ex-agricultores e diversos outros migrantes. Segundo David, "alguns vinham de cidades vizinhas", enquanto os demais eram provenientes do próprio município. Entre os novos moradores, alguns se fixaram nas partes mais altas, enquanto outros se concentraram em uma região íngreme, às margens de um pequeno córrego. Para os que moravam nessas margens, as dificuldades de locomoção até o centro da cidade ou os bairros vizinhos eram muitas, principalmente em função da falta de estradas e da existência de um aclive acentuado. "O morro era brabo, mas se dava jeito", recorda Maria.[176] "Tinha uma sanguinha ali. A piazada ia no colégio, tinha uma tábua que passava e eles resvalavam dentro [risos]. Depois ergueram a estrada um pouco." Segundo ela, na década de 1970 "era só um pique, carro não subia. Não tinha ainda estrada. Depois que abriram. Não tinha [estrada] nem daqui para o São Gotardo [bairro vizinho] e nem para a cidade [centro]."

Além de Maria, outra pessoa que viveu durante muitos anos no atual bairro Andreatta foi a ex-agricultora Neide Barbieri, que chegou ao local no final da década de 1970, acompanhada do esposo e de mais sete filhos.

> Nós vendemos lá [no interior] e ele [o esposo] começou, procura daqui, procura dali e nós gostamos de morar pra cá. Olhamos tudo, gostamos daqui e viemos morar e pronto. Não conhecia nada. Não tinha quase ninguém. E os filhos então começaram a vender coisas assim daqui e dali e daí começaram a trabalhar fora junto com o pai deles, de pedreiro. Saía de segunda e voltava de sábado. E assim fomos fazendo a vida.[177]

Em 1978, época da chegada de Neide na região do atual bairro Andreatta, existiam no local menos de cem residências, conforme se percebe por imagens aéreas desse período, as quais mostram que, apesar de relativamente povoada, a área analisada apresentava diversos espaços sem construções. Esses espaços, de acordo com os depoimentos de Maria e Neide, foram ocupados a partir da década

---

[176] GIONGO, op. cit.
[177] BARBIERI, Neide. *Entrevista concedida a Adriano Larentes da Silva*. São Miguel do Oeste, 23 jan. 2003. Acervo do Autor.

de 1980, com a instalação de novas casas de comércio e residências. "Acho que não faz muitos anos. Há dez, doze, quinze anos atrás que ele [o bairro] começou a crescer bem, começou a povoar bem, arrumar as estradas e tudo", recorda Neide. "O Pedro botou aquele mercadinho ali e foram botando e foi indo. O Koll também veio aquela vez e botou um mercado. Dali foi aumentado", complementou Maria.

Apesar do crescimento e das transformações ocorridas nos últimos trinta anos, o atual bairro Andreatta manteve uma imagem bastante negativa diante do restante da cidade ao longo de todo esse período. Conhecida popularmente na cidade como Buraco Quente, a região foi, e continua sendo, vinculada à violência e à pobreza. Na documentação pesquisada, esse retrato negativo da comunidade aparece claramente em vários momentos, entre eles, o das entrevistas gravadas, nas quais os conflitos existentes em relação ao local se mostram. Maria, por exemplo, recorda do dia em que soube que o esposo comprou o terreno nessa região. "Na hora que meu velho comprou a propriedade ele veio e disse: 'comprei lá no Buraco Quente'. Eu disse, 'mas tu não tinha outro lugar?' [risos]". Segundo a moradora, a construção da imagem do bairro se devia aos bares e a um salão de baile que existia em uma área da baixada, onde, de vez em quando, ocorriam brigas entre os frequentadores. Outro fator que contribuía para a manutenção desse estereótipo era a existência de um conjunto de casas habitadas por pessoas muito pobres, as quais trabalhavam nas madeireiras dos arredores ou fazendo biscates na cidade e no campo. A chegada dessas pessoas havia sido motivada, entre outros fatores, pela expulsão de algumas delas de outras regiões da cidade, como era o caso daquelas pessoas que habitavam o Mundo Novo, e também pela venda de terrenos a preços menores que os praticados no mercado local. "Meu pai começou a lotear e vendeu bastante terreno barato. Então ali tinha gente pobre que conseguiu comprar o terreninho pra fazer uma casinha", informou David Andreatta.

Foi em função da existência de uma área de grande pobreza e marginalização que, em 1984, a Congregação das Irmãzinhas da Imaculada Conceição decidiu construir no bairro Andreatta o seu local de residência e de atuação junto à comunidade, tendo a escolha causado "estranheza na cidade".

> Para concretizarem seu intento, uma comissão de Irmãzinhas dirigiu-se a São Miguel do Oeste com a tarefa de conversarem com o então pároco, Pe. Cyrillo Matiello, com o qual acertaram o projeto, escolhendo inclusive o local da moradia, o Bairro Andreatta, onde se verificavam condições de abandono e marginalização, ambiente propício para a inserção. Houve estranheza na cidade por esta opção das irmãs, uma vez que o Bairro Andreatta não gozava de bom nome. Mas, foi nele mesmo que as Irmãzinhas compraram um terreno, à Rua Amazonas 435. E aí construíram sua moradia.[178]

A entrada das Irmãzinhas da Imaculada Conceição no bairro Andreatta e seu trabalho orientado pela Teologia da Libertação[179] contribuíram decisivamente para a organização da comunidade, pos-

---

[178] PARÓQUIA SÃO MIGUEL ARCANJO, op. cit., p. 189-190.

[179] A Teologia da Libertação é fruto de uma reestruturação que ocorreu na Igreja Católica da América Latina a década de 1950, com a criação da Confederação Episcopal Latino-Americana (CELAM), e principalmente, a partir da década de 1960, com o Concílio Vaticano II, a segunda e a terceira Conferência Geral da CELAM, realizadas respectivamente em Medellin, Colômbia, em 1968, e em Puebla, México, em 1978. Foi a partir desses vários acontecimentos que a Igreja Católica passou a se posicionar sobre os problemas que ocorriam no mundo, fazendo uma opção pelos pobres. Portanto, a Teologia da Libertação surgiu para adaptar a Igreja Católica à realidade da América Latina e para dar um sentido libertador às pregações de Jesus Cristo. Para mais informações sobre esse assunto, consultar: RIBEIRO, Gil B. *Evangelho político*: discurso social-político da Igreja. Goiânia: UCG, 1999.

sibilitando inclusive a construção de uma capela católica e o surgimento de novas lideranças, fazendo com que o local passasse a ser visto com outros olhos pelas autoridades municipais e pelo restante da população da cidade. Simultaneamente ao trabalho das irmãs, o bairro passou por mudanças consideráveis também em sua estrutura. Das famílias pobres que ali viviam, muitas foram morar em outras regiões da cidade ou em outros municípios de Santa Catarina e do Brasil. Etnicamente, esse acontecimento representou uma diminuição do número de "brasileiros" que ali viviam e, consequentemente, uma presença maior de sujeitos das demais etnias, como italianos, alemães, poloneses, entre outros, os quais, mesmo sendo, em sua maioria, economicamente pobres, possuíam pelo menos um capital financeiro mínimo, produto do trabalho na lavoura e de terras comercializadas na área rural. Dessa forma, esses moradores das demais etnias acabaram sendo os principais incentivadores para que as casas ou os barracos ali existentes dessem lugar a residências com um padrão melhor de construção.

Mesmo com essas mudanças que ocorreram no bairro Andreatta, tanto a denominação Buraco Quente quanto o sentido negativo associado à denominação se mantinham até o início da década de 2000 entre alguns habitantes do município. Entrevistas realizadas em diferentes bairros de São Miguel do Oeste, em 2003, mostraram que o bairro Andreatta continuava sendo visto como uma das piores regiões da cidade para morar. Entre as justificativas apresentadas pelos entrevistados, estão definições como "lugar feio e perigoso", "buraco", "baixada", região de "difícil acesso", "distante do centro". O que é curioso, no entanto, é que, dos cinco entrevistados que deram essas respostas, dois residiam nas extremidades da cidade (bairros Santa Rita e São Sebastião), portanto "distantes do centro", enquanto os outros três eram moradores de duas das regiões mais estigmatizadas de São Miguel do Oeste (bairros São Luiz e Salete/Mundo Novo), consideradas "feias e perigosas" por moradores de outras áreas do município.

Por outro lado, é interessante observar como os próprios moradores do bairro tratam essa questão e esse conflito, procurando, inclusive, evitar comentários que possam trazer à tona a imagem negativa vinculada à sua comunidade. Sobre isso, a entrevista gravada com David e Carmelinda Andreatta, em janeiro de 2003, é bastante elucidativa. Nela, Carmelinda confirma que o bairro era conhecido como Buraco Quente, porém procura deixar claro que isso é coisa do passado, pois ninguém mais utiliza esse nome. "Agora ninguém fala mais. Tu falou agora porque... mas ninguém fala mais. Não, agora é bairro Andreatta". Tanto Carmelinda como seu esposo David dizem não gostar que utilizem o nome Buraco Quente.

> Eu sempre dizia pra sogra, mãe dele, que era pra botar um nome de santo. Daí ela disse: 'não, vai ficar registrado o nome do pai [esposo]', que é o Andreatta, seu Guerino Andreatta. Daí ficou Guerino Andreatta. Ela não quis botar nome de santo.

E insiste Carmelinda: "Não, agora ninguém fala mais isso aí, não", mostrando certo incômodo ao tratar do assunto. Para ela, havia temas mais interessantes a tratar, como os primeiros tempos em São Miguel, a religiosidade, a festa do padroeiro, os pioneiros. Ou seja, temas ligados aos discursos e à história oficial de São Miguel do Oeste.

## *Comunidade X Loteamento: um conflito étnico e social na Barra do Guamerim*

Outro local de grades conflitos em São Miguel do Oeste até o final da década de 1970 era a comunidade denominada Barra do

Guamerim. Situada na área rural do município, essa localidade foi, desde a década de 1940, a porta de entrada de antigos e novos migrantes e o caminho por onde passaram os recém-emigrados com seus produtos e caminhões carregados com a madeira que era levada para o rio Uruguai em Mondaí.

Na Barra do Guamerim, funcionou por vários anos um moinho movido a água, uma serraria e, mais tarde, um soque de erva. Na comunidade, havia ainda "uma pequena bodega e uma escola medindo 30 m², de tábua bruta, feita pela firma SICAN para os filhos de seus empregados e dos agricultores".[180]

Foi também na Barra do Guamerim que se formou, por volta das décadas de 1950 e 1960, uma espécie de "favela rural" em uma área loteada nas proximidades da atual sede da comunidade.[181] No local, segundo o casal Nelson e Josefina Daniel, viviam em torno de cem moradores, divididos em cerca de trinta famílias. "Cada vinte, trinta metros tinha uma casa, uns ranchos", relembrou Nelson[182]. "A Igreja era do outro lado do rio e aquela que tinha, tipo favela, era pelo lado de cá do rio", explicou Josefina.[183] O local de origem da maioria dessas famílias, de acordo com Nelson e Josefina, era o norte do Rio Grande do Sul. Já entre os motivos da vinda, estavam as propagan-

---

[180] Barra do Guamerim. In: PARÓQUIA SÃO MIGUEL ARCANJO. *50 anos de caminhada*: 1950-2000. São Miguel do Oeste, 2000. p. 78-79.

[181] O termo comunidade, nesse contexto, se refere ao espaço de convívio coletivo dos moradores, local onde no passado existia a escola, a Igreja Católica, o campo de futebol, entre outros. Já o termo 'Comunidade', com C maiúsculo e empregado a seguir, está relacionado à identificação utilizada pelas famílias "de origem" para diferenciar seu local de residência e seu pertencimento coletivo. Neste último caso, o termo Comunidade é empregado em oposição ao termo Loteamento.

[182] DANIEL, Nelson Pedro. *Entrevista concedida a Adriano Larentes da Silva*. São Miguel do Oeste, 4 fev. 2003. Acervo do autor.

[183] DANIEL, Josefina Aurélia. *Entrevista concedida a Adriano Larentes da Silva*. São Miguel do Oeste, 4 fev. 2003. Acervo do autor.

das de parentes e conhecidos que chegavam a Barra do Guamerim em busca de terras baratas e de prosperidade. "Tinha um que era da comunidade e ele começou vender os direitos, porque era tipo um direito só[184], e daí vinha um e já vinha mais os conhecidos dele, os parentes, e cada vez aumentava mais", informou Nelson. Já para outro morador da Barra do Guamerim, o também agricultor Pedro Severino Moss, o objetivo das pessoas que comercializaram as terras era transformar o local em uma cidade, "Queriam fazer uma cidade lá".[185]

Independentemente dos objetivos existentes com a comercialização das terras e a formação do Loteamento, o certo é que a entrada desses moradores na Barra do Guamerim acabou provocando inúmeros conflitos que colocaram em lados opostos colonos "de origem", ou os que se autodenominavam "da Comunidade", e os "brasileiros", vistos como o "pessoal do Loteamento".

> Não era difícil para viver com eles, porque eu me dava com todos. Mas dentro desse loteamento tinha umas famílias que não era fácil pra lutar. Então qualquer rixazinha que eles tinham com alguma pessoa, porque tinha alguma pessoa da comunidade que também não era trigo limpo como se diz, então começava ali [o conflito].[186]

Portanto, "Comunidade e Loteamento" viviam em constante tensão. Nesse clima, as situações que muitas vezes eram questões pes-

---

[184] O "direito" ao qual se refere Nelson era uma forma de comercialização que não implicava a transferência da escritura da terra para quem a comprava. Assim, mesmo que os compradores tivessem documentos, como contratos e recibos de pagamento, as terras adquiridas continuavam oficialmente nas mãos do antigo dono.

[185] MOSS, Pedro Severino. *Entrevista informal concedida a Adriano Larentes da Silva*. São Miguel do Oeste, 8 fev. 2003. Acervo do autor.

[186] DANIEL, Nelson Pedro. Op. cit.

soais se transformavam em motivos para disputas entre os dois grupos de moradores. Foi isso que ocorreu, por exemplo, em novembro do ano de 1976, quando um suposto envolvimento entre um membro da Comunidade e uma jovem do Loteamento desencadeou um conflito de grandes proporções durante uma festa na Barra do Guamerim.

> Eu já tava sabendo, que ouvi uma conversa, que ia dar briga. Só que eu não pensava que ia dar tão feio. [...] E daí começou uma briga muito feia. As mulheres desse pessoal que morava na favela pra ajudar os homens, maridos delas, vieram com foice, umas três ou quatro foices. Chegaram aí pra... Daí quem vai se botar? [...] No fim, o pessoal ninguém sabia porque tinha começado na hora.[187]

"Ninguém mais sabia nem com quem era a briga, envolveu todo mundo", informou Josefina. A única coisa que todos sabiam, segundo ela e o esposo, é que o conflito era entre a Comunidade e o Loteamento. "Sabia, porque todo mundo conhecia. O pessoal da Comunidade que existia há anos contra o Loteamento. E daí quem era do lado de lá, do Loteamento vinha contra o outro pessoal que já morava esses anos aqui", esclareceu Nelson.

Segundo Josefina, nesse conflito, a maioria das mulheres e crianças da Comunidade se refugiou no interior da Igreja Católica local, enquanto do lado de fora ambos os grupos se enfrentavam.

> Todo mundo ficou com medo. Tinha criança naquela época ali. Cada mulher tinha quatro ou cinco filhos pequenos, era uma escadinha. Eu sei que eu peguei a minha pequeninha, eu tava grávida da outra, da Márcia, e daí nós subimos na casa [igreja].

---

[187] DANIEL, Pedro. Op. cit.

> [...]
> Encheu aquela casa [igreja] e as piazadinhas choravam e choravam, pelo amor de Deus, com medo que iam matar o pai. Todas as crianças pediam pelo pai. [...] Daí era aquela choradeira lá dentro. Era mãe que chorava, era criança que chorava, com medo que ia dar muita morte aquele dia.[188]

A briga, segundo Josefina e Nelson, só foi encerrada quando um morador da Comunidade decidiu intervir pacificamente, conversando principalmente com as mulheres do Loteamento que estavam armadas. Outro motivo do fim do conflito foi a chegada da polícia.

O caso acabou motivando um boletim de ocorrência, registrado na delegacia de polícia pelo presidente do Clube de Barra do Guamerim de então, que apresentou queixa contra dois moradores do Loteamento, os quais, segundo a denúncia feita, estavam armados com faca e iniciaram toda a confusão.

> Compareceram nesta DPCº o Sr. [...], o qual é presidente do Clube de Barra do Guamerim e apresentou a seguinte queixa contra [...] e contra [...], que o primeiro estava armado com faca e provocava a todos, e ainda enfiava a faca no chão jogando terra para cima, que a referida faca foi tomada pelo queixoso e que o [...] também estava armado de faca e enfiava a faca no chão jogando terra no pessoal e que provocava a todos, que mais tarde o Sr. [...] e mãe e duas irmãs armadas com foice e facas, fazendo-se passar por valentões e que tinham uma empreitada a fazer, pois que deu a entender que eles queriam fazer uma arruaça e provocarem uma grande briga com o pessoal do clube.[189]

---

[188] DANIEL, Josefina Aurélia. Op. cit.
[189] DELEGACIA DE POLÍCIA DE COMARCA. *Livro de queixa do plantão 76 e 77*: queixa 685/76. São Miguel do Oeste, 21 nov. 1976. p. 18.

Além do boletim de ocorrência, o conflito entre a Comunidade e o Loteamento gerou, segundo os entrevistados, um processo judicial, que foi arquivado devido à resistência dos "brasileiros" em comparecer às audiências marcadas.

> A gente ia lá e eles pediam só o que tinha acontecido. Fomos umas duas vezes, era audiência marcada, e eles [os do *Loteamento*] não iam. E na terceira vez, eles [os representantes da Justiça] vieram buscar eles em casa. Mas ainda, mesmo assim, eles não conseguiram porque eles fugiam para o mato.[190]

Anos mais tarde, por volta de 1978, os moradores do Loteamento foram expulsos das terras onde moravam, mudando-se para outros lugares da cidade e do interior de São Miguel do Oeste e região. "Depois disso, eles não ficaram mais muito tempo", recorda Josefina. O novo dono, segundo Nelson, era o empresário e ex-vereador Vany Massoni, que comprou as terras nas quais estava o Loteamento, pertencentes inicialmente à firma SICAN. Dessa forma, os "brasileiros" do Loteamento "não ganharam mais nada. O que eles pagaram, perderam tudo".[191] Isso ocorreu porque estavam em terras de posse, ou seja, terras das quais se diziam proprietários em função de ali viverem muitos anos sem, no entanto, terem a documentação oficial, que lhes garantisse a permanência no local.

---

[190] DANIEL, Nelson Pedro. Op. cit. O processo ao qual se referiu Nelson Daniel não foi encontrado nos arquivos do Fórum de São Miguel do Oeste, pelo menos não em nome dos envolvidos e citados nas entrevistas e no boletim de ocorrência.

[191] DANIEL, Nelson Pedro. Op. cit.

> Aí depois apareceu o dono [o que possuía a propriedade legal das terras] e fizeram o despejo. Botaram fogo em umas casas, com o trator derrubaram mais algumas. Isso para umas quatro ou cinco famílias que resistiram, que não queriam sair. As outras famílias botaram no caminhão e levaram lá em baixo perto do rio das Antas na beira da estrada. Lá eles se viravam, outros voltavam pra cidade se acampavam na beira [...] da estrada, se acampavam com um pedaço de lona e ficavam por ali.[192]

Além das margens de rodovias, o destino de alguns moradores do Loteamento foram os atuais bairros São Jorge e Salete, além de municípios como Novo Hamburgo e Sapiranga, no Rio Grande do Sul, e Florianópolis, em Santa Catarina. De acordo com Nelson e Josefina, alguns estudaram, arrumaram bons empregos e até se casaram com pessoas ligadas ao grupo da Comunidade, enquanto outros se envolveram com brigas e acabaram presos ou mortos. Houve ainda os que, a partir da década de 1980, se juntaram a outros trabalhadores excluídos, engrossando as fileiras do Movimento dos Trabalhadores Rurais Sem Terra ou passando a residir nas novas "favelas" que surgiram nas cidades da região oeste e de todo o estado de Santa Catarina.

O conflito na Barra do Guamerim constituiu-se em um conflito étnico e social que, tal qual ocorria em outras regiões da cidade, como Mundo Novo e Buraco Quente, revelou territórios segregados e subdivididos. Nesses territórios, os critérios de exclusão eram variados e levavam em conta a cor da pele e a ascendência étnica, a situação econômica e os espaços sociais e de trabalho ocupados pelos sujeitos envolvidos. Esses casos e territórios, no entanto, não eram

---

[192] DANIEL, Nelson Pedro. Op. cit.

os únicos em São Miguel do Oeste, ao contrário, eram apenas uma mostra de uma cidade dinâmica, com conflitos e diferenças. Há outros espaços que merecem destaque, por exemplo a região do atual bairro São Jorge, conhecida no passado como Barro Preto, local onde, de acordo com relato construído pela própria comunidade, "moravam muitos negrinhos pobres"[193]. Ou, ainda, os bairros e as regiões mais pobres que se formaram às margens de rodovias ou próximo a serrarias, madeireiras, olarias, entre outras firmas que necessitavam de mão de obra. Esse era o caso das famílias que formavam uma espécie de núcleo caboclo, que tinha sua vida em função de um britador, uma pedreira, conhecida como Pedreira do Pedro Paz, localizada na região leste da cidade de São Miguel do Oeste.[194]

---

[193] Os relatos sobre essa região da cidade estão no livro organizado pela Paróquia São Miguel Arcanjo (2000, p. 58-60). Foram encontradas referências também no jornal *Folha do Oeste* de 17 de junho de 1989 (p. 15) e em entrevistas realizadas na cidade. Uma delas, realizada com Carmen Dal Magro Francisco, que, no final da década de 1970, foi diretora da Escola Estadual Alberico Azevedo. Segundo ela, a comunidade do bairro São Jorge, antigo Barro Preto, era uma das mais carentes de São Miguel do Oeste na década de 1970. Nessa época, os locais de maior concentração de pobreza do bairro eram as proximidades do antigo campo de futebol e, às margens da BR-282, em uma área encostada a um pequeno riacho. Era nesse segundo local que, para Carmen Dal Magro Francisco, moravam diversas famílias que formavam um verdadeiro "bolsão de pobreza". De acordo com ela, eram famílias de remanescentes "de antigas madeireiras e de antigos desmatamentos daquela região da cidade". "Acabou o trabalho e, ao invés de retornarem para o Rio Grande do Sul, para sua terra de origem, eles permaneceram aqui." E, como São Miguel do Oeste não tinha postos de trabalho para mão de obra não qualificada, eles eram qualificados para desmatar, mas não para outras tarefas, outros afazeres, isso foi criando um bolsão de pobreza na região.

[194] Nesse local, as pessoas moravam em casas construídas pelo dono da pedreira, Pedro Paz, para quem trabalhavam e deviam favores. Outros sobreviviam catando restos de comida no lixo que a cidade produzia e que era depositado diariamente naquela região, por caminhões que faziam a coleta no centro e nos bairros.

Os depoimentos e situações apresentadas mostram, portanto, uma cidade vista de baixo e que se revela diferente conforme os sujeitos e territórios que nela existem. São esses sujeitos que formam uma cidade para além de suas fronteiras oficiais, mostrando-a cheia de conflitos, com inúmeras trilhas que ora se encontram, se cruzam, ora se afastam, se excluem. Nessa cidade em movimento, embora exista um discurso que insiste em torná-la homogênea, há, também, personagens com suas "astúcias", com suas táticas. Eles expressam interesses e desejos que, muitas vezes, não são "nem determinados, nem captados" pelo sistema discursivo que constrói a cidade.[195]

Essa cidade, revelada através de seus sujeitos e territórios, esteve historicamente ausente dos discursos, festas, cerimoniais e projetos oficiais. Nestes, os que se sobressaíam faziam parte de um grupo urbano, formado majoritariamente por proprietários de terras e comerciantes descendentes de italianos e alemães. Foi esse grupo que ascendeu ao poder municipal em novembro do ano de 1954 e que se manteve influente política e economicamente por vários anos, fazendo do próprio modelo de cidade construído uma forma de legitimação e manutenção do poder e do prestígio. A partir da década de 1980, no entanto, quando o município e a região entraram em decadência, esse grupo, enfraquecido e fragmentado, teve sua atuação redefinida, passando a ser destacado por meio da transformação de sua memória em memória oficial do município.

Por outro lado, os demais grupos étnicos e econômicos que, ao longo de mais de sessenta anos, foram gradualmente expulsos e segregados dos espaços públicos, da cidade e do campo permaneceram excluídos também da história oficial do município. Isso, porém, não impediu que a imagem de caboclos, indígenas e colonos pobres

---

[195] CERTEAU, op. cit., p. 45-46.

continuasse sendo estrategicamente utilizada tal qual ocorreu em 1954, com a diferença de que, especialmente a partir da década de 1980, isso ocorria não mais em um contexto de afirmação da identidade nacional, mas no de valorização e construção da identidade local, regional e estadual. Além disso, a utilização da imagem dos excluídos era uma resposta ao processo de abertura política e redemocratização em curso em todo o país naquele momento. Foi nesse processo que, conforme mostrou Éder Sader (1988), entraram em cena novos atores, os quais, principalmente por meio de novos movimentos sociais, colaboraram para a reformulação do poder e da memória regional e nacional.

Em São Miguel do Oeste, essa reformulação da memória se deu gradualmente e permitiu, inclusive, que parte dos sujeitos que historicamente estiveram excluídos da cidade pudessem ganhar maior visibilidade, seja com a inclusão de seus nomes entre os pioneiros e desbravadores do município, seja com sua participação em movimentos de pequenos agricultores, sindicatos, igrejas, partidos políticos de esquerda, Movimento dos Sem Terra e dos Sem Teto, Movimento de Mulheres, entre outros. No caso da memória municipal, essa inclusão foi parcial, pois atingiu principalmente o grupo dos colonos pobres "de origem". Já os demais grupos, em especial os caboclos, indígenas e afrodescendentes, permanecem excluídos da história oficial, até porque, se fossem incluídos, colocariam em xeque os discursos sobre a primazia e o empreendedorismo daqueles que historicamente governaram a cidade.

# Favela e conflito: refazendo o urbano e a memória municipal

Depois de ter percorrido diferentes tempos e territórios, retornaremos ao ano de 1984, ano do 30º aniversário de São Miguel do Oeste e ponto de partida deste livro. A volta a esse ano tem como objetivo rediscutir a constituição da memória municipal e, principalmente, mostrar a continuidade do processo de urbanização de São Miguel do Oeste. Para isso, tomemos como novo ponto de partida uma notícia de jornal, procurando, através dela, analisar a "descoberta" e a exclusão de "novos" moradores economicamente pobres desse município a partir da década de 1980.

A notícia foi publicada, em setembro do ano de 1984, pelo jornal *O Celeiro* e informava que um grupo de aproximadamente sessenta pessoas havia se instalado às margens da BR-282, na entrada da cidade, formando ali uma "favela".[196] De acordo com o jornal, tra-

---

[196] NA beira da estrada: miséria e esperança. *O Celeiro*, São Miguel do Oeste, p. 8-9, 22 set. 1984. As "favelas", segundo o IBGE, são aglomerados que reúnem pelo menos cinquenta moradias, precariamente construídas, carentes de infraestrutura urbana e localizadas em terrenos que não pertencem oficialmente aos seus moradores. MOREIRA, Igor. *Construindo o espaço brasileiro*. 2. ed. v. 2. São Paulo: Ática, 2001. p. 126. Por se tratar de um termo que possui, também, um

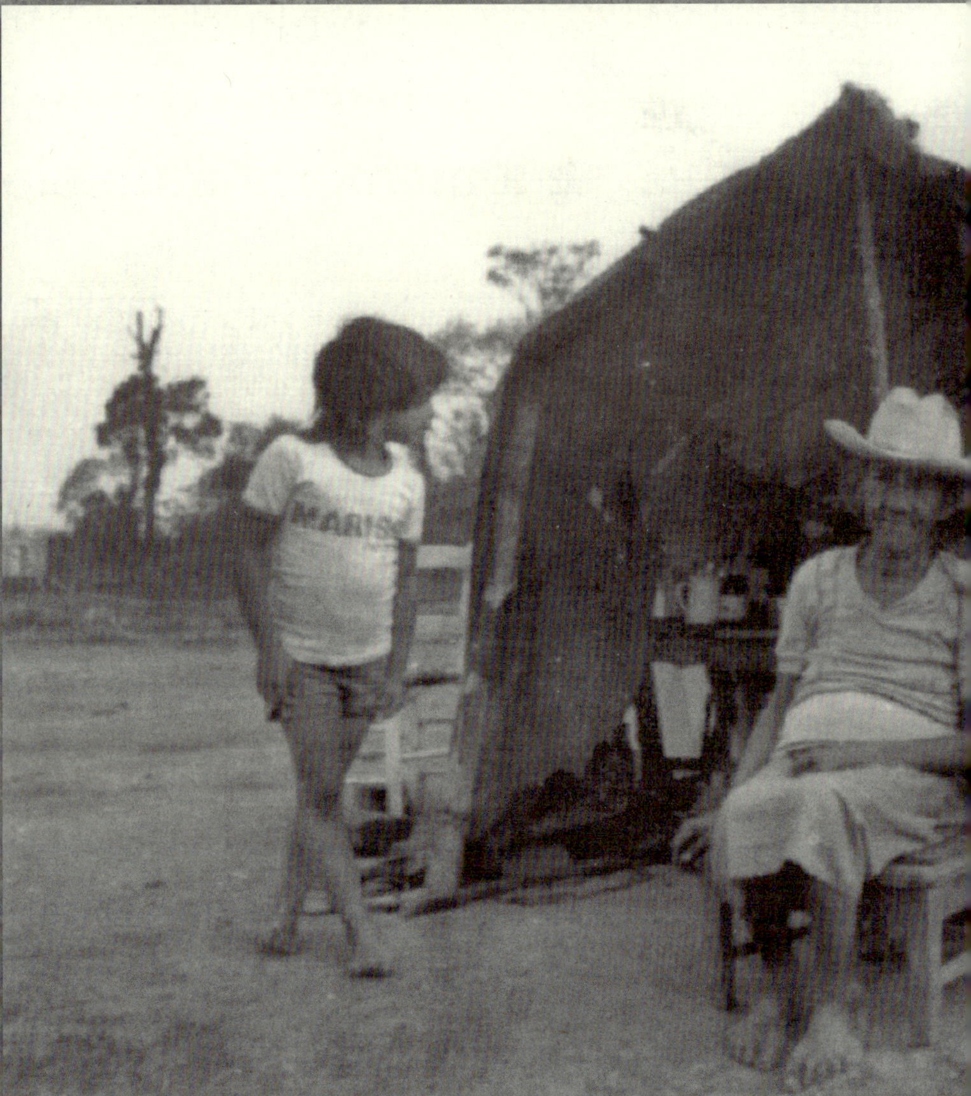

Família acampada no acesso à BR-282
Fonte: *O Celeiro* (22 set. 1984).

tava-se de pessoas muito pobres que, depois de serem expulsas das proximidades de um luxuoso hotel em construção na área central, haviam sido transferidas pela prefeitura local para o parque de exposições da FAISMO, de onde mais tarde foram novamente obrigadas a sair, indo então para a beira da estrada.

Nesse novo local (foto anterior), os barracos instalados serviam, principalmente, para a permanência das crianças e das pessoas mais velhas, já que os demais moradores passavam semanas, e até meses, fora de casa. Vivendo em condições precárias, em moradias feitas de latas, lonas e papelão, os que ficavam nesses barracos sobreviviam de trabalhos temporários, como roçada de mato para plantações, corte de grama e de lenha, limpeza de casas e terrenos. Outros moradores se dedicavam ao trabalho com a erva-mate. Contratados como "tarefeiros" por uma ervateira local, eram levados para diversos lugares nos estados de Santa Catarina, Rio Grande do Sul e Paraná.[197]

> Lá [próximo ao Trevo], pra dizer a verdade, de cada três, quatro meses, nós ficávamos 15 dias na casa. Às vezes nem isso, íamos se acampar de novo, vinha depois de dois, três meses. Nós tínhamos a moradinha só mesmo pra vim pra dormir nos finais de semana. Nós trabalhávamos para o Cilião [dono da ervateira] direto. [...] Com a erva, sempre com a erva, sempre no mato, no mato, no limpo.[198]

---

significado simbólico e que precisa ser historicamente explicado, usarei sempre aspas ao empregar essa expressão.

[197] PARÓQUIA SÃO MIGUEL ARCANJO, op. cit., p. 65.

[198] Apesar de o trabalho com a erva envolver homens e mulheres, somente os homens possuíam carteira assinada. GOMES, Maria Terezinha. *Entrevista concedida a Adriano Larentes da Silva*. São Miguel do Oeste, 31 jan. 2003. Acervo do autor.

Os moradores acampados na entrada da cidade, apesar de estarem, em sua maioria, envolvidos com a erva-mate, conforme mostrou anteriormente Maria Terezinha Gomes, não eram identificados pela sua condição de trabalhadores da erva, mas sim por meio de inúmeras outras categorizações.[199] Isso ocorria porque, para as autoridades e uma parcela significativa da população local, eles eram os outros, os diferentes, aqueles que fugiam ao modelo de cidade e de comportamento partilhado coletivamente. Eram os de fora, os *outsiders*,[200] mesmo estando há vários anos em São Miguel do Oeste e na região ou sendo oriundos, muitas vezes, dos mesmos locais de origem das famílias tradicionais do município. Aos olhos da imprensa, das autoridades e das lideranças, eles eram os "favelados", os "sem-terras", os "marginalizados", os "carentes" e, de maneira mais ampla, também um grande "problema" a ser resolvido com a adoção de medidas urgentes.

> Muitos podem dizer que o número de favelados em São Miguel não é expressivo, se comparado com outras cidades. E estes até possuem certa razão, se o assunto for encarado em termos puramente matemáticos. No entanto o que torna o caso preocupante é o crescimento dos marginalizados nos últimos anos e as grandes perspectivas de

---

[199] Para mais informações sobre os trabalhadores da erva do oeste catarinense consultar: RENK, Arlene. *A luta da erva*: um ofício étnico no oeste catarinense. Chapecó: Grifos, 1997.

[200] *Outsider* é um termo em inglês que significa "de fora". Esse termo foi utilizado originalmente por Elias e Scotson (2000), em seu estudo sobre uma cidade da Inglaterra da década de 1950, identificada com o nome fictício de Winston Parva. Nela, esses autores perceberam a existência de três grupos de moradores e notaram que dois deles se autodenominavam como "estabelecidos" apelando para sua primazia na ocupação do espaço, ao mesmo tempo que viam o terceiro grupo de moradores menos antigos, como os *outsiders*.

que o mal se enraíze. Os entrevistados concordam que o momento de tentar soluções é agora, apesar de lembrarem que o drama dos sem terras se vincula aos problemas administrativos do país: política agrícola mal direcionada, reforma agrária só no papel e dependência do capital estrangeiro. Mesmo assim, eles entendem que São Miguel do Oeste pode curar sua própria doença.[201]

Como se percebe por essa notícia, São Miguel do Oeste era, naquele momento, um município doente na opinião do jornal e da maior parte dos seus entrevistados. Diante disso, havia um consenso entre todos de que era preciso que a comunidade se mobilizasse, adotando medidas para que o município pudesse "curar sua própria doença" e para impedir que um verdadeiro "mal" se enraizasse. Nesse sentido, uma das soluções apontadas pelas mais de dez lideranças ouvidas pelo jornal *O Celeiro*, nas edições de 6 e 13 de outubro de 1984, foi a realização de um cadastramento das famílias acampadas. A partir daí, segundo as mesmas lideranças, o passo seguinte seria a transferência dos "favelados" ou dos "sem-terra" para uma nova área, de preferência no interior do município, onde receberiam todo o acompanhamento das entidades e dos órgãos públicos que seriam os responsáveis por um amplo trabalho de ressocialização, "reeducação" e "recuperação dos marginalizados".

Buscava-se, portanto, adaptar os moradores das proximidades da BR-282 ao modelo de cidade e de comportamento considerados aceitáveis por grande parte das autoridades, das lideranças e da população migueloestina. De acordo com esse modelo, difundi-

---

[201] CASO dos favelados: comunidade pode encontrar soluções. *O Celeiro*, São Miguel do Oeste, p. 18-19, 13 out. 1984.

do especialmente através da imprensa, o fato de os acampados na beira da estrada viverem em uma situação de extrema miséria, como aquela descrita pela reportagem do jornal *O Celeiro*, sinalizava a fragilidade e uma grande propensão deles à marginalidade e à perversão. Contra eles, pesava negativamente o nomadismo, o grande número de filhos e a condição de trabalhadores temporários. Esses fatores, de acordo com muitos moradores de São Miguel do Oeste, estavam associados a práticas condenáveis como a falta de perseverança e planejamento, o desprezo à poupança e, principalmente, a pouca vontade de trabalhar.

O trabalho verdadeiro, na visão da maioria dos moradores locais, era aquele relacionado ao esforço físico, ao suor, às mãos calejadas e à regularidade de atividades durante um dia de trabalho que iniciava antes do sol nascer e só acabaria quando a noite chegasse. Eram somente os que se sujeitavam a esse tipo de trabalho que deveriam merecer "um lugar à sombra", segundo a escritora migueloestina Inês Roani.

>  Nem todos
>  Merecem um lugar
>  À sombra...
>  Somente
>  Quem trabalha
>  De sol a sol...
>  Somente aqueles
>  Merecem
>  Uma sombra
>  Para poderem
>  Descansar...
>  Sempre ouvi dizer
>  Que "o sol
>  É para todos"...

> Mas a sombra
> É de quem
> A merecer...[202]

 O retrato desse comportamento coletivo ou dessa "cultura do trabalho"[203] é, ainda hoje, facilmente percebido entre os moradores de São Miguel do Oeste. Há muitas pessoas que, mesmo depois de concluída a sua jornada oficial de trabalho, aproveitavam o que deveria ser o tempo de ócio para realizar serviços extras, por exemplo, a limpeza de jardins e de hortas e até o plantio de milho e outros produtos em canteiros e terras públicas próximos a estradas em bairros e nas áreas centrais. Isso ocorre porque, para a maioria dos habitantes locais, ficar em casa parado, "sem fazer nada" ou sem uma justificativa plausível para o ócio, é algo socialmente inaceitável. Para esses moradores, o ócio está associado a uma série de aspectos negativos, enquanto o trabalho aparece como grande virtude.

 Conforme mostrou o antropólogo Domenico De Masi, a relação entre trabalho e virtude e entre ócio, perigo e perversão tem sido frequente há mais de dois séculos. Segundo ele, isso faz com que hoje tenhamos uma imagem do ócio como o "pai dos vícios, como perigoso promotor do enfraquecimento das virtudes, como antecâmara de todas as perversões, como ocasião de tédio, violência e uso de drogas" e que, em contrapartida, concebamos o trabalho como

---

[202] ROANI, Inês. Um lugar à sombra... In: ROANI, Inês. *Eu, você e o mar*. 5. ed. Passo Fundo: Berthier, 1993. p. 51.

[203] O termo "cultura do trabalho" foi utilizado por Schreiner (1994) para tratar de práticas semelhantes na região do extremo oeste do Paraná.

uma "virtude milagrosa", capaz de transformar todos nós em sujeitos virtuosos, maduros, livres, dignos de mérito e felizes.[204]

Da mesma forma que o ócio, a maneira como hoje vemos a miséria e a pobreza também é bastante negativa. Segundo o historiador Georges Duby, a forma de tratamento da pobreza e as associações que têm sido feitas entre pobreza e violência não são muito antigas. De acordo com ele, a "caça ao pobre" teve início a menos de seiscentos anos. No século XV, quando um terço da população da Europa foi dizimada pela Peste Negra, "instalou-se na consciência do corpo social a convicção de uma equivalência entre miséria, agressividade e perigo".[205] Desde essa época, buscam-se as causas da pobreza e as formas de combater os seus males. Desde então, o Estado passou a ser o braço direito das elites no estabelecimento de normas de conduta e de comportamento visando à reabilitação dos "degenerados". É dentro dessa lógica que, desde o século XVIII, os países europeus começaram a investigar e atuar sobre o corpo, a saúde, as formas de se alimentar e de morar, as condições de vida, o espaço completo da existência.[206] Na França, as autoridades passaram a questionar os costumes educativos da época e o papel social da família na recuperação ou desestruturação da ordem e da moralidade social. Nesse período, a família começou a ser vigiada e controlada pelo Estado que foi, aos poucos, assumindo um poder de polícia sobre ela, utilizando-se para isso de diferentes meios, entre eles,

---

[204] DE MASI, Domenico (Org.). *A economia do ócio*. 2. ed. São Paulo: Sextante, 2001. p. 22.

[205] DUBY, Georges. Lição de História. *Veja 25 anos*, reflexões para o futuro. São Paulo: Abril, 1993.

[206] DONZELOT, Jacques. *A polícia das famílias*. 2. ed. Rio de Janeiro: Graal, 1986. p. 12.

a "filantropia higienista" e a medicina doméstica. Foi graças a essa "polícia dos costumes" que aumentou o número de hospitais gerais, conventos e hospícios voltados para "filhos indesejados", "menores rebeldes", "moças de má reputação" e para "outras pessoas perigosas vindas das classes populares".[207] Classes essas que, na Inglaterra dos séculos XVIII e XIX, contribuíram para a reforma da lei criminal, o nascimento da prisão com provas e a implantação da polícia. As medidas visavam obter um "padrão básico de ordem urbana", cada vez mais ameaçada devido ao rápido crescimento das cidades inglesas ocorrido a partir da Revolução Industrial.[208]

Além das autoridades da Inglaterra, as consequências do crescimento das cidades preocupavam também as autoridades de outros países. Na França, por exemplo, a construção de casas populares passou a ser estimulada pelos médicos higienistas durante o século XIX. Eles procuravam organizar um "espaço sanitário" voltado a banir "alianças ocultas e fusões suspeitas, a baixa moralidade e a desordem" geradas pela aglomeração urbana em locais insalubres. Essas construções populares não deveriam ser muito grandes e nem tão pequenas. Segundo Donzelot (1986, p. 44), buscava-se organizar um espaço suficientemente amplo para ser higiênico e pequeno o bastante para que só a família pudesse viver nele. Essa e outras medidas tomadas pelas autoridades europeias, ao longo de todo o século XIX e no início do século seguinte, visando minimizar os efeitos "maléficos" da pobreza, contaram quase sempre com o apoio de médicos,

---

[207] DONZELOT, op. cit., p. 29-30.
[208] STORCH, Robert. O policiamento do cotidiano na cidade vitoriana. *Revista Brasileira de História*, São Paulo, v. 5, n. 8/9, 1985.

assistentes sociais, poder judiciário, Igreja, escola, família e de todo o aparato estatal.

No Brasil, o crescimento das cidades no século XIX e principalmente no início do século XX motivou a adoção de medidas higienistas muito parecidas às adotadas em países europeus. As reformas sanitárias e a "caça aos pobres" ocorreram, além de em outras cidades, no Rio de Janeiro, em São Paulo e em Porto Alegre. Nesses locais, conforme mostraram Chalhoub (1996) e Pesavento (1994), os moradores das classes populares eram vistos como "classes perigosas"[209] e foram tratados como "cidadãos de segunda ordem" pelas autoridades locais. Segundo Pesavento, além de serem pouco ouvidos em suas reclamações, eram considerados suspeitos aos olhos da polícia.[210]

Essa maneira de ver e tratar a miséria, o trabalho e o ócio, no caso da cidade de São Miguel do Oeste e da região extremo oeste de Santa Catarina, foi historicamente reforçada por conflitos e relações interétnicas, principalmente entre descendentes de italianos, alemães e outros grupos definidos como "brasileiros" ou caboclos. São conflitos e relações que se mantêm desde o início do processo de ocupação do oeste catarinense pelas companhias colonizadoras, nas primeiras décadas do século XX. Nesse processo, os colonos que chegaram foram vistos como os responsáveis pela entrada da civilização em uma área até então "deserta".[211] Foram eles que, mais tarde, receberam títulos e honrarias como desbravadores da região. A

---

[209] CHALHOUB, Sidney. *Cidade febril*: cortiços e epidemias na Corte Imperial. São Paulo: Companhia das Letras, 1996.

[210] PESAVENTO, Sandra Jatahy. *Os pobres da cidade*: vida e trabalho – 1880-1920. Porto Alegre: Ed. UFRGS, 1994. p. 9-11.

[211] BOITEUX, José Arthur. *Oeste catharinense*: de Florianópolis a Dionísio Cerqueira. Florianópolis: Livraria Central, 1931.

imagem foi, desde o início da colonização, associada ao progresso, enquanto a dos outros grupos foi vinculada ao atraso e à barbárie.

O progresso, nesse contexto, está relacionado à ascensão social e econômica, individual e coletiva, conquistada através da organização dos espaços da casa, do trabalho e da cidade. Quanto ao espaço da cidade, sua materialização foi projetada para ocorrer especialmente nas áreas centrais através de largas ruas e avenidas, todas iluminadas, asfaltadas e bem divididas, mansões luxuosas, imponentes prédios e grandes indústrias. Por outro lado, tudo o que fosse contrário a esse modelo era considerado indesejável e perigoso, pois poderia colocar em risco a cidade sonhada. Nesse sentido, "favelas" e "favelados", bem como outros sujeitos que entraram em cena em São Miguel do Oeste na década de 1980, eram vistos com ressalva e tratados de forma bastante semelhante aos pobres de outras cidades brasileiras e mundiais. Ou seja, também eram considerados "classes perigosas" ou "cidadãos de segunda ordem", apesar de estarem presentes no município há vários anos e de terem sido importantes para o desenvolvimento da cidade e da região.

## São Miguel: a "capital polivalente de Santa Catarina"

No início da década de 1980, apesar da "descoberta da favela" e de inúmeras outras dificuldades enfrentadas, as autoridades e a imprensa migueloestinas procuravam manter a imagem de São Miguel do Oeste como a de um lugar de progresso e desenvolvimento. Para isso, mais uma vez, as atenções estavam voltadas para os espaços urbanos, locais considerados ideais para a materialização da cidade desejada.

Nesses espaços, postes de energia eram deslocados para dar lugar a largas avenidas cheias de árvores e flores; antigas casas coloniais eram derrubadas, construindo-se em seu lugar novos edifícios; córregos eram canalizados; ruas esburacadas e cheias de lama eram calçadas, asfaltadas e iluminadas; e a vida noturna tornava-se dinâmica com novos bares e boates. No CTG, Centro de Tradições Gaúchas, na Maçonaria, nos clubes Comercial e Montese, no Lions[212] e no Rotary Clube[213] se encontravam homens e mulheres da elite local e suas famílias para jogos, bailes, outros divertimentos e para encontros sociais e políticos. Nesse universo de poucos, lindas "meninas-moças" eram apresentadas por seus pais à sociedade regional e desfilavam vestidas em trajes de rainhas em saraus e bailes de debutantes.

> Marcado pela organização e elegância que sempre caracterizaram suas promoções, o Clube Comercial movimentou a sociedade de São Miguel do Oeste e de outras cidades da região quando, sábado último, iluminou seu salão para apresentar grupo de 12 debutantes. [...] Estas, num cenário de muitas flores onde a tonalidade azul foi destaque, estiveram radiantes e maravilhosas. O ato culminante da festa ocorreu quando, ao som da orquestra Show Musical Caravelle de Porto Alegre, as debutantes dançaram a valsa de estréia acompanhadas de seus respectivos pais, ocasião

---

[212] O Lions Club é uma entidade internacional. No Brasil, existe desde 1952, congregando milhares de pessoas.

[213] O Rotary Club nasceu em Chicago, nos Estados Unidos, em 1905, tendo se espalhado pelo mundo. Em abril de 2003, congregava mais de um milhão e duzentos mil sócios, os quais prestam serviços voluntários em diversos países e comunidades. Rotary Brasil ([19--]).

em que as meninas-moças adentraram oficialmente para os meios sociais comercialinos.[214]

Para muitas famílias, a apresentação de suas filhas à sociedade migueloestina e regional não era apenas um simples rito de passagem. Era também um momento estratégico no qual confirmavam, ou simplesmente fantasiavam, seu poder econômico e político e seu *status* social diante dos demais membros do seu grupo e dos habitantes do município como um todo.

Além de bailes, festas e saraus, outra forma de distinção utilizada pela elite de São Miguel do Oeste se dava por meio da escolha do estilo e do tamanho de suas casas. Aproveitando-se do seu poder econômico, muitas dessas famílias da elite construíam verdadeiras mansões, exagerando em detalhes e acabamentos. Era a partir desses detalhes e da imponência da obra que a família que ali morasse, mais tarde, seria situada na sociedade local. Para aqueles que não queriam investir seu dinheiro na construção de casas, outro bom investimento social e financeiro era a compra de um apartamento em um dos novos edifícios que surgiam na cidade na década de 1980. Morar em um desses edifícios naquele momento era um privilégio de poucos e conferia à família que ali fosse residir uma imagem de urbanidade e de independência em relação a elementos que lembravam o mundo rural, tais como, o jardim, a horta, as árvores e os animais, todos ainda muito presentes mesmo nas grandes mansões construídas na região central de São Miguel do Oeste. Isso, no entanto, não significava um total desprendimento material da vida rural, mas uma se-

---

[214] WATHIER, Sérgio L. Muito charme e beleza na festa de gala do comercial. *Tribuna do Oeste*, São Miguel do Oeste, p. 7, 30 out. 1982.

paração momentânea e estratégica desse universo. Por tudo isso e por serem um símbolo de progresso, os novos edifícios residenciais passaram a ser obras muito esperadas e festejadas em São Miguel do Oeste ao longo da década de 1980. Nos jornais locais, cada nova edificação projetada ou iniciada naquele período era divulgada com entusiasmo e demonstração de que um futuro promissor ainda estava reservado à cidade.

> Em fevereiro de 84, o Grupo Belfim-Imperial fará o lançamento em São Miguel do Oeste de mais uma de suas obras. Trata-se de um edifício estritamente residencial, situado a Rua Barão do Rio Branco. O prédio terá doze andares e abrigará 14 apartamentos tipo "E", além de duas coberturas, sendo que as unidades começarão a ser vendidas em curto espaço de tempo, atendendo já a diversas solicitações. O prazo para a entrega da obra está previsto para fins de 85 e dará início ao ciclo de construção de grandes prédios em São Miguel.[215]

Também na primeira metade da década de 1980, outra obra que mereceu grande destaque foi um edifício localizado próximo à praça central, identificado pelo jornal *O Celeiro* como o "o primeiro arranha-céu de São Miguel do Oeste".

> Dentro de dois anos, aproximadamente, São Miguel do Oeste apresentará um novo visual. Sobressaindo-se entre os outros prédios, dentro desse prazo deverá estar pronto o primeiro arranha-céu de São Miguel do Oeste, situado na Eurico Gaspar Dutra, esquina com a Almirante Barro-

---

[215] GRUPO Belfim-Imperial lança mais um edifício residencial. *O Celeiro*, São Miguel do Oeste, p. 15, 25 dez. 1983.

so. Iniciado em abril de 82, o edifício vai aos poucos ganhando forma.[216]

Os grandes prédios e os arranha-céus construídos na área central serviam, portanto, como símbolos de modernidade e demonstravam, segundo o jornal *O Celeiro*, que a cidade estava "na trilha do progresso".[217] Essas grandes obras, ao lado de grandes indústrias e empreendimentos, eram tudo o que as autoridades e lideranças locais desejavam e precisavam para continuar projetando a cidade idealizada.

Em São Miguel do Oeste, a construção de grandes prédios ocorreu em locais onde, em alguns casos, havia antigos edifícios coloniais. É isso que mostra a foto a seguir: o novo e o antigo aparecem lado a lado. Os dois prédios da foto são talvez um dos melhores exemplos das mudanças que ocorreram no município nas últimas décadas. Por um lado, o edifício em construção, mesmo representando a tentativa de constituição de uma grande cidade, acabou tendo suas obras paralisadas a partir da segunda metade da década de 1980, só sendo concluído muitos anos após o início das obras.

Nascido para projetar a cidade no cenário regional e estadual, ou "para fazer sombra em Chapecó", como diziam os moradores locais, o empreendimento, hoje conhecido popularmente como Prédio do Juquinha, sofreu as consequências da crise econômica que atingiu o extremo oeste e o País no final da década de 1980 e ao longo de toda a década de 1990. A diminuição no ritmo de sua construção

---

[216] SÃO Miguel do Oeste na trilha do progresso: o primeiro arranha-céu da cidade. *O Celeiro*, São Miguel do Oeste, p. 19, 2 jun. 1984.

[217] "São Miguel do Oeste na trilha do progresso" era o nome de uma seção desse jornal; nela, eram divulgadas semanalmente as obras e edificações iniciadas na cidade.

Edifício em construção na década de 1980 ao lado do antigo moinho colonial
Fonte: *Folha do Oeste* (23 set. 1989, p. 1).

ocorreu paralelamente ao fechamento de bancos, lojas e indústrias, à decadência da atividade madeireira e da agricultura e ao enfraquecimento de uma elite urbana dependente de todos esses setores.

Já o antigo moinho, por sua vez, é um dos símbolos das novas relações estabelecidas entre passado e presente em São Miguel do Oeste. Isso porque, mesmo tendo sido destruído em 1989, ele acabou servindo como pressuposto para intensos debates, ao longo da década de 1980, sobre a preservação e a valorização da memória dos pioneiros e desbravadores do município. O prédio foi cogitado, inclusive, como espaço para sediar um museu municipal.

Além dos edifícios e das "grandes obras", outro elemento bastante usado como símbolo de progresso e de modernidade, na década de 1980, foram as estradas, em especial aquelas asfaltadas. Um bom exemplo disso pode ser visualizado na imagem a seguir (apresentada nas páginas 192 e 193), publicada, no ano de 1989, pela *Revista Perfil*. Nela, o asfalto é identificado como um fator de atração do progresso, enquanto a falta do asfalto ou a presença de poeira são tratadas como barreiras para o desenvolvimento.

Essa forma de pensamento, baseada na ideia de progresso e desenvolvimento, predominou em São Miguel do Oeste e no extremo oeste catarinense durante muitos anos, mantendo-se presente até os dias atuais, não só entre autoridades e lideranças locais, mas também entre os próprios habitantes dessa região de Santa Catarina. Talvez tenha sido em função da predominância dessa lógica que, muitas vezes, os problemas surgidos na cidade foram tratados como o resultado de um processo irreversível de crescimento urbano e não como consequência de um processo histórico de exclusão social. Assim, quando apareciam nos jornais locais ou ganhavam visibilidade de outras formas, famílias economicamente pobres logo mobilizavam entidades como o Lions e o Rotary, o que também ocorria no

Natal e na Páscoa, na tentativa de amenizar os problemas que aquelas famílias enfrentavam. No entanto, isso ocorria geralmente como medidas assistencialistas que visavam muito mais à manutenção da imagem da cidade como um local higiênico e progressista do que à resolução de fato dos problemas vivenciados pelos pobres que viviam nessa cidade. Esses, em vez de pessoas que tinham direitos sobre a cidade, eram vistos como seres externos a ela e descritos pelos jornais locais como um "mal" que devia ser afastado das regiões centrais, tal qual o mato e o lixo que invadiam as calçadas e os animais que viviam em terrenos baldios e soltos pelas principais ruas da cidade.

> Uma maloca está se formando nos fundos do futuro Hotel San Villas. Quatro ou cinco casebres já estão fixados por lá. Sem dúvida, uma péssima visão para os visitantes que brevemente poderão procurar um dos mais luxuosos hotéis do Oeste Catarinense. Que tal evitar que o mal se alastre? [218]

É interessante observar que foram esses mesmos sujeitos que as autoridades, a imprensa e a elite local rejeitaram e tentaram retirar dos espaços urbanos que, mais tarde, acabaram dando origem a novas regiões pobres e segregadas de São Miguel do Oeste. Foi esse o caso, por exemplo, dos moradores descritos pelo jornal *Tribuna do Oeste*, os quais, segundo o jornal, prejudicavam a boa imagem da cidade com suas "malocas" e "casebres" erguidas nas proximidades de um luxuoso hotel em construção. Vistos como um "mal" que poderia se alastrar, os moradores foram transferidos pela Prefeitura Municipal para o parque de exposições da FAISMO, de onde seriam novamente expulsos mais tarde, indo parar às margens da BR-282.

---

[218] *TRIBUNA do Oeste*. São Miguel do Oeste, p. 11, 4 abr. 1981.

**ESPECIAL**

**CIDA**

DESENVOLVIMENTO

**POEIRA AFAS**

Representação sobre relação entre asfalto e progresso
Fonte: *Revista Perfil* (1989, p. 6).

Como se percebe, apesar dos esforços do poder público e das lideranças migueloestinas no sentido de minimizar ou invisibilizar os novos "problemas" que surgiam, esses iam aos poucos se tornando cada vez mais numerosos e visíveis, não apenas nas regiões centrais mas também em outras localidades da cidade e do interior. Dessa forma, a cidade real ia, gradativamente, ganhando formas, cores e sons que não haviam sido projetados por muitos daqueles que a governavam nem pela elite local. Nessa cidade, denominada pelas autoridades municipais como a "capital polivalente de Santa Catarina"[219], os novos prédios e mansões contrastavam com barracos cobertos de lona, o barulho dos automóveis se confundia, cada vez mais, com os gritos de protesto de agricultores e colonos sem-terra e o luxo de bailes e festas prosseguia enquanto diversos sujeitos anônimos sobreviviam ao seu modo, apesar da fome e da miséria. Tudo isso acabava frustrando sonhos e utopias que, para muitos moradores, vinham sendo construídos e trabalhados há vários anos.

## O "caso dos favelados" de São Miguel do Oeste

Cerca de dois meses após a divulgação, pelo jornal *O Celeiro*, da notícia sobre a nova "favela" em São Miguel do Oeste, a prefeitura local decidiu convocar lideranças, autoridades e a comunidade para uma reunião destinada a debater e encaminhar soluções para o "caso dos favelados". Segundo a então secretária municipal de Educação, Cultura e Promoção Social, Lenira Marcon Donatti, em entre-

---

[219] Essa expressão foi muito utilizada pelas autoridades municipais em placas e jornais, principalmente na primeira metade da década de 1980.

vista ao jornal *O Celeiro*, somente através da efetiva participação da comunidade seriam encontradas alternativas que "condicionassem" os "favelados" a uma "convivência mais sadia", evitando que o "problema" se agravasse e se tornasse "irremediável".[220]

Dessa reunião, participaram mais de sessenta representantes de entidades, órgãos públicos e da comunidade. Entre esses representantes estavam vereadores, empresários, professores, prefeito, secretários e outros membros do executivo municipal, delegado de polícia, juiz, promotor, capitão da polícia militar, padre, pastor, dirigente sindical, diretora de escola, representante do Rotary e do Rotaract[221], da Companhia Integrada para Desenvolvimento Agrícola de Santa Catarina (CIDASC) e do Serviço Nacional de Aprendizagem Rural (SENAR). Juntas, essas pessoas decidiram criar uma associação denominada Associação Migueloestina de Apoio às Pessoas Carentes (Amapec), cuja finalidade seria "eliminar o problema social" que atingia São Miguel do Oeste.[222] Nesse mesmo encontro, também foram formadas três comissões que, em sessenta dias, se encarregariam de elaborar os estatutos da entidade recém-criada e fazer o cadastramento e o diagnóstico das famílias acampadas.

Em janeiro de 1985, a comissão de cadastramento apresentou o seu relatório sobre a situação das famílias instaladas no acesso à

---

[220] PREFEITURA convoca comunidade para debater questão dos favelados. *O Celeiro*, São Miguel do Oeste, p. 2, 15 nov. 1984.
[221] O Rotaract Club nasceu na década de 1960 nos Estados Unidos, após se desmembrar do Rotary. É formado por jovens com idade entre 18 e 30 anos. Atualmente, está presente em diversos países em todo o mundo. Seus associados realizam, entre outras atividades, a prestação de serviço nas comunidades onde moram. Rotaract ([19--]).
[222] Apesar de ter sido criada em novembro de 1984, a Amapec só foi oficialmente fundada em abril de 1985.

cidade. Segundo esse relatório, estavam no local 65 famílias, as quais somavam em torno de 380 pessoas.[223] Dessas, a maioria não possuía ocupação definitiva, "ganhando a vida com biscates de serventes de pedreiro, lavagem de roupa e, principalmente, trabalhando na roça". Era uma situação difícil que, conforme mostrou o jornal *O Celeiro*, atingia, também, moradores de outras regiões da cidade.

Segundo o jornal, os barracos que inicialmente estavam sendo instalados apenas às margens da rodovia de acesso à cidade começavam a aparecer também no perímetro urbano, próximo ao centro. Nesses barracos, moravam várias pessoas, as quais sobreviviam unicamente da coleta e da venda de papel. Mesmo vivendo em uma situação difícil, as famílias "faveladas" da área central, assim como as instaladas às margens da BR-282, se diziam dispostas a permanecer naqueles locais enquanto fosse possível, pois não tinham para onde ir.

De acordo com documentos da própria Amapec, o aumento da pobreza em São Miguel do Oeste era reflexo dos problemas existentes naquele momento em todo o país e uma das consequências de São Miguel do Oeste ser uma cidade polo, "possuir poucas indústrias e ter como principal fonte econômica a agricultura".[224] Era da agricultura, segundo a Amapec, que vinha boa parte dos moradores da periferia da cidade, muitos deles vivendo "em condições subhumanas" e "em desastroso estado de miséria, promiscuidade, sujeira, fossas precárias e falta de água".[225]

---

[223] COMISSÃO de cadastramento apresenta relatório. *O Celeiro*, São Miguel do Oeste, p. 1, 31 jan. 1985.

[224] SÃO MIGUEL DO OESTE. Prefeitura Municipal. *Proposta de projeto*: habitação e terra aos favelados. São Miguel do Oeste: Secretaria Municipal de Educação, Cultura e Promoção Social/Amapec, 6 maio 1985.

[225] SÃO MIGUEL DO OESTE, loc. cit.

Diante desse quadro, o objetivo da Amapec era "reeducar" o grupo de "favelados", visando gerar "profundas mudanças comportamentais, reintegrando-os à sociedade". Para isso, um dos projetos apresentados, denominado "Habitação e terra aos favelados", previa a aquisição de uma área de terras para a construção de sessenta casas de 5,00 X 6,00 (trinta metros quadrados).[226] Segundo esse projeto, cada casa teria um terreno de dois mil metros quadrados, onde deveria ser realizado o cultivo de produtos para a subsistência da família. No local, haveria ainda uma escola, um posto de saúde, um posto policial e a instalação de oficinas profissionalizantes. Nesse último caso, o objetivo era desenvolver a "habilidade e o interesse para o trabalho", tirando os moradores empobrecidos de um "completo estado de acomodação"[227]. Para isso, a Amapec esperava apoio financeiro do governo do Estado, principalmente através da Liga de Apoio ao Desenvolvimento do Estado de Santa Catarina (LADESC), entidade responsável por boa parte das políticas sociais e assistenciais desenvolvidas pelas autoridades estaduais naquele momento.

A aquisição de uma área de terras para implantação dos projetos da Amapec foi um dos assuntos em pauta nas reuniões dessa entidade, especialmente entre 1985 e 1986. Na ata de 20 de setembro de 1985, por exemplo, esse assunto surgiu com a informação de que a Amapec havia comprado uma área de terra de 186.834 metros quadrados na Linha Barra do Guamerim, comunidade do interior

---

[226] SÃO MIGUEL DO OESTE, loc. cit.
[227] ASSOCIAÇÃO MIGUELOESTINA DE APOIO ÀS PESSOAS CARENTES. *Programa de reeducação e reabilitação para atendimento das pessoas carentes na periferia da cidade, na área do trabalho*. São Miguel do Oeste, out. 1985.

do município.[228] Curiosamente, as terras escolhidas para a colocação das famílias carentes pertenciam ao empresário Vany Massoni e, ao que tudo indica, tratava-se da área do Loteamento, local de onde, no passado, várias famílias haviam sido expulsas após terem suas casas queimadas e derrubadas. Talvez tenha sido por esse motivo que o negócio, praticamente fechado, acabou não dando certo, pois, segundo informações do Cartório de Registro de Imóveis, para a efetivação da compra daquela propriedade, seria preciso realizar a "desapropriação amigável da terra".[229]

Além da aquisição de um local para a colocação das famílias "faveladas", outro assunto que aparece nas atas da Amapec é o aumento de famílias carentes na cidade, principalmente em função da chegada de pessoas de vários municípios da região e até de outros estados. Esse foi o tema de debates da reunião do dia 31 de julho de 1986. Nessa reunião, o então presidente da Amapec informou que em apenas 15 dias já haviam se instalado em São Miguel do Oeste 15 famílias carentes, cerca de uma por dia, o que tornava o "caso dos favelados" cada vez mais grave e, ao mesmo tempo, exigia medidas mais drásticas.[230] Entre essas medidas estavam aquelas que visavam um maior controle, por parte dos moradores locais, da própria polícia e da Prefeitura Municipal. Diante dessa "invasão de novos mo-

---

[228] ASSOCIAÇÃO MIGUELOESTINA DE APOIO ÀS PESSOAS CARENTES. *Ata da reunião realizada no dia 20 de setembro de 1985*. São Miguel do Oeste, Livro 01, Ata n. 004, p. 8.

[229] ASSOCIAÇÃO MIGUELOESTINA DE APOIO ÀS PESSOAS CARENTES, loc. cit.

[230] ASSOCIAÇÃO MIGUELOESTINA DE APOIO ÀS PESSOAS CARENTES. *Ata da reunião realizada no dia 31 de julho de 1986*. São Miguel do Oeste, Livro 01, ata n. 10, p. 15-17.

radores", uma das sugestões foi a de que cada um dos presentes naquela reunião se tornasse um "fiscal", impedindo a entrada de novas famílias pobres. O mesmo deveria ocorrer com os líderes de bairros, aos quais seria solicitado que se mantivessem em estado de alerta quanto à chegada de novos moradores. Paralelamente a essas medidas, haveria um intenso controle por parte das polícias civil e militar.

> Dr. Maurício [delegado] ficaria de prontidão a qualquer hora para impedir que outras pessoas se instalem – Capitão Gildo – cuidará na parte da rodoviária para que pessoas com destino ignorado não desembarquem aqui.[231]

Nesse último caso, foi feita uma solicitação por escrito ao comando da Polícia Militar:

> Senhor Comandante. Com nossos cumprimentos, nos dirigimos através deste à vossa Senhoria, solicitando a possibilidade de interferir junto a qualquer tipo de carro e descarregamento de mudanças transportadas de pessoas indigentes que venham a se acampar nas proximidades da cidade, ou mesmo na Rodoviária com destino ignorado. Solicitamos ainda que se possível, comunicar ao Presidente da AMAPEC Sr. Severino Bortolotto, Prefeito Municipal, Sr. Luiz Basso e/ou membro da Associação, para que sejam encaminhadas de volta ao Município de origem com a maior brevidade possível.[232]

---

[231] ASSOCIAÇÃO MIGUELOESTINA DE APOIO ÀS PESSOAS CARENTES, loc. cit.
[232] ASSOCIAÇÃO MIGUELOESTINA DE APOIO ÀS PESSOAS CARENTES. *Ofício encaminhado pelo presidente da AMAPEC, Severino Bortolotto, ao comandante da 2ª/2ª/BPM*. São Miguel do Oeste: AMAPEC, 8 ago. 1986.

De acordo com a ex-secretária municipal de Educação, Cultura e Promoção Social e ex-presidente da Amapec, Lenira Marcon Donatti, em entrevista concedida em janeiro de 2003, essa situação, vivenciada a partir de 1986, se devia, entre outros fatores, a uma maior divulgação pela prefeitura da cidade de suas pretensões em relação à pobreza em São Miguel do Oeste.[233] Por esse motivo, segundo ela, aumentou consideravelmente o número de moradores "de fora" em São Miguel do Oeste, muitos deles encaminhados à cidade por caminhões de prefeituras da própria região.

> Diariamente [chegavam] caminhões e caminhões de mudanças de pessoas pobres, carentes, que vinham de Maravilha, que vinham de Campo Erê, que vinham de todos os municípios da nossa região. [...] Elas mesmas [as autoridades municipais] mandavam com os caminhões das prefeituras. E é verdade. Tanto é que quando as pessoas que governavam se acordaram, elas ficavam no trevo, puseram a fiscalização municipal no trevo, e quando vinham os caminhões trazendo as mudanças devolviam para seus lugares de origem. Se não [fosse essa fiscalização] nós teríamos bem mais [pessoas carentes]. [...] Com todas essas mudanças que vinham, o nosso projeto que estava tão bem delimitado, tão bem elaborado [...], ele foi por terra. Porque de sessenta nós passamos a ter 150, sei lá quantas. Mas triplicou. Perdeu-se o controle.[234]

Portanto, como mostram esses documentos e o depoimento, a partir da segunda metade da década de 1980, houve um agravamento

---

[233] Entre as pretensões da prefeitura, estava a construção de um conjunto habitacional para abrigar as famílias economicamente pobres da cidade.

[234] DONATTI, Lenira Marcon. *Entrevista concedida a Adriano Larentes da Silva*. São Miguel do Oeste, 30 jan. 2003. Acervo do autor.

da situação dos empobrecidos em São Miguel do Oeste. Isso obrigou a adoção de novas medidas por parte do poder público municipal, algumas adotadas em caráter de urgência e com características extremamente radicais. Por meio delas, esperava-se evitar o aumento do número de pobres na cidade, ainda que para isso fosse preciso barrar as pessoas "suspeitas" na estação rodoviária, no trevo de acesso à cidade ou em qualquer outro local, mandando-as de volta a seus municípios de origem "com a maior brevidade possível".

## Favelados, sem-terra e pequenos agricultores: exclusão e resistência

A situação enfrentada e vivenciada por diversos sujeitos na década de 1980 mostra uma região cada vez mais decadente e empobrecida. Entre os seus pobres, no entanto, não estavam apenas aqueles considerados "favelados", mas também inúmeros pequenos agricultores e ex-agricultores com ou sem terra. Destes, alguns já haviam abandonado as áreas rurais, contribuindo para a formação de novos bairros em São Miguel do Oeste ou para o aumento das periferias de outras cidades catarinenses e brasileiras. Havia também aqueles que, atraídos por propagandas de terras "boas e baratas", tinham seguido em direção às regiões Norte e Centro-Oeste do Brasil, especialmente para o estado do Mato Grosso, dando continuidade ao processo migratório iniciado, há mais de um século, pelos seus antepassados.[235]

---

[235] No início da década de 1980, propagandas divulgadas pelos jornais locais convidavam os moradores da região a migrar para o Mato Grosso. Em uma dessas propagandas, publicada em fevereiro de 1982 pelo jornal *Tribuna do Oeste*, uma imobiliária de São Miguel do Oeste oferecia "terra boa e barata" àqueles que es-

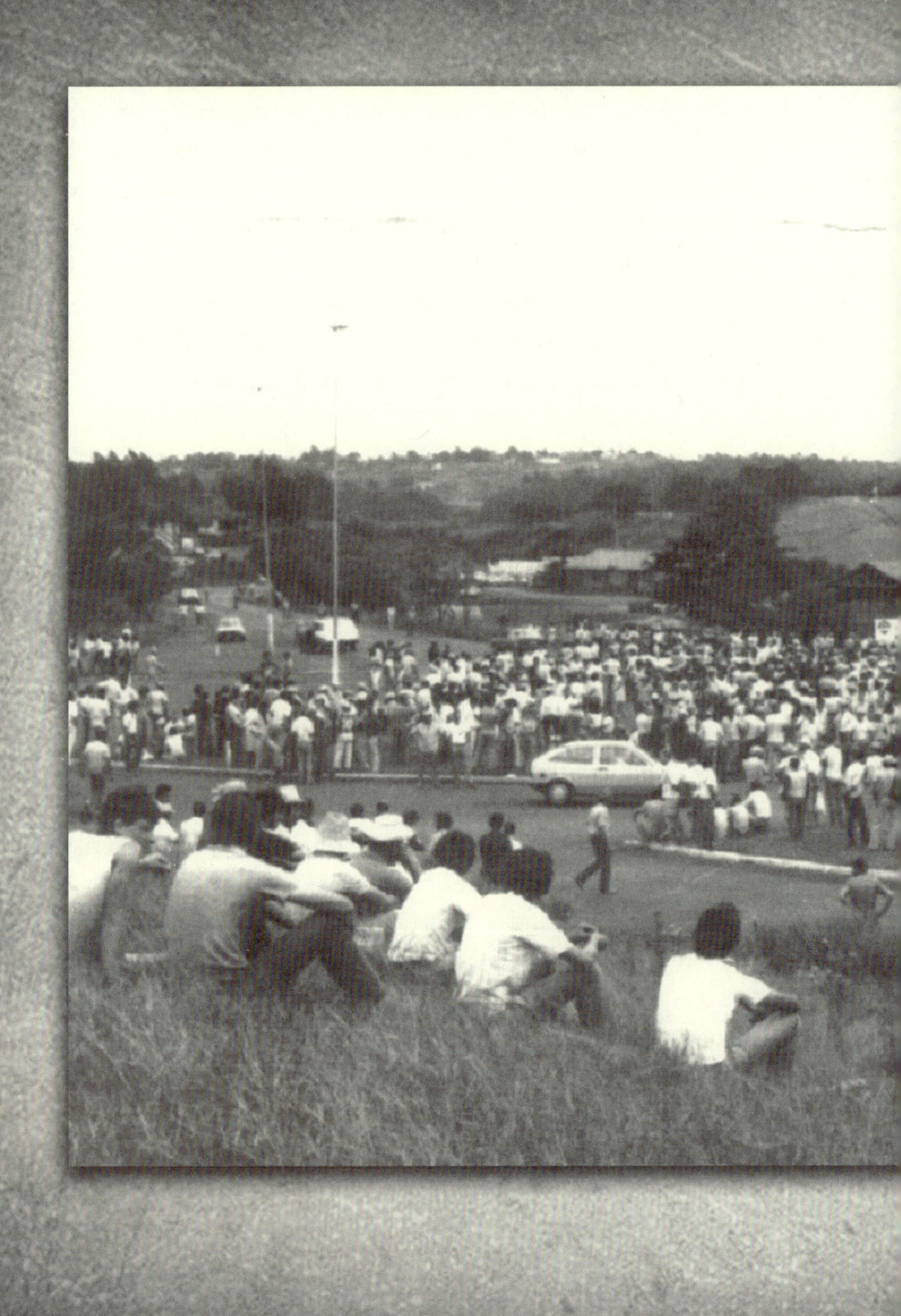

Pequenos agricultores bloqueiam trevo de São Miguel do Oeste exigindo mudanças na política agrícola brasileira
Fonte: *Folha do Oeste* (2 abr. 1987, p. 1).

Por outro lado, havia agricultores que insistiam em lutar no campo, organizando-se através de sindicatos, igrejas e entidades, promovendo encontros, debates, protestos e passeatas. Em outubro de 1984, por exemplo, a mesma edição de *O Celeiro*, que trazia como notícia central o "caso dos favelados" de São Miguel do Oeste, enfatizava o protesto que seria realizado naquele mês pelos agricultores do extremo oeste. Segundo o jornal, os pequenos agricultores da região, organizados em mais de dez sindicatos de trabalhadores rurais, paralisariam suas atividades durante três dias, em protesto aos altos juros cobrados no crédito agrícola, aos baixos preços recebidos pelos produtos vendidos, aos projetos de construção de barragens e em favor da reforma agrária.[236]

Conforme mostrou Strapazzon (1997), todos esses assuntos já vinham sendo alvo de debates e protestos há vários anos no oeste catarinense. A reforma agrária, por exemplo, foi um dos temas que mais gerou polêmica em todo o Brasil, principalmente depois das ocupações de 1979, no Rio Grande do Sul, e de 1980, em Santa Catarina. Foi nesse último ano que nasceu o Movimento dos Trabalhadores Rurais Sem Terra (MST) no estado, reunindo milhares de agricultores e ex-agricultores.

---

tivessem dispostos a deixar o oeste de Santa Catarina. "Venha conhecer a nova fronteira agrícola do Brasil. Terra boa e barata é em Mato Grosso. Planeje hoje mesmo o seu futuro e o de seus filhos. Terras de mato, a partir de dez alqueires, a preços baixíssimos e com todas as comodidades. Estradas, água abundante, centro urbano, escolas, hospitais, agências bancárias, Emater, armazéns da Cibrazem, ônibus diários". Os atrativos oferecidos em anúncios como esse não eram muito diferentes daqueles divulgados há mais de 35 anos para atração de novos colonos ao Oeste de Santa Catarina. TERRA boa e barata. *Tribuna do Oeste*, São Miguel do Oeste, p. 4, 6 fev. 1982.

[236] *O Celeiro*, p. 24, 6 out. 1984.

Em São Miguel do Oeste, provavelmente, a primeira ocupação realizada pelo MST ocorreu em junho de 1981, em uma área de 68 colônias pertencente à Madeireira Alberico Azevedo. Essa ocupação, no entanto, foi frustrada, motivando a prisão de 41 das cerca de 150 pessoas envolvidas.[237] Depois de retiradas das terras ocupadas, algumas dessas famílias foram encaminhadas, por membros da Comissão Pastoral da Terra da Igreja Católica, para uma associação na cidade de Descanso, enquanto outro grupo foi alojado provisoriamente no parque de exposições da FAISMO.

Segundo Idelvino Furlanetto, um dos líderes da ocupação, foi parte dos moradores desses dois últimos locais que, anos mais tarde, originaram não só a nova "favela" na BR-282, mas também os novos assentamentos do MST no interior de São Miguel do Oeste.[238]

As lutas dos "favelados" e dos sem-terra eram, portanto, lutas comuns, realizadas pelos mesmos personagens muitas vezes. Em 1985, por exemplo, enquanto dezenas de "favelados" lutavam no espaço urbano, inúmeros outros trabalhadores ligados ao MST realizavam grandes ocupações de terras em quatro municípios do oeste catarinense. Em São Miguel do Oeste, segundo o jornal *O Celeiro*, essas ocupações ocorreram, inicialmente, na madrugada do dia 26 de maio nas localidades de Entre Rios e Dois Irmãos.

> Na madrugada do último domingo, quase quatro mil agricultores sem terra invadiram e se instalaram em propriedades de quatro municípios do oeste catarinense. Foi uma operação em massa e surpreendente, sendo que aproxima-

---

[237] UM morto e dois feridos na invasão de terras. *Tribuna do Oeste*, São Miguel do Oeste, p. 12, 13 jun. 1981.

[238] FURLANETTO, Idelvino. *Entrevista informal concedida a Adriano Larentes da Silva*. Florianópolis, 28 jul. 2003. Acervo do autor.

damente três mil pessoas se alojaram em Abelardo Luz, 200 em Mondaí, 40 em Romelândia e 500 em São Miguel do Oeste.[239]

Com essas ocupações, surgiam no município novos acampados, só que dessa vez na área rural. Esses, da mesma forma que os acampados da cidade, moravam em barracos de lona, conforme mostra a foto a seguir, eram pobres e, acima de tudo, mantinham o sonho de um dia possuir um pedaço de terra para plantar. Além disso, ambos sofriam com a discriminação e o desprezo de uma parcela significativa da população local, que os via como uma "classe perigosa", a ser permanentemente vigiada e controlada.

Se quiséssemos usar a expressão utilizada na época pelo então governador de Santa Catarina, Esperidião Amin, diríamos que ambos, sem-terra e "favelados", eram os "pequenos", ou seja, aqueles que deveriam merecer uma maior atenção por parte do Estado. Foi a partir dessa perspectiva que o governo de Esperidião Amim (1982-1986) desenvolveu sua política de assistência social, visando dirimir conflitos que, naquele período, estavam presentes não apenas no campo, mas também em inúmeras cidades catarinenses. Entre essas cidades, os maiores problemas concentravam-se em Florianópolis, capital do estado, onde, desde o início da década de 1980, ocorriam despejos, ameaças de despejos e conflitos por terra. Em 1984, mesmo ano da descoberta da "favela" em São Miguel do Oeste, foi formada a Comissão da Terra no Morro da Penitenciária, uma comunidade da

---

[239] SEM-TERRAS ocupam propriedades: questão vai à justiça. *O Celeiro*, São Miguel do Oeste, p. 5, 30 maio 1985. Dias após essas primeiras ocupações, surgiram em São Miguel do Oeste acampamentos também nas comunidades de Bela Vista das Flores e Treze de Maio, e houve aumento do número de famílias alojadas no acampamento de Dois Irmãos.

capital ocupada por migrantes serranos. A formação dessa comissão era uma resposta dos moradores dessa comunidade às ameaças que vinham sofrendo em relação aos terrenos ocupados por eles há vários anos.[240] Foi também em 1984 que ocorreu na cidade de Joinville, norte do estado, o Encontro Estadual de Direitos Humanos, organizado pela Igreja Católica. Nesse evento, nasceu a Comissão dos Sem Terras das Periferias, mais tarde denominada Movimento dos Sem Teto de Santa Catarina. As principais tarefas dessa comissão seriam representar as comunidades junto aos órgãos oficiais, "mantê-las em contato permanente entre si" e "participar dos problemas das comunidades, bem como estar presente nos conflitos surgidos nelas".[241]

A formação da Comissão dos Sem Terra das Periferias refletia a preocupação cada vez maior da Igreja Católica com os setores marginalizados do meio urbano brasileiro. Essa preocupação foi manifestada claramente na XVIII Assembleia Geral da Confederação Nacional dos Bispos do Brasil (CNBB) de 1980, através do documento *Igreja e Problemas da Terra*, a partir do qual a Igreja assumiu o compromisso de

> [...] defender e promover as legítimas aspirações dos trabalhadores urbanos [...] em relação aos direitos necessários a uma existência digna da pessoa humana, especialmente, no que se refere ao direito a terreno e moradia, alterando o regime de propriedade urbana e da especulação imobiliária. [242]

---

[240] SILVA, Adriano Larentes da. *Morro da penitenciária*: uma experiência de luta pela terra. 2001. Trabalho de Conclusão de Curso (Graduação em História) – Universidade Federal de Santa Catarina, Florianópolis, 2001.

[241] TIETJEN, Elizonete. *A luta pela terra no morro da penitenciária e a contribuição do Serviço Social*. 1994. Trabalho de Conclusão de Curso (Graduação em Serviço Social) – Universidade Federal de Santa Catarina, Florianópolis, 1994.

[242] CNBB (1981, p. 7).

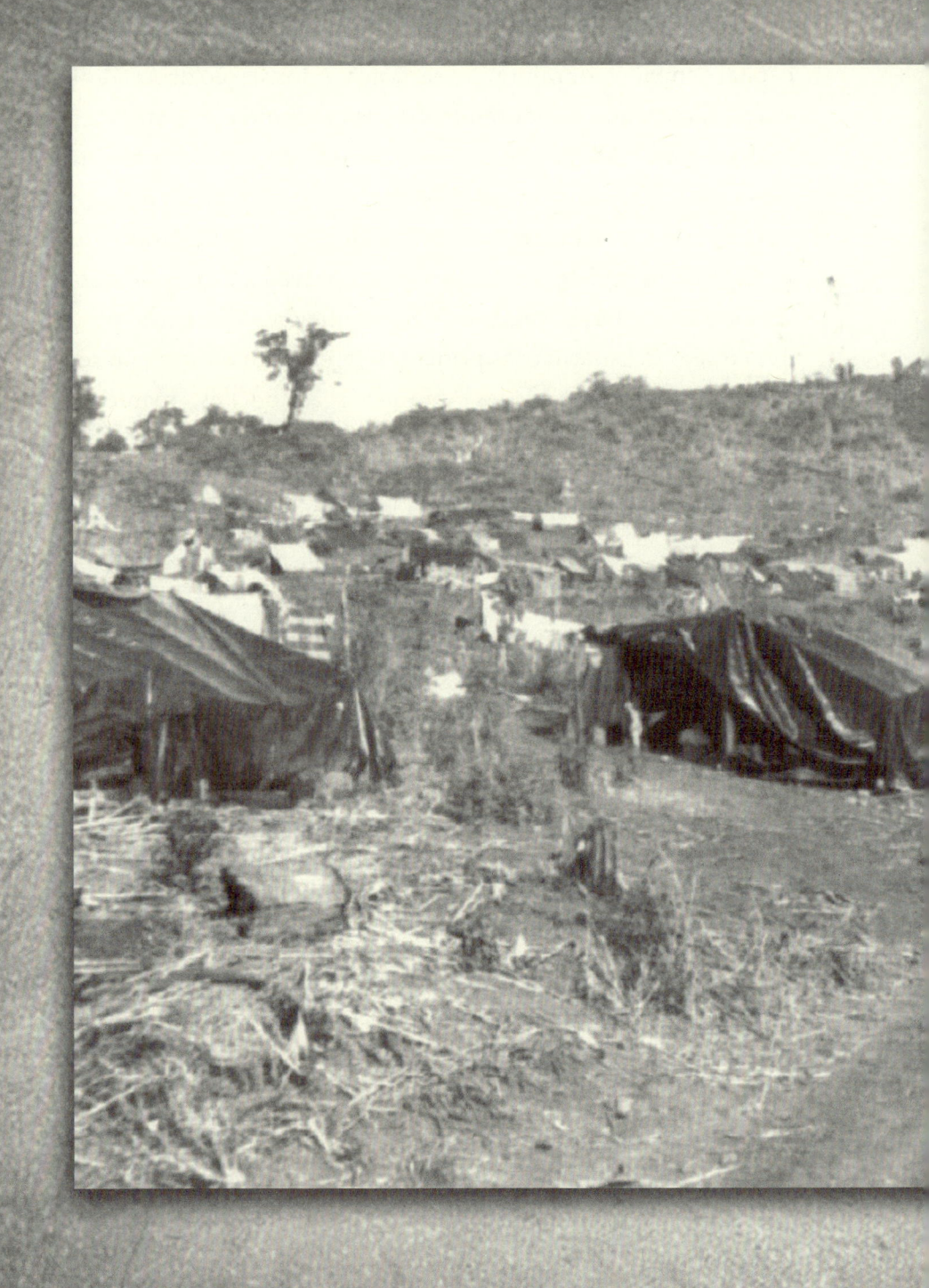

Acampamento do MST em Bandeirantes (SC) – 1985
Fonte: *O Celeiro* (27 out. 1985, p. 11).

Até então, as discussões sobre a terra dentro da CNBB limitavam-se quase sempre ao problema da terra no meio rural, onde atuava a Comissão Pastoral da Terra (CPT).

Além das mudanças no interior da Igreja Católica, a criação da Comissão dos Sem Terra das Periferias era consequência direta dos inúmeros problemas de falta de moradia que existiam nas grandes cidades de Santa Catarina. A falta de moradia estava associada a insuficientes investimentos na área de habitação popular e, principalmente, a um crescimento desordenado que vinha ocorrendo, principalmente, nos maiores centros urbanos catarinenses, desde a década de 1970. Entre os motivadores desse crescimento, está o fato de que a cidade era, e continua sendo, o lugar onde estavam (estão) localizados os melhores centros de saúde, de ensino, de oportunidade de emprego e de lazer. Além disso, problemas como a falta de políticas de apoio à pequena propriedade e a modernização da agricultura contribuíram (contribuem) para a concentração da terra em Santa Catarina e levaram, e ainda têm levado, milhares de pessoas, "atormentadas pela pobreza e pela miséria dos campos", a migrar para as cidades[243]. Isso explica parcialmente os dados do censo divulgado pelo IBGE em 1980, dados que mostraram que, pela primeira vez, a população urbana catarinense superou a rural[244].

Com a criação da Comissão dos Sem Terra da Periferia, a luta pela terra ganhou novos contornos em Santa Catarina. Ou seja, já não se restringia ao campo, ao latifúndio improdutivo, ao Movimento

---

[243] OLINGER, Glauco. *Êxodo rural*: campo ou cidade? Florianópolis: Acaresc, 1991. p. 14.

[244] INSTITUTO BRASILEIRO DE GEOGRAFIA E ESTATÍSTICA. *Censo demográfico de 1980*: Santa Catarina. IX recenseamento geral do Brasil. v. I. Rio de Janeiro, 1982.

dos Trabalhadores Rurais Sem Terra (MST), mas envolvia também propriedades privadas e do Estado que estavam localizadas nas cidades e eram ocupadas por posseiros.

## Aprendendo a reivindicar

À espera por providências do poder público em relação à sua situação, as famílias que permaneceram acampadas às margens da BR-282, em São Miguel do Oeste, foram surpreendidas, em outubro de 1986, quando sete casas foram derrubadas pela Polícia Rodoviária Federal.

> Cumprindo ordem da chefia do Departamento Nacional de Estradas de Rodagem de Florianópolis, a Polícia Rodoviária Federal, com sede em Chapecó, na tarde de quarta-feira desfez sete dos nove barracos que foram erguidos por famílias carentes na faixa de domínio da União, na margem esquerda da BR-282, nas proximidades do trevo de acesso a São Miguel do Oeste. Resultado dessa medida, 15 crianças e 16 adultos ficaram a céu aberto.[245]

As famílias ficaram mais uma vez desalojadas, sem ter para onde ir. No entanto, as providências estavam sendo tomadas pela prefeitura de São Miguel do Oeste e pela Amapec: após o insucesso da compra de uma área de terras na Barra do Guamerim, essas duas instituições haviam decidido construir um conjunto habitacional no

---

[245] SMBES e Amapec buscam alternativas para os carentes. *O Celeiro*, São Miguel do Oeste, p. 6, 2 nov. 1986.

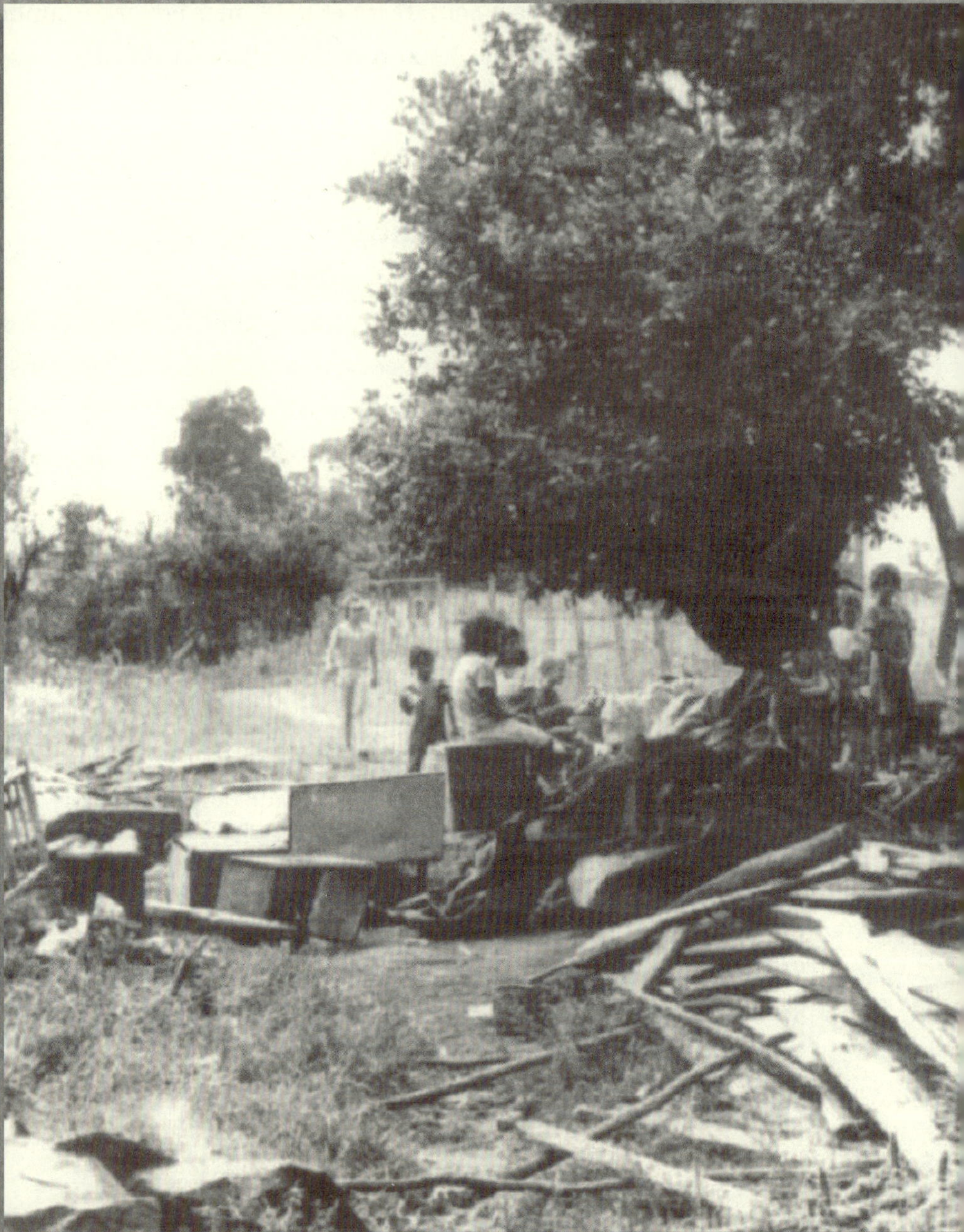

Casas derrubadas pela polícia na BR-282
Fonte: *O Celeiro* (30 out. 1986).

perímetro urbano do município. No local, localizado na divisa dos atuais bairros São Luiz e Salete, a estimativa inicial da prefeitura, segundo o jornal *O Celeiro*, era de construir 146 casas com aproximadamente trinta metros quadrados cada uma. Porém, como as casas ainda não haviam sido feitas, representantes do poder público e da Amapec resolveram transferir provisoriamente as famílias desalojadas para um terreno pertencente à prefeitura, localizado próximo ao antigo campo de esportes municipal. Ali, onde até aquele momento viviam apenas duas famílias, surgiu uma nova comunidade, denominada mais tarde, pela polícia, de favela Serra Pelada[246] e, pela Igreja Católica, de comunidade Nossa Senhora das Graças.

Entre as famílias transferidas para as proximidades do campo municipal em outubro de 1986, uma das poucas que ainda permaneciam nesse espaço, até o início da década de 2000, era a de Maria Terezinha Gomes. Nascida no município de Dionísio Cerqueira, no extremo oeste catarinense, ela morou na cidade onde nasceu até os 11 anos idade, quando os pais decidiram migrar para São Miguel do Oeste. Juntamente com a família e o esposo, trabalhou na erva-mate durante muito tempo e só parou quando ficou grávida, no início da década de 1990.

---

[246] O nome Serra Pelada é uma alusão à região do Pará para onde migraram milhares de pessoas na década de 1980 em busca de ouro. Naquela região, a forma como os garimpeiros ocupavam os espaços era semelhante a forma de ocupação da "favela" em São Miguel do Oeste. Ou seja, por se localizarem em uma região de morro, os barracos da "favela" eram construídos uns acima dos outros e juntos lembrariam os vários degraus dos barrancos construídos pelos garimpeiros da Serra Pelada para a extração do ouro. Em ambos os casos, o que se via eram pessoas "pobres" que, por não terem nada a perder, arriscavam a sorte, sujeitando-se a qualquer situação.

Sobre a chegada na comunidade Serra Pelada, após ter tido sua casa derrubada pela Polícia Rodoviária Federal, Maria Terezinha conta:

> Nós ficamos eu acho que uns dois anos lá [próximo ao Trevo], depois nós viemos pra cá. [...] Nós estávamos trabalhando na erva e quando chegamos. Nós chegamos no sábado de tarde e quando foi segunda de manhã nós estávamos dormindo e chegaram para fazer o despejo. Daí foi ligado para o Cilião e ele chegou e carregou nós e trouxe aqui. E aqui nós ficamos até agora.[247]

Segundo Maria Terezinha, das famílias "carregadas" para o novo local, a sua era a que possuía o maior número de pessoas.

> Veio toda a [família] dos Gomes. Daí veio duas dos Moura, [...] tinha umas cinco ou seis famílias das outras pertencentes por lá. Mais era só Gomes. Tinha uma turma de Gomes que tá louco [risos]. Era bastante [o número de pessoas expulsas]. Eu acho que tinha umas trinta e poucas [pessoas], fora as crianças. [...] Chegamos aqui, eles descarregaram nós e nós fizemos barraquinhas de lona como fazíamos nos acampamentos. Porque nós não tínhamos morada certa também. A gente vivia morando pra cá e pra lá. Fizemos só uma barraquinha de lona.[248]

Para Maria Terezinha, a solução para o despejo não foi dada pela prefeitura ou pela Amapec, mas pelo dono da ervateira para o qual ela e sua família trabalhavam. "Daí foi ligado para o Cilião e ele

---

[247] GOMES, Maria Terezinha. *Entrevista concedida a Adriano Larentes da Silva*. São Miguel do Oeste, 31 jan. 2003. Acervo do autor.

[248] GOMES, Maria Terezinha. Op. cit.

chegou e carregou nós e trouxe aqui". Outro aspecto importante é o fato de que a mudança para o novo espaço e a moradia ali construída não foram encaradas como algo que tenha alterado muito o dia a dia da família. Conforme Maria Terezinha, os moradores despejados já estavam acostumados a morar "pra cá e pra lá" em função do trabalho com a erva-mate. Portanto, a chegada à região do campo municipal, há mais de vinte anos, aparece no discurso de Maria Terezinha como mais um entre tantos outros deslocamentos que ela já havia feito ao longo de seus 39 anos de vida.

Além de Maria Terezinha, outra mulher que participou dos primeiros momentos da nova comunidade foi a ex-agricultora Maria Edir Jeziosrqui; à época, ela era integrante da Pastoral da Saúde da Igreja Católica. Moradora das proximidades da nova "favela", Maria Edir foi uma das escolhidas pela paróquia local para auxiliar os recém-chegados.[249]

> Dos primeiros que chegaram aqui tinha muita gente doente. Tanto era idosa como criança. E daí como nós tínhamos o padre Cyrillo... eu já trabalhava nas pastorais, eu trabalhava na pastoral da saúde. Aí o padre Cyrillo e a irmã Terezinha quiseram que a gente começasse vim aqui com eles. A gente era um pouco mais conhecida, era pessoa humilde e daí era mais fácil também pra eles se achegarem. E começamos o trabalho aqui. Tinham os barraquinhos assim que [era] uma estaca ali, outra aqui e a lona

---

[249] Maria Edir morava e mora lá até hoje, no bairro Salete, a cerca de quinhentos metros da região ocupada.

no meio e, em um dia como hoje, fervendo. Quem é que não ia ficar doente?[250]

De acordo com Maria Edir, entre as principais dificuldades da nova comunidade nos anos iniciais estava, por um lado, o "barral" provocado pela água que vertia nos dias de chuva e, por outro, a inexistência de água tratada para o consumo dos moradores. "Aqui era situação precária", ela relembra. "Vinha uma água daqui, tinha um barral, uma coisa, Deus nos livre".

Diante das necessidades existentes, mais que amenizar as doenças e os sofrimentos dos moradores, o trabalho de Maria Edir era de organizar aquelas famílias à luz do Evangelho.

> E daí a gente começou esse trabalho aqui de evangelizar e organizar eles também. Começamos a organizar pra nós reivindicar pelo menos a água pra eles. Daí foi, foi mais um tempo, a saúde era precária demais, aquele tempo não tinha essas facilidades nos postos de saúde. E nós começamos a reivindicar pra eles conseguir uma água aqui.[251]

A luta pela água, segundo Maria Edir, foi uma das primeiras lutas organizadas da comunidade. Dela participaram moradores e lideranças da Igreja Católica que, juntos, realizaram duas manifestações públicas. Uma das manifestações ocorreu por volta de 1988, quando um grupo de 42 moradores ocupou o prédio da prefeitura da cidade e pediu uma audiência com o prefeito municipal.

---

[250] JEZIOSRQUI, Maria Edir. *Entrevista concedida a Adriano Larentes da Silva*. São Miguel do Oeste, 31 jan. 2003. Acervo do autor.
[251] JEZIOSRQUI, op. cit.

> A gente pegava um grupo e ia. Um dia nós fomos em 42 pessoas lá pra prefeitura. Sol quente como hoje, era um forno, e nós ficamos todo o dia e uma tarde lá. [...] Foi mais ou menos em 88. Fazia poucos anos que estavam aqui e nós lutamos por isso. Porque eles não tinham uma água, não tinham nada. Tinha aquela sanga [rio Guamerim] ali. E daí fomos lá pra prefeitura e ficamos das duas e meia da tarde até as seis meia para conseguir falar com o prefeito.[252]

Nesse dia, segundo Maria Edir, a presença e a liderança do padre Cyrillo Matiello foram fundamentais para animar os moradores diante da negativa do poder público em atendê-los.

> Não, não [não queriam atender]. De jeito e maneira. Mas o padre era bem paradão mesmo e ele sentou o pé e disse: 'vamos ficar aqui. Enquanto eles não atender, nós não saímos'. E daí eles conseguiram atender nós, pra nós reivindicar sobre essa água, que eles conseguiram essa água porque não podia viver assim, e deixar eles aqui também. Porque eles queriam retirar eles.[253]

A presença e a atuação de Maria Edir e de religiosos como o padre Cyrillo Matiello faziam parte de um trabalho de base que refletia a forte influência da Teologia da Libertação no interior da Igreja Católica local. Graças a essa influência, moradores como Maria Terezinha, que antes mantinham uma relação de dependência com o patrão, passaram a reivindicar seus direitos, por exemplo, o acesso à água potável. Estabeleciam, assim, uma nova relação com o território

---

[252] JEZIOSRQUI, op. cit.
[253] JEZIOSRQUI, op. cit.

habitado e com a cidade. Diferentemente de momentos anteriores, nos quais manifestavam pouca resistência à transferência de um lugar para o outro, lutavam contra aqueles que queriam tirá-los de onde estavam.

A Igreja, portanto, além de ser um espaço de oração e de fé, era também um lugar de organização, de luta e de resistência dos moradores. Ela era o centro e um dos principais elos de toda uma rede de pessoas, de entidades e de movimentos sociais.

Em São Miguel do Oeste, os setores populares da Igreja Católica atuavam de forma integrada com a Igreja Luterana, o Movimento de Trabalhadores Rurais Sem Terra, o Movimento das Mulheres Agricultoras, os partidos de esquerda, a Central Única dos Trabalhadores e os sindicatos de trabalhadores urbanos e rurais. Essa forma de atuação preocupava e gerava apreensão entre os grupos mais conservadores da sociedade local. Através dos jornais e do rádio, membros desses grupos faziam duras críticas e acusações, principalmente a lideranças religiosas, tentando colocar em dúvida sua legitimidade perante a população da cidade e da região.

Foi isso que ocorreu, por exemplo, em outubro de 1987, em uma entrevista concedida por Kit Abdala, líder da União Democrática Ruralista (UDR), à Rádio Peperi AM. Nessa entrevista, Abdala fez referências diretas a Dom José Gomes, bispo de Chapecó, e ao padre Cyrillo Matiello, pároco de São Miguel do Oeste, levantando suspeita sobre o passado do padre Cyrillo e dizendo possuir documentos que o incriminavam. Para Abdala, o padre era "um falso profeta", que em suas missas falava muitas "besteiras", atentando "contra a segurança nacional".[254]

---

[254] RÁDIO PEPERI AM. *Fundação da UDR*: entrevista com Kit Abdala. São Miguel do Oeste, 24 out. 1987.

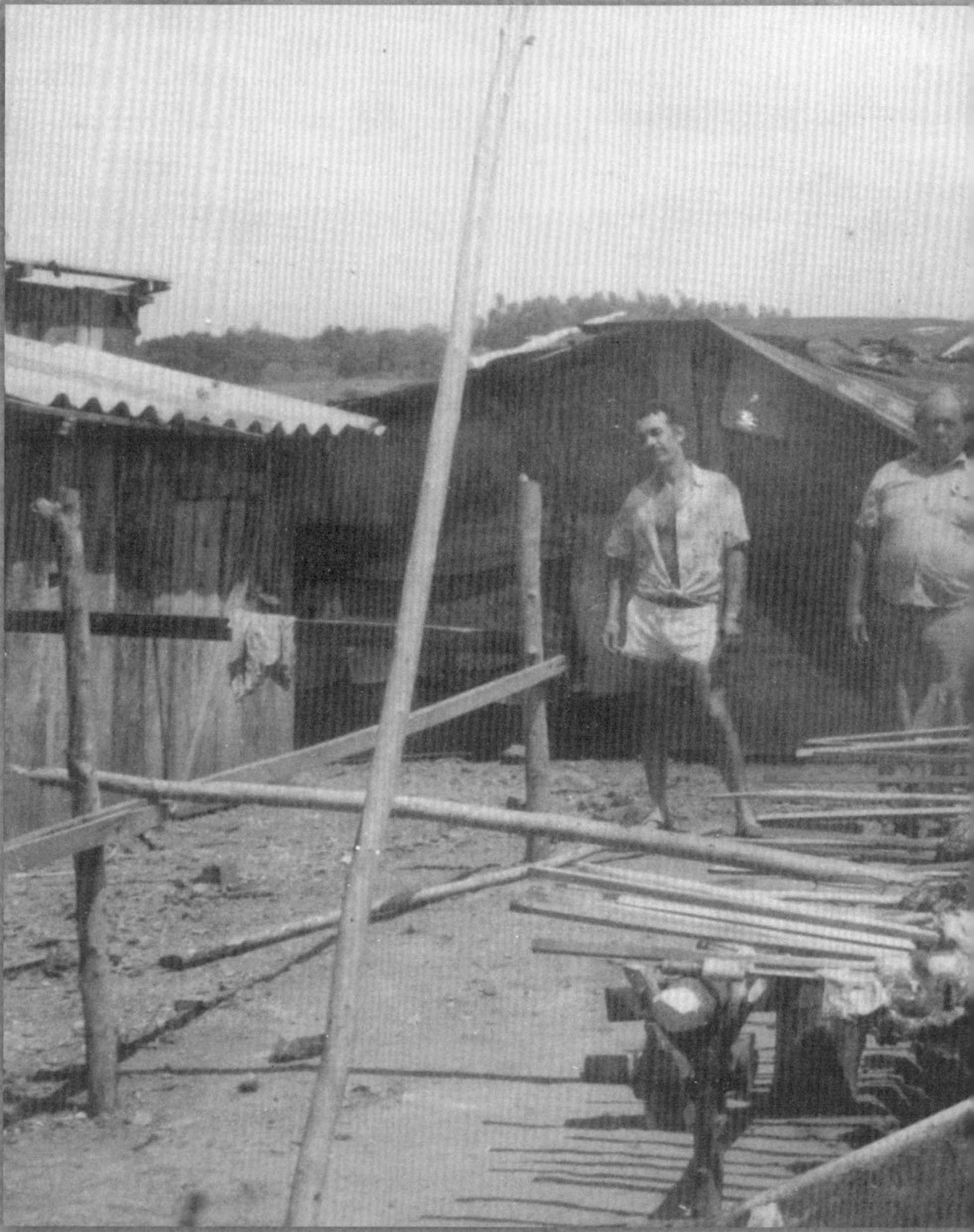

Churrasco em prol da construção da Igreja Católica – comunidade N. Senhora das Graças
Fonte: Bonet (set. 1988).

A atitude hostil de Kit Abdala e da UDR em relação a lideranças da Igreja Católica da região era uma resposta às denúncias feitas por padre Cyrillo de que a UDR estaria planejando o assassinato do bispo de Chapecó, Dom José Gomes. Essa denúncia foi formalizada em uma carta assinada por padre Cyrillo e outros religiosos da paróquia de São Miguel do Oeste e publicada no jornal *Folha do Oeste*, na edição do dia 24 de outubro de 1987.

> Neste sábado, dia 24, como está sendo amplamente divulgado, acontecerá a fundação da UDR Regional em São Miguel do Oeste. Vários presidentes de UDR regionais de Santa Catarina, Paraná e Rio Grande do Sul estarão presentes, dentre os quais o Dr. Kit Abdala, presidente da UDR de Francisco Beltrão-PR. Dom José está em São Miguel do Oeste, realizando crismas em toda a paróquia. Agora que está em nosso meio, recebe a notícia do plano de seu assassinato. Será mera coincidência?[255]

A troca de acusações e de ameaças contribuíam para gerar um clima de tensão na cidade. E esse clima interferia diretamente nas percepções das autoridades e da população sobre os objetivos do trabalho da Igreja junto aos moradores mais pobres, como era o caso daqueles instalados nas proximidades do Campo Municipal. As desconfianças aumentavam ainda mais quando outros agentes se aproximavam desses moradores.

Segundo Maria Edir, isso acontecia, por exemplo, quando lideranças sindicais visitavam a comunidade. Nesses casos, o medo

---

[255] A pedido: plano de assassinato de Dom José Gomes, bispo de Chapecó. Como a UDR planeja os assassinatos. *Folha do Oeste*, São Miguel do Oeste, p. 8, 24 out. 1987.

tomava conta tanto de lideranças ligadas à Igreja e aos movimentos sociais, quanto dos representantes do poder público e dos setores conservadores da sociedade local.

> [...] era uma luta braba. Eles maltratavam muito a gente, a prefeitura, assim, maltratavam. Eles chegavam vim, quando nós vínhamos aqui, eles mandavam gente da prefeitura vim aqui e ficar espiando, escutando. Porque nós fazíamos fora, botava em um barraco ali no sol. [Vinham] escutar o que nós tava conversando para depois contar pra eles. [...] Daí tinha um cara do sindicato, que era o Furlanetto, ele deu uma mão pra nós, porque ele era meio peitudo. Ele vinha, pegava nós com o carro e leva nós pra casa. Eu tinha medo porque tinha dois ou três ali em cima espiando.[256]

Segundo Maria Edir, havia um controle do trabalho que estava sendo realizado junto aos moradores. A responsável por esse controle era a própria prefeitura da cidade, que mandava pessoas para ficar "espiando, escutando" as conversas realizadas.

> Porque em 85 deu aquela ocupação de terra, dos sem-terra, que foi Entre Rios e taratatá. Então era isso que eles temiam. Achavam que essa gente, como eles vieram e se acamparam aqui, eles iam ocupar as casas deles, invadir as casas deles, os terrenos deles. Então a gente e mais o padre apelou que não era isso que essa gente tava fazendo. Essa gente nem tinha coragem de fazer essas coisas.[257]

Havia, portanto, uma grande homogeneização dos diferentes grupos ligados e apoiados pela Igreja, fazendo com que os "favelados"

---

[256] JEZIOSRQUI, op. cit.
[257] JEZIOSRQUI, op. cit.

fossem relacionados com as invasões de terra, os partidos políticos de esquerda, as greves de trabalhadores urbanos e os protestos dos pequenos agricultores. Tudo isso contribuía para que aqueles sujeitos despertassem medo e passassem a ser tratados com hostilidade por autoridades e pela população de São Miguel do Oeste, conforme indicou, inclusive, Maria Edir Jeziosrqui. Esse medo e essa hostilidade, no entanto, não eram apenas em relação aos moradores das proximidades do Campo Municipal, mas tinham a ver com todos os outros habitantes pobres do município, em especial aqueles que gradativamente iam se agrupando no entorno do novo conjunto habitacional em construção na zona oeste da cidade.

## A concentração da pobreza e os novos conflitos urbanos

A construção do Conjunto Habitacional em São Miguel do Oeste teve início no ano de 1987 e tinha o objetivo de abrigar, em novas residências, as famílias pobres do município. O local escolhido para a instalação dessas famílias foi uma área de terras localizada na divisa dos bairros Salete e São Luiz.

Àquela região da cidade, cada vez mais, famílias oriundas de diferentes bairros de São Miguel e de outros municípios do extremo oeste chegavam na esperança de conseguir uma casa para morar. Elas se somavam aos diversos moradores já residentes na região, inclusive aqueles que habitavam a região do antigo Mundo Novo e as proximidades das olarias (fábricas de telhas e tijolos), os novos e antigos moradores das imediações do Campo Municipal e um pequeno grupo que morava, há vários anos, em frente à garagem de máquinas da prefeitura.

À região da garagem da prefeitura, segundo antigos moradores, chegavam diariamente famílias inteiras com suas mudanças. "Muitas pessoas vieram. Veio do Cedro [São José do Cedro], veio de Anchieta, tem gente ali até de Campo Erê, [...] de Guaraciaba. De tudo é que lado vieram pra ver se eles pegavam essas ditas casinhas", explicou Ilair Morais, moradora das proximidades da garagem da prefeitura desde a década de 1960.[258] Segundo ela, os barracos apareciam da noite para o dia, impedindo qualquer reação da Prefeitura Municipal.

> Isso aqui rapaz, eu vou te dizer uma coisa. Eu morava aqui nesta casinha que mostra ali [em frente à Igreja] e às vezes de noite tu ouvia um barulhão, um caminhão. Levantava espiar, ver o que era. Eram os caminhõezões que entravam com as madeiras e coisas. Isso acontecia no sábado. Quando chegava na segunda os da prefeitura não podiam tirar pois a casa já tava feita. Como é que ia tirar? Não tinha jeito. E ali foi enchendo, enchendo de gente.[259]

De acordo com Ilair, além da perspectiva das famílias de conseguir uma das "casinhas" no novo conjunto habitacional, outro fator que favoreceu a entrada de novos moradores naquele local foi a venda de terrenos por moradores da própria comunidade. Com isso, segundo ela, novos e antigos moradores "foram fazendo cidade" nos arredores do Conjunto Habitacional.

---

[258] Antes de morar nas proximidades da garagem da prefeitura, Ilair residia no bairro São Jorge, em São Miguel do Oeste. Sua mudança ocorreu após um incêndio que destruiu totalmente a residência da família. MORAIS, Ilair. *Entrevista concedida a Adriano Larentes da Silva*. São Miguel do Oeste, 31 jan. 2003. Acervo do autor.

[259] MORAIS, op. cit.

> A Filomena começou vender. Essa turma ali tu pode pedir pra qualquer um que tem ali pra cima. Quem te colocou aqui? De quem tu comprou? Da Filomena e do finado... como é o nome dele? O Idelfonso. Eram eles que vendiam os pedacinhos, os pedacinhos e daí foi se enchendo, enchendo, enchendo. [...] Ninguém tinha escritura, só o direito de morar. E daí foram fazendo cidade.[260]

As terras comercializadas por Filomena e Idelfonso, assim como aquelas nas quais morava Ilair, pertenciam, inicialmente, à madeireira Alberico Azevedo, tendo passado mais tarde às mãos de antigos moradores e da Prefeitura Municipal.[261] Essas terras ficavam em uma região de morro, na encosta de um córrego poluído cuja nascente se encontrava nas proximidades do hotel San Willas. Era nessa região, hoje conhecida popularmente como Morro da Fumaça e designada pela Igreja Católica como Comunidade Sagrada Família, que residiam diversos moradores ao final da década de 1980, conforme mostra a foto a seguir (apresentada nas páginas 226 e 227), publicada em 1989 pelo jornal *Folha do Oeste*.

As famílias residentes na comunidade Sagrada Família, assim como aquelas que habitavam Serra Pelada e o entorno do Conjunto Habitacional, tinham em comum, além de trajetórias de vida marcadas pela pobreza e pela exclusão social, o desejo de possuir sua casa própria. No entanto, de todas essas famílias, somente algumas foram transferidas para as casas populares, a partir de 1988, quando foram inauguradas as primeiras 73 moradias construídas pela

---

[260] MORAIS, op. cit.
[261] As terras foram entregues pela família Azevedo à prefeitura de São Miguel do Oeste em 1984 em troca de dívidas com obras de calçamento, conforme documento do Registro de Imóveis da cidade.

Amapec e pela Prefeitura Municipal em parceria com a Companhia de Habitação do Estado de Santa Catarina (COHAB) e a Secretaria Estadual de Desenvolvimento Urbano e Meio Ambiente.[262] Muitas famílias permaneceram em barracos cobertos com lonas, enquanto outras seguiram para diferentes lugares de Santa Catarina e do Brasil.

Para as famílias que ficaram em São Miguel do Oeste, além das dificuldades econômicas e de moradia, outro grande desafio enfrentado foi o preconceito e a discriminação sofridos no bairro onde moravam e em toda a cidade. Isso porque, aos olhos das autoridades municipais e de boa parte da população migueloestina, elas continuavam sendo "classes perigosas", a diferença era que não estavam mais tão espalhadas por diferentes regiões da cidade, como ocorria até então.

Com a construção do Conjunto Habitacional no bairro São Luiz, as lideranças locais acabaram concentrando a maior parte da população pobre da cidade em uma mesma região, contribuindo para que esses sujeitos fossem mais uma vez tratados de forma homogênea pelo restante da população da cidade e vistos como a causa do aumento dos problemas do município. Além disso, os moradores do Conjunto Habitacional passaram a ser alvo de constantes acusações da polícia, as quais ajudaram a reforçar a imagem deles como seres perigosos e violentos. Isso ocorreu principalmente a partir de janeiro de 1990, quando surgiram as primeiras notícias relatando as ocorrências e o desconforto motivados pela construção do Conjunto Habitacional na região do bairro São Luiz. Em função dessas notícias, antigos moradores daquele bairro passaram a cobrar uma denominação diferente à área habitada por seus "novos" vizinhos.

---

[262] No mesmo período, além de São Miguel do Oeste, outros municípios do extremo oeste construíram conjuntos habitacionais. Entre eles, Itapiranga e Campo Erê.

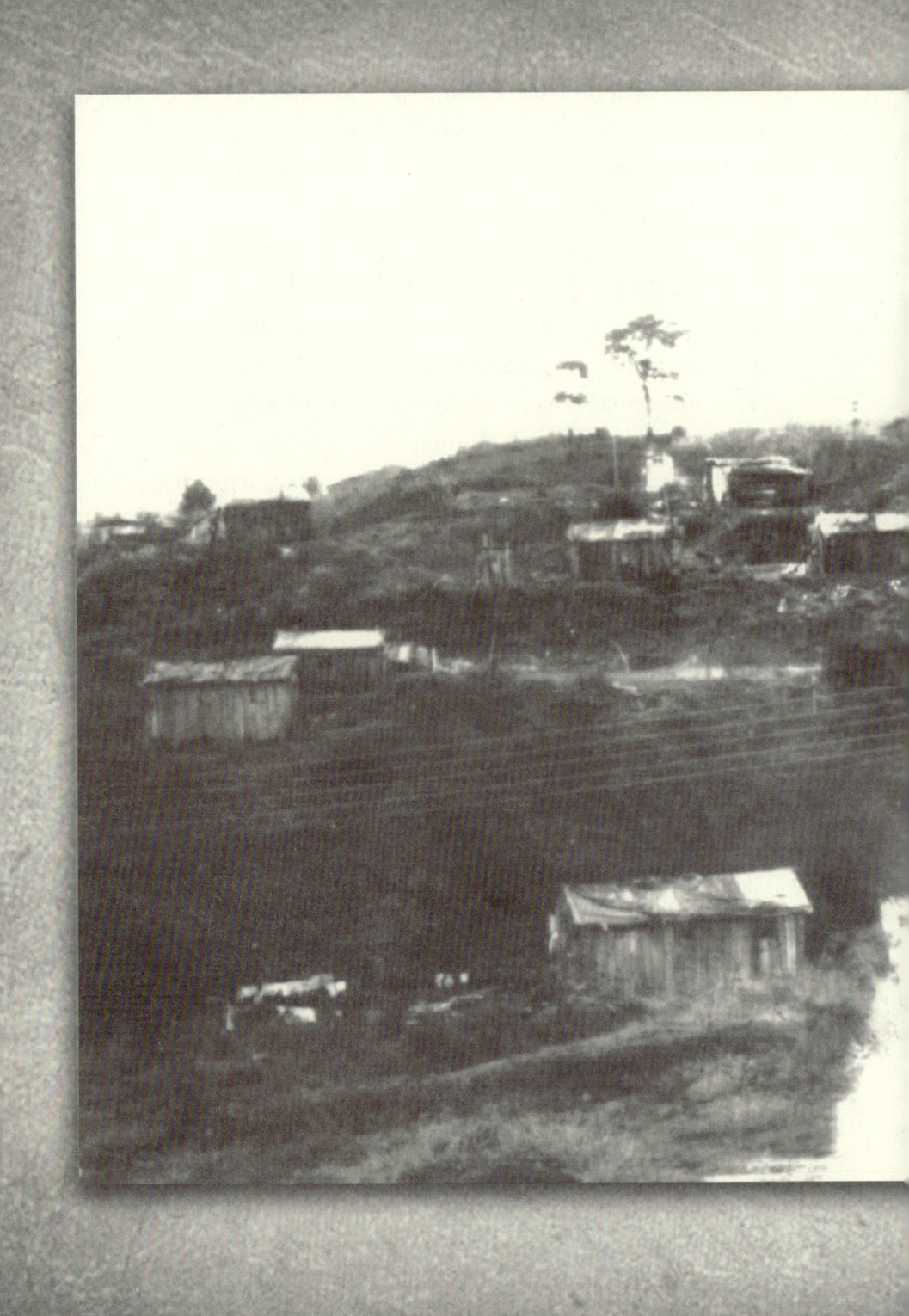

Morro da Fumaça
Fonte: *Folha do Oeste* (27 maio 1989, p. 11).

As chamadas 'casas populares', núcleo habitacional de pessoas carentes localizado no bairro São Luiz, tem registrado o maior índice de ocorrências policiais, envolvendo pequenos furtos (bujão de gás, prancha de *skate*, etc.), mas principalmente agressões e bebedeiras. Os antigos moradores do São Luiz já manifestaram descontentamento pelo fato das ocorrências nas casas populares serem identificadas como ocorrências no bairro. Sugerem uma denominação diferente à área dos carentes.[263]

Segundo informações do então delegado de polícia Maurício Eskudlark ao jornal *Folha do Oeste* de 28 de janeiro de 1990, o aumento do número de ocorrências no bairro São Luiz ou nos arredores das Casas Populares era uma das consequências da estratégia adotada pelo poder público migueloestino de concentrar a população empobrecida em um único local. Para ele, a concentração de pessoas naquele núcleo habitacional também concentrou problemas à medida que os órgãos assistenciais não tiveram condições de atender a todos. De acordo com Eskudlark, a distribuição dos moradores pobres por diferentes bairros da cidade, como ocorria antes, permitia um melhor atendimento pelas instituições públicas. Porém, o fato de esses moradores viverem juntos, ou em pequenas casas muito próximas umas das outras, fazia com que os conflitos aumentassem. Na opinião de Eskudlark, o objetivo de acabar com as "favelas", além de não ter sido atingido, acabou gerando mais problemas na cidade.[264] Foi partindo dessa constatação que, no início da década de 1990, as autoridades locais e estaduais resolveram transferir a Delegacia de

---

[263] PLANTÃO Policial: muitas ocorrências nas casas populares. *Folha do Oeste*, São Miguel do Oeste, p. 12, 28 jan. 1990.

[264] PLANTÃO, loc. cit.

Polícia Civil da região central para um prédio localizado em frente à comunidade Nossa Senhora das Graças. Em 1993, o próprio Eskudlark, então vereador, entrou com uma Indicação na Câmara Municipal solicitando a "desocupação da área" da "favela" Serra Pelada e a "transformação" dela "em praça de lazer e de esportes".

> A transformação do local em Favela pela Prefeitura Municipal de São Miguel do Oeste, trouxe grandes problemas e prejuízos para os moradores dos Bairros Salete, Cideral e São Luiz. Existem no local algumas boas famílias que enfrentam dificuldades para melhor colocação, mas muitos marginais e elementos de alta periculosidade se alojaram no local e tem provocado pânico e terror nas famílias vizinhas. Sabe-se que a família Spier, que doou a Área para a Prefeitura, já pensa em requerer a devolução em virtude do desvirtuamento dos objetivos dados ao Imóvel.[265] As Famílias do local devem ser assentadas em locais variados para evitar a criação de novas favelas em nosso Município.[266]

A partir da década de 1990, portanto, longe de serem apaziguados, os conflitos urbanos em São Miguel do Oeste continuaram ocorrendo, mantendo em lados opostos os sujeitos identificados como "favelados" e aqueles que se mostravam hostis às "favelas" e aos seus moradores. No entanto, ao contrário de momentos anteriores, o principal motivador dos conflitos, segundo muitos, era o grande conjunto de moradores concentrados em uma mesma região. Esses

---

[265] A área mencionada foi doada pela família Spier à Prefeitura Municipal de São Miguel do Oeste em 1977, segundo informações fornecidas por representante do executivo municipal ao *Jornal Regional* (6 nov. 1993, p. 12).

[266] SÃO MIGUEL DO OESTE. Câmara Municipal de Vereadores. *Indicação n. 262/93, do vereador Maurício José Eskudlark*. São Miguel do Oeste, 26 out. 1993.

moradores, apesar de possuírem divisões e subdivisões, formando inclusive comunidades distintas, nem sempre foram considerados em suas diferenças pela polícia, pela imprensa e por moradores de outras regiões da cidade, já que continuaram sendo tratados homogeneamente como os "favelados" de São Miguel do Oeste.

Sobre essa representação da "favela" e de seus habitantes, as entrevistas realizadas em 2003 com moradores de diferentes localidades de São Miguel do Oeste são bastante elucidativas, mostrando que a imagem negativa dos pobres da cidade, dos "favelados", construída a partir da década de 1980 e reforçada pela imprensa e pela polícia, principalmente durante a década de 1990, se mantinham até aquela data. É ela que faz com que muitos moradores das comunidades Nossa Senhora das Graças, Sagrada Família e São Francisco de Assis continuem sendo vistos como seres "perigosos", "sujos" e "incapacitados".

As justificativas para essas respostas são as mais variadas: alguns diziam que é por ser um lugar "feio", com muitos "bares" e "gangues", tendo pessoas "de fora", sem trabalho, "desocupadas", cheias de "vícios" e que por qualquer motivo "passam o facão"; era uma região de muitas "brigas", de "violência", onde é "perigoso" passar tanto à noite quanto de dia, afirmam. "Ali não é fácil", "ali é perigoso" argumentam outros moradores da cidade.

Das pessoas ouvidas em 2003, grande parte delas fez referência à região das "favelas" como o pior lugar para se morar na cidade ou, como afirmou um dos entrevistados, o local "mais estragado que tem em São Miguel".

Em função dessa imagem negativa que as comunidades possuem, os moradores locais enfrentam dificuldades na hora de conseguir um emprego, são tratados, muitas vezes, com desprezo e preconceito por comerciantes, autoridades públicas e população. "Tem gente que às vezes não pega serviço por causa que fala 'eu moro na favela". Aí eles pensam que é pessoa de mal. Aqui não é um lugar que os outros gostam", afirma Davi Miranda, morador da comunidade Sagrada Família.[267] "É favela, é favela", ele repete, com tristeza e indignação. Com apenas 16 anos de idade no momento da entrevista, Davi vivia com seus avós com quem dividia as despesas da casa trabalhando como diarista. Aos finais de semana jogava futebol, porém, nem sempre havia jogo, segundo ele, já que o seu time não tinha campo próprio e muitas equipes da cidade e do interior por medo e preconceito evitavam marcar jogos, apesar de seu clube, para conseguir se manter na ativa, ter adotado como endereço o nome do bairro vizinho (Salete). Essa situação, na opinião de Joarez Alves de Oliveira, morador e líder comunitário do Conjunto Habitacional, poderia ser revertida se a comunidade tivesse o seu estádio de futebol. A construção dele, na opinião de Joarez, seria "uma grande oportunidade" de acabar com a discriminação existente. "Se saísse esse campo, se o município ceder esse campo, daí o pessoal vai ver que não é tão ruim assim como às vezes falam. Por enquanto a gente tá na espera", informou ele em fevereiro de 2003.[268]

Para Joarez Alves de Oliveira, além do estádio de futebol, outra maneira de acabar, ou pelo menos diminuir, o preconceito existente seria os poderes públicos e a população perceberem as comunidades a partir de um novo enfoque, olhando-as de dentro para fora.

> As pessoas precisam se colocar, se colocar como um de nós que mora aqui e olhar daqui pra fora. Não olhar só de fora pra dentro. Porque enquanto essas pessoas olham

---

[267] MIRANDA, Davi. *Entrevista concedida a Adriano Larentes da Silva*. São Miguel do Oeste, 24 jan. 2003. Acervo do autor.
[268] OLIVEIRA, Joarez Alves. *Entrevista concedida a Adriano Larentes da Silva*. São Miguel do Oeste, 5 fev. 2003. Acervo do autor.

> só de fora pra dentro elas vão continuar fazendo essa discriminação. [...] Hoje nós vemos as pessoas de alta sociedade entrar em um bairro pobre quando é pra pedir voto. Tirando isso eles não entram. Aí como que essas pessoas não vão se sentir excluídas da sociedade?[269]

De acordo com Joarez, que também foi agente do Programa Saúde da Família, é preciso integrar definitivamente os moradores pobres à sociedade local e não isolá-los como muitas vezes o próprio poder público pretendeu fazer.

> Onde eu trabalho era pra ser uma localidade [do Programa Saúde da Família], eles [da prefeitura] queriam desmembrar do bairro pra poder excluir mais ainda da sociedade. Isso não pode fazer. Aí nós nunca vamos fazer com que eles sejam uma sociedade. Eles sempre vão ser os excluídos. Sempre vão achar que são os melhores ou os piores.[270]

O fim da discriminação e da exclusão continua sendo, portanto, uma das principais lutas das comunidades Sagrada Família, São Francisco de Assis e Nossa Senhora das Graças. Nessa luta, estão engajadas a maioria dos seus moradores e inúmeras outras pessoas ligadas a igrejas, sindicatos, entidades públicas e privadas. Foi essa parceria entre agentes internos e externos que fez nascer, em 1999, a Associação dos Coletores de Material Reciclável de São Miguel do Oeste (Acomar), reunindo inicialmente moradores da Cibrazem[271] e das comunidades

---

[269] OLIVEIRA, Joarez Alves. Op. cit.
[270] OLIVEIRA, Joarez Alves. Op. cit.
[271] Cibrazem é o nome de um antigo depósito de grãos desativado pelo governo federal, localizado na área central de São Miguel do Oeste. Esse local esteve ocupado por famílias de papeleiros até 2002.

Sagrada Família, São Francisco de Assis, Nossa Senhora das Graças, Andreatta, Pedreira Pedro Paz, Trevo e Salete (Campo Municipal).[272] No início de 2003, participavam da Acomar 14 famílias, que trabalhavam diariamente recolhendo e transportando material reciclável de diferentes pontos da cidade para um galpão provisório localizado nas proximidades da garagem de máquinas da prefeitura.

Com a Acomar, os moradores dessas comunidades passaram a ser vistos e tratados de outra maneira na cidade, deixando, em alguns momentos, de serem "favelados" para se tornarem papeleiros. Para os novos e antigos associados da Acomar, o trabalho com materiais recicláveis, além de ser uma alternativa de renda para a família, é uma forma de elevação da autoestima, de diminuição da discriminação e uma possibilidade de transformação de suas trajetórias de vida, marcadas pela miséria e pela exclusão social.

É interessante observar que iniciativas semelhantes a essa podem ser encontradas no interior do município: a Associação de Pequenos Agricultores Nova Esperança e a Laticínios Terra Viva. A primeira, nascida no final de 1999, reúne famílias de pequenos agricultores das comunidades São Pedro, Canela Gaúcha e arredores. As famílias se dedicam à produção de derivados de cana-de-açúcar (aguardente, açúcar mascavo, álcool etc).[273] Já a segunda, inaugura-

---

[272] As informações sobre a Acomar foram obtidas em conversa informal com a socióloga Alexandra Sguário, que, em 2001 e 2002, atuou como representante da Prefeitura Municipal na organização e estruturação da Acomar. Nessa conversa, tive também acesso a documentos escritos sobre a associação, que constam nas referências ao final desse livro.

[273] Sobre essa associação, os dados estão baseados em entrevistas coletivas com Osmar Von Dentz e Emidio Pelissari. PELISSARI, Emidio; VON DENTZ, Osmar. *Entrevista coletiva concedida a Adriano Larentes da Silva*. São Miguel do Oeste, 7 fev. 2003. Acervo do autor.

da oficialmente em 2000, é apenas mais uma das inúmeras iniciativas de trabalhadores rurais ligados ao MST. Em 2010, a Laticínios Terra Viva é responsável pela industrialização de boa parte do leite produzido no extremo oeste catarinense, gerando emprego e renda para centenas de famílias de agricultores e moradores de São Miguel do Oeste e região.[274]

Os três exemplos citados, Acomar, Nova Esperança e Laticínios Terra Viva, mostram que tem sido, a partir de sujeitos que foram e continuam sendo considerados "perigosos" e, muitas vezes, até "pouco dados ao trabalho", que o município e a região vêm se recuperando de mais de 15 anos de decadência econômica. São esses sujeitos que hoje ressignificam suas lutas, colocam em xeque o modelo de cidade construído historicamente e dão novos significados às suas memórias e à memória municipal.

## O discurso dos excluídos: outros olhares sobre a cidade

A próxima foto (apresentada nas páginas 232 e 233) mostra as comunidades São Francisco de Assis (Conjunto Habitacional), Sagrada Família (Morro da Fumaça) e Nossa Senhora das Graças (Serra Pelada). Como se percebe, elas estão em meio a inúmeras outras residências e, espacialmente, ficam muito próximas da área central (imagem ao fundo).

---

[274] Para mais informações sobre a Laticínios Terra Viva e outras iniciativas do MST em São Miguel do Oeste, consultar Stertz (2000).

Nas três comunidades, segundo dados da Prefeitura Municipal de São Miguel do Oeste, moravam mais de 250 famílias em 2001.[275] Desse total, 147 residiam no Conjunto Habitacional; sessenta famílias, na comunidade Nossa Senhora das Graças; e 51, na comunidade Sagrada Família. Nesta última, de acordo com a prefeitura, viviam 255 pessoas em 51 residências, algumas de alvenaria e em boas condições. Na segunda, havia 150 moradores, divididos em sessenta barracos, feitos de madeira ou papelão e cobertos com lona, "sem condições adequadas de moradia".[276] Na primeira comunidade, localizada em uma região plana próxima ao rio Guamerim, residiam 735 pessoas em 124 residências. As casas, apesar de pequenas, eram todas de alvenaria; elas começaram a ser construídas e foram habitadas a partir do final da década de 1980, tendo sido ampliadas pelos próprios moradores. Das três comunidades, o Conjunto Habitacional é o local com melhor infraestrutura, contando com uma escola, igrejas, associação de moradores, ruas, luz elétrica e água encanada.

Boa parte dos moradores das três comunidades é de ex-agricultores, ex-peões de fazenda, trabalhadores e ex-trabalhadores da erva-mate, de madeireiras e da construção civil, empregadas domésticas, funcionários públicos, diaristas, coletores de material reciclável, desempregados, entre outros.

Na comunidade Sagrada Família morava, em 2003, o casal Sebastião e Maria Miranda, que me recebeu de forma bastante carinhosa em sua residência para contar parte de sua história de vida marcada pela migração, pela luta e, principalmente, pela exclusão social.

---

[275] Os dados apresentados foram fornecidos pela Secretaria Municipal de Ação Social. SÃO MIGUEL DO OESTE. Prefeitura Municipal. *Ofício n. 141/01*. São Miguel do Oeste: Secretaria Municipal de Ação Social, 9 ago. 2001.

[276] SÃO MIGUEL DO OESTE, op. cit.

Nossa Senhora → das Graças

São Francisco → de Assis

Panorâmica das comunidades analisadas
Fonte: Foto Stúdio Andrin (2000).

Maria e Sebastião nasceram em Santa Cruz do Sul (RS) e antes de se casarem, há mais de cinquenta anos, já trabalhavam na agricultura, nas terras dos pais. Depois de casados, foram para as terras do irmão de Sebastião, em Soledade (RS), e, mais tarde, resolveram migrar para São Miguel do Oeste também para trabalhar na agricultura, nas terras de outra família. Chegaram na cidade há cerca de cinquenta anos, "no tempo que a cidade era Vila Oeste", segundo Maria,[277] e na época em que "era tudo matão", segundo Sebastião.[278] Em São Miguel do Oeste, foram criados todos os filhos do casal, casal que, apesar de não ter o reconhecimento oficial, também se considera parte do grupo de pioneiros e desbravadores do município. "Quando nós entramos aqui, olha, se tivesse umas trinta casas... não tinha nem calçamento, tava começando", afirmou Maria, fazendo menção ao mato, ao barro, ao primeiro vigário, à antiga e à nova Igreja Matriz.

Segundo Sebastião, a migração para São Miguel do Oeste aconteceu só para "bater cabeça", pois a riqueza que esperava conquistar não foi conseguida, o que acabou frustrando suas expectativas de ser um "colono arrumado".

> Ele [o irmão] veio [para São Miguel] e depois foi me buscar. [...] [Viemos] pra ver se íamos ficar ricos. Porque o meu irmão ele me queria muito bem, porque eu era muito trabalhador, até era mais trabalhador do que ele, mesmo que não ia na roça [risos]. Daí ele foi lá e disse assim: 'vamos se embora pra lá. Vamos se embora se arrumar só com bicho do mato'. [...] Se não fosse os atrapalhos eu

---

[277] MIRANDA, Maria. *Entrevista concedida a Adriano Larentes da Silva*. São Miguel do Oeste, 24 jan. 2003. Acervo do autor.

[278] MIRANDA, Sebastião. *Entrevista concedida a Adriano Larentes da Silva*. São Miguel do Oeste, 24 jan. 2003. Acervo do autor.

era um colono arrumado. Pode ser que um santo dia nós podemos ir olhar a morada que eu morei [no interior].[279]

Em São Miguel do Oeste ou em Vila Oeste, Sebastião e Maria trabalhavam de agregados nos fundos das terras do patrão, com quem dividiam os lucros da colheita. Moraram ali durante alguns anos, retornaram depois para a cidade natal, em busca de trabalho nas indústrias de cigarros.

> Eu queria pegar emprego lá na firma dos americanos [Souza Cruz]. O homem disse: 'eu lhe dou um serviço muito bom pro senhor'. Até nós sentamos em uma sombra lá dos americanos. 'Mas o senhor vai trabalhar com um carinho puxar moinharada de farelo de fumo'.[280]

De acordo com Sebastião, o emprego na "firma dos americanos" só não deu certo porque ele não possuía nenhum documento de identificação na época. "Só por falta de documento que não foi tirado lá ou aqui", ele lamenta. Assim, um ano depois, o casal se viu obrigado a voltar para São Miguel do Oeste, indo novamente trabalhar de agregado para o antigo patrão. Ficaram ali por 18 anos, até que o dono das terras onde moravam resolveu expulsá-los com o auxílio de um advogado, pois temia que eles decidissem reivindicar, por usucapião, a posse do imóvel habitado.[281]

---

[279] MIRANDA, Sebastião. Op. cit.
[280] MIRANDA, Sebastião. Op. cit.
[281] O usucapião, segundo o antigo Código Civil Brasileiro, é um direito de posse de bem móvel ou imóvel, adquirido por uso pacífico e ininterrupto durante no mínimo vinte anos. Atualmente, esse prazo caiu para 15 anos com a entrada em vigor do novo Código Civil, Lei 10.406 de 10/01/2002.

"Ficamos 18 anos", afirmou Sebastião. "Nós criamos nossas crianças ali, estudamos eles ali e tudo", disse Maria. "Mas depois aí... eu fiquei velho", interrompeu Sebastião. "Eu acho que alguém [continuou Maria] colocou na cabeça do Vitório [patrão], calculo, aí ele entrou com o advogado pra tirar nós. Mas não precisava, nós não fazemos essas sujeiras pra ninguém, graças a Deus que não, mas não sei". "Porque os anos eram bastante. Mas não, nem que ficasse cem anos [...] Mas nós não íamos tomar a terra dele. Nem nunca sonhamos. Eu nem me interesso em tomar a terra dos outros", informou com tristeza e ressentimento Sebastião. "Isso é injusto", complementou Maria.

Depois de expulsos injustamente das terras onde moravam, Sebastião e Maria Miranda migraram para um terreno de uma pessoa conhecida da família que vivia na cidade, onde construíram sua casa. Segundo eles, era uma casa velha de madeira que haviam recebido "de presente" do ex-patrão pelos "serviços prestados". A casa, o único bem material que possuíam, foi vendida mais tarde pela proprietária do terreno, junto com o restante do imóvel. Sem terra e sem teto, o casal migrou por diferentes lugares da cidade e do interior.

> Nós quando saímos da terra do Vitório viemos morar aqui assim nessa mesma região, mas mais lá em cima. Depois fomos lá... no tempo do Mundo Novo, que agora é o bairro Salete, fomos morar pra lá. E daí saímos e daí morava assim... como lá na terra do Pedro Zanella. Ele meio morou lá. Eu ia daqui. Ficava com ele uma semana, vinha pra casa. Então daí nós ficamos aqui, nesses arredores.[282]

---

[282] MIRANDA, Maria. Op. cit.

"Vinte e poucos anos que nós estamos aqui a par da cidade", informou Sebastião. "Plantando na terra de um, na terra de outro, na terra de um, na terra de outro", afirmou Maria. "Na terra do Priori eu plantei seis anos. E agora que eu já não posso ir pro sol, agora estamos quietinhos. Não estamos aposentados, mas estamos quietinhos", complementou Sebastião.

Em 2003, Sebastião e Maria estavam com 70 e 67 anos, respectivamente, e moravam há pouco mais de um ano na comunidade Sagrada Família. A casa foi comprada e estava sendo paga, apesar de não ter escritura. "Temos um recibo", informou Sebastião. Antes de morar ali, também foram para a região da grande Porto Alegre "umas quantas vezes", segundo eles, até retornarem para a comunidade Nossa Senhora das Graças e, posteriormente, para a da Sagrada Família.

O caso de Maria e Sebastião não é exceção entre os moradores das três comunidades analisadas. Nelas, as constantes migrações e a exclusão social deixaram e continuam deixando marcas muito fortes, não só nas vidas dos seus moradores, mas também na vida e na memória de inúmeras pessoas da cidade e do interior. É essa, também, a realidade de Ramão dos Santos, morador do extremo oeste catarinense, desde a década de 1940, e de São Miguel do Oeste, desde 1962, momento em que chegou à cidade em busca de emprego na construção civil. "Era o começo da construção aqui na cidade de São Miguel do Oeste. Estavam fazendo uma construção grande pra botar uma loja Pernambucanas e aquele foi o começo do meu serviço aí", explica Ramão.[283]

---

[283] SANTOS, Ramão. Op. cit.

> Em 62 dá pra dizer, não tinha nada. Porque quando eu entrei aí tinha três construçõezinhas feitas com tijolo, de material, o mais era só casarada de madeira. Tinha dois comércios, duas lojazinhas. Era a Reunidas velha e a Casa Hoffman, era o comércio. [...] Esses bairros aqui, aqui era puro pinhal nessa lomba. [...] Uma capoerama, só roça dava pra dizer.[284]

Dos seus primeiros anos em São Miguel do Oeste e da época em que trabalhou na construção civil, Ramão lembra com orgulho das inúmeras obras, grandes e pequenas, que ajudou a levantar.

> Esses prédios antigos eu ajudei fazer todinhos. Aí tá o prédio do Castelli, o cinema, o hotel aquele do Dal Bosco, o hotel... como era o outro?... o hotel do Loddi, aquele lá eu ajudei construir todinho, a Ford um bom eito, a Fuca [Volkswagen] eu [também] ajudei construir. E construção pequena até não tem quantia. Trabalhei uns sete, oito anos só nessas construções antigas.[285]

Além de trabalhar na construção civil, Ramão também trabalhou, juntamente com sua esposa, Carlinda, como agregado em uma área de terras no interior de Guaraciaba durante muitos anos. Mais tarde, no entanto, ambos tiveram que deixar a agricultura, já que as terras onde trabalhavam foram comercializadas pelo proprietário. Naquele momento, o casal decidiu voltar para a cidade, foi residir no bairro São Jorge, onde permaneceu por 17 anos, até conseguir uma das casas do Conjunto Habitacional.

---

[284] SANTOS, Ramão. Op. cit.
[285] SANTOS, Ramão. Op. cit.

> Depois deu a oportunidade. A gente vivia só pagando aluguel pra lá e pra cá. Deu a oportunidade desse grupo de casa aqui. A prefeitura iniciou. Esse daqui pra baixo [em direção à escola] foi o grupo que a prefeitura fez. E daqui pra cima [em direção à área verde], essa aqui é a primeira casa, foi em mutirão, como diz o ditado. Vinte e cinco casinhas que eu ajudei a construir.[286]

Segundo Ramão, das casas que ajudou a construir, em poucas delas permaneceram residindo os antigos moradores. Isso porque muitos acabaram vendendo suas casas mesmo antes de terminar de pagá-las, indo embora para outros lugares da cidade e, principalmente, para outros municípios brasileiros. De acordo com Ramão, essa situação ocorre até hoje, apesar de poucos moradores, ou nenhum deles, terem as escrituras dos imóveis.

> Isso aí já deu muito do brique. O que tem de casinha pra vender aí não é pouca. Mas não é fácil pra vender. Porque aquele que precisa comprar uma casa ele não compra aqui. Tudo é assim meio bagunçado. O povo mais de fora tem medo de se atracar. [...] Tem outros que vendem por aí meio dadinho, tudo na escura assim. Não vai em parte nenhuma passar um papel pelo menos. [...] Tem muitas casinhas que já entrou quatro ou cinco e saiu.[287]

O vai e vem de moradores, tanto nas Casas Populares quanto nas outras duas comunidades analisadas, foi confirmado pelo líder comunitário e agente de saúde Joarez Alves de Oliveira. Segun-

---

[286] SANTOS, Ramão. Op. cit.
[287] SANTOS, Ramão. Op. cit.

do ele, a exemplo do que ocorreu em toda a região, muitas famílias saíram nos últimos anos, principalmente em busca de emprego em cidades maiores.

> Tem várias pessoas que a gente vê no dia a dia que vai e volta. Hoje, a maior parte da juventude que olha um pouco pra frente não fica aqui. Inclusive ainda ontem [04.02.03] saiu uma família daqui com quatro filhos. Foram para São Paulo trabalhar de empregados, a família toda. A gente vê dia por dia o pessoal saindo fora pra trabalhar. Isso quer dizer o que? Que nós ficamos empobrecendo cada vez mais.[288]

Para Joarez, os constantes deslocamentos de um lugar ao outro não são nenhuma novidade, já que eles também fazem parte da trajetória de sua família. O ex-agricultor Joarez morou em diferentes comunidades do interior do município até se decidir mudar para a cidade, seguindo o exemplo dos seus pais.

> A gente morou na Linha Treze de Maio, na Linha Caçador Baixo, na Linha Polaca. Nestas comunidades aí, sempre como arrendatários. [...] Até um tempo atrás, antes da agricultura entrar em crise, era muito bom viver no interior. Só que a gente não era proprietário de terra, então acabamos mudando para a cidade achando que era mais fácil viver aqui.[289]

Na cidade, o local escolhido pela família Oliveira foi a comunidade Nossa Senhora das Graças, onde Joarez residiu durante dez

---

[288] OLIVEIRA, Joarez Alves. Op. cit.
[289] OLIVEIRA, Joarez Alves. Op. cit.

anos, quando se mudou para o Conjunto Habitacional. Durante os dez anos, Joarez trabalhou com o pai como diarista em fazendas do município. Mais tarde, arrumou um emprego como descarregador de caminhões em uma cooperativa da cidade.

> Antes de vim morar aqui no conjunto habitacional eu morava no bairro Salete, próximo ao Municipal, na favela [Serra Pelada]. Eu morei dez anos ali. [...] Não tinha outra opção. Porque não tinha como comprar um terreno. Pagar aluguel também não tinha como. [...] Através dos parentes chegou ao conhecimento das casinhas lá [na favela] que eles compravam e vendiam. Então foi em uma dessas que a gente comprou. O pai primeiro comprou e depois a gente também acabou comprando lá em cima. [...] Foi muito difícil. Quando eu entrei ali a gente trabalhava como diarista. Eu trabalhei três anos a fio com o Bock nas fazendas. O pai também trabalhava [com ele] nessa época lá. A gente levantava de manhã, saía as seis e meia de casa e regressava as sete da noite. [...] Depois, como a gente ficou mais conhecido no comércio eu acabei trabalhando então como chapa [carga e descarga de caminhões] na cooperativa [Cooper São Miguel]. Eu trabalhei seis anos na cooperativa. [...] Era direto o serviço. No tempo de safra, de colheita, fazia dois turnos, um de dia e outro a noite. Era quase mais difícil do que na roça. Porque era mais pesado.[290]

Lurdes Gomes, outra moradora da comunidade Nossa Senhora das Graças, também teve de se adaptar à vida na cidade. Filha de ex-agricultores, Lurdes viu sua família perder as terras que tinha no interior depois que seu pai ficou doente, sendo obrigada a seguir jun-

---

[290] OLIVEIRA, Joarez Alves. Op. cit.

to com a família, primeiramente, para terras de terceiros, onde trabalhavam de agregados, e, depois, para as margens da BR-282, onde passaram a lidar com a erva-mate.

> Nós tínhamos terra. Depois quando o meu pai começou [a ficar doente], ele sofria das juntas, caía devarde, aí fomos vendendo, botamos tudo fora. Daí nós não tínhamos onde morar. Nós parávamos de agregados, não deu certo e fomos lá pra beira do asfalto, fomos trabalhar na erva. E aqui e ali terminou com todas as coisas dentro de casa, porque o acampamento estraga. Estragou tudo, ficamos sem nada. Aí depois foi, nós viemos morar ali [na comunidade Nossa Senhora das Graças], eu era solteira. Fiquei um ano assim morando com a mãe. Depois faleceu primeiro o pai, faleceu a mãe, continuamos junto com os irmãos trabalhando, ajudando a criar os outros, os menores, aí depois eu casei.[291]

Lurdes, mesmo depois de casada e morando na comunidade Nossa Senhora das Graças, o esposo e os irmãos continuaram trabalhando na erva-mate.

> Trabalhava na erva. Só vinha pra casa a cada um mês, três meses. Daí nós vínhamos em casa ver como estava. [...] Nós íamos em todos os lugares. Até pra União da Vitória (PR) nós andamos. Nós batemos cabeça, andamos muito com o caminhão. [...] Todos nós que se criamos, nós éramos em dez com os velhos, trabalhamos todo mundo na erva.[292]

---

[291] GOMES, Lurdes. *Entrevista concedida a Adriano Larentes da Silva*. São Miguel do Oeste, 5 fev. 2003. Acervo do autor.
[292] GOMES, Lurdes. Op. cit.

Depois de muitos anos na "luta da erva", Lurdes se dedicou à coleta de materiais recicláveis. Ela era uma das associadas da Acomar, entidade que redefiniu a trajetória de vida de muitos moradores pobres de São Miguel do Oeste e região. Foi graças ao trabalho com materiais recicláveis e à entrada na Acomar que Lurdes pôde não só melhorar sua condição de vida, construindo uma nova casa na comunidade onde mora, mas também mudar a sua relação com a cidade.

> Mudou. Agora eles [os comerciantes e moradores da cidade] tratam muito mais bem a gente do que antes. Antes eles diziam: 'eu não vou te dar papel por causa que você não é do grupo'. E restringiam. Eu dizia pra eles, vocês dão se querem, é de vocês. E daí agora mudou muito, mudou bastante. Agora eles chamam e perguntam se é da Acomar, a gente diz que é, daí eles leem a camisa da gente. Eles mudaram bastante.[293]

Portanto, o fato de Lurdes ser uma papeleira associada à Acomar permitiu-lhe ser tratada de forma diferente da de momentos anteriores, quando recolhia materiais recicláveis de forma independente ou mesmo quando trabalhava na erva. "Agora eles chamam e perguntam, leem a camisa da gente, eles mudaram bastante", ela informou, demonstrando ter orgulho do que faz. É esse orgulho e essa elevação de autoestima que permite a Lurdes e aos outros papeleiros e papeleiras circularem pela cidade rompendo fronteiras e se posicionando com firmeza contra a discriminação existente.

---

[293] GOMES, Lurdes. Op. cit.

Não é todos. Não é como eles pensam. Uns dizem: 'tenho medo até de passar naquela rua lá'. Eu digo, não é bem assim como vocês tão pensando. Ali tem gente que passa de madrugada, [...] e nunca aconteceu nada. [...] Não é mais como era uma vez. Hoje mudou bastante.[294]

Lurdes, Joarez, Ramão, Maria, Sebastião, Carlinda, Vitório, Nelcy, Terezinha, Dinarte, Arthur, Maria Terezinha, Eduardo, Catarina, Emília, Davi, Maria Edir, Ilair. Esses são alguns nomes de pessoas que sonham e que lutam diariamente contra a exclusão e por uma vida melhor. Pessoas como essas dão uma nova dinâmica a São Miguel do Oeste hoje, fazendo com que a cidade, o campo e a memória sejam repensados e reconstruídos cotidianamente.

---

[294] GOMES, Lurdes. Op. cit.

# Considerações finais

Neste livro, procurei mostrar a pluralidade de sujeitos e territórios existentes em São Miguel do Oeste em diferentes momentos da história local. O ponto de partida foi a festa de aniversário da cidade em 1984, momento em que houve a reconstrução da história municipal, trazendo à tona os chamados "pioneiros e desbravadores" do município.

Segundo o discurso oficial, construído durante as comemorações dos trinta anos de São Miguel do Oeste, foi graças à presença do grupo pioneiro, identificado na época como "bandeirantes do século XX", que a cidade pôde crescer e se desenvolver a partir da década de 1940. Foi graças a eles também, de acordo com o mesmo discurso, que uma região de "puro mato" deu lugar a uma cidade "pujante", denominada pelas autoridades migueloestinas como a "capital polivalente de Santa Catarina".

Grande parte dos sujeitos colocados em evidência em 1984 pertencia ao grupo que ascendeu oficialmente ao poder local a partir de 1954, com a instalação do município e a primeira eleição para prefeito e vereadores. Esse grupo era formado, predominantemente, por pessoas do sexo masculino, com bom poder aquisitivo, ligadas etnicamente aos "de origem" italiana e alemã e pertencentes às camadas urbanas. Eram comerciantes, donos de madeireiras e serrarias, proprietários de terras e outros sujeitos que, mesmo ocupando lugares de prestígio desde o início da colonização na década de 1940, foram obrigados a se adaptar ao discurso nacionalista, predominante na região oeste durante o período anterior à emancipação de São Miguel do Oeste. Segundo mostrou Nodari (1999), foi esse discurso que possibilitou a manutenção de uma "elite de origem portuguesa", no poder até 1954, elite que ditava as normas da política regional, colocando os colonos "de origem" em segundo plano.

A construção da imagem e da memória municipal a partir do início da década de 1980, ao mesmo tempo que deu visibilidade àqueles que acenderam ao poder em 1954, deixou à margem sujeitos que já estavam excluídos da cidade, apesar de esses sujeitos estarem naquele espaço desde antes de sua constituição como cidade. Com a chegada dos colonizadores, esses sujeitos foram transformados em "intrusos", não só por estarem em terras a serem vendidas aos colonos "de origem", mas também por não se adaptarem ao modelo de cidade e de crescimento que começou a ser posto em prática a partir de então. Assim, mesmo que tenham ajudado a "fazer a cidade" de São Miguel do Oeste e que tenham sido extremamente necessários em serrarias, madeireiras, na abertura de estradas, no transporte de balsas, na agricultura e em outras atividades, os antigos moradores continuaram sendo associados ao atraso e vistos como o*utsiders*, ou "de fora", apesar de estarem há muito tempo na região ou de serem oriundos dos mesmos locais de origem daqueles que se autointitularam "estabelecidos".

Essa percepção, relacionada especialmente a caboclos, indígenas e afrodescendentes, esteve presente ao longo de toda a história municipal, atingindo também, em determinados momentos, boa parte dos "de origem", principalmente os pequenos agricultores com poucos recursos financeiros. Isso ocorreu à medida que esses agricultores transgrediram os limites da cidade e burlaram as normas estabelecidas, colocando em xeque os discursos de progresso e de urbanidade construídos pela elite local. Da mesma forma, todos esses moradores foram transformados em sujeitos "perigosos" a partir da década de 1980, porque passaram a fazer parte dos novos movimentos sociais que emergiram na cidade e na região naquele momento. Além disso, muitos se juntaram aos outros moradores economicamente pobres, formando na cidade novos espaços de segregação e de pobreza. Esses espaços, tratados na parte final deste livro, aparecem em meio a inúmeros acontecimentos políticos, sociais, culturais e econômicos e a discursos que mostravam a cidade como o lugar da materialização das grandes obras e empreendimentos, como espaço de organização, de higiene e de civilidade. Essa forma de pensamento predominou em São Miguel do Oeste e em outras cidades brasileiras durante muitos anos, mantendo-se presente até os dias de hoje entre autoridades e lideranças locais, estaduais e nacionais.

Toda a discussão proposta nesta obra visa entender os discursos atuais sobre o urbano e a memória, mostrando que ambos são produto de uma construção que é, ao mesmo tempo, recente e antiga. A partir dessa discussão, percebe-se que os novos territórios segregados, atualmente existentes em São Miguel do Oeste, são resultado de um processo histórico de exclusão e uma das consequências do modelo de cidade implantado a partir da década de 1940.

Com base nas informações apresentadas ao longo deste livro, é possível afirmar que os discursos sobre progresso, pobreza e "favela" serviram também para legitimar a exclusão de inúmeros sujeitos da memória oficial, ao mesmo tempo que a participação desses sujeitos em movimentos e grupos organizados foi extremamente importante para que eles transformassem seu cotidiano, reconstruindo o urbano e a memória municipal.

# Referências

AMIN, Esperidião. **A vez do pequeno**: uma experiência de governo. Florianópolis: Casa Civil, 1985.

_____. **Carta dos catarinenses**: Santa Catarina: um compromisso com o futuro. Florianópolis: Casa Civil, 1982.

ARRUDA, Gilmar. **Cidades e sertões**: entre a história e a memória. Bauru: Edusc, 2000.

ASPECTOS do Contestado. **Cadernos de Cultura Catarinense**, Florianópolis, ano I, n. 1, jul./set. 1984.

BAVARESCO, Paulo Ricardo. **Ciclos econômicos regionais**: modernização e empobrecimento no Extremo Oeste catarinense. Chapecó: Argos, 2005.

BENJAMIN, Walter. **Magia e técnica, arte e política**: ensaios sobre literatura e história da cultura. São Paulo: Brasiliense, 1985.

BHABHA, Homi K. **O local da cultura**. Belo Horizonte: Ed. UFMG, 1998.

BOITEUX, José Arthur. **Oeste catharinense**: de Florianópolis a Dionísio Cerqueira. Florianópolis: Livraria Central, 1931.

BRANCHER, Ana. **História de Santa Catarina**: estudos contemporâneos. Florianópolis: Letras Contemporâneas, 1999.

BRESCIANI, Stella; NAXARA, Márcia (Orgs.). **Memória e (re)sentimento**: indagações sobre uma questão sensível. Campinas: Ed. Unicamp, 2001.

CANCLINI, Nestor Garcia. **Culturas híbridas**: estratégias para entrar e sair da modernidade. São Paulo: EDUSP, 1998.

CANEVACCI, Massimo. **A cidade polifônica**: ensaio sobre a antropologia da comunicação urbana. São Paulo: Stúdio Nobel, 1993.

_____. **Sincretismos**: uma exploração das hibridações culturais. São Paulo: Stúdio Nobel, 1996.

CATROGA, Fernando. Memória e história. In: PESAVENTO, Sandra Jatahy (Org.). **Fronteiras do milênio**. Porto Alegre: Ed. UFRGS, 2001.

CERTEAU, Michel de. **A invenção do cotidiano**: artes de fazer. 6. ed. Petrópolis: Vozes, 2001.

CHALHOUB, Sidney. **Cidade febril**: cortiços e epidemias na Corte Imperial. São Paulo: Companhia das Letras, 1996.

CNBB. **Propriedade e uso do solo urbano**: situações, experiências e desafios pastorais. São Paulo: Edições Paulinas, 1981.

COSTA, A. Ferreira. **Oeste catarinense**: visões e sugestões de um excursionista. Rio de Janeiro: Vilas Boas e Cia., 1929.

D'EÇA, Othon G. **Aos espanhóis confinantes**. 2. ed. Florianópolis: Fundação Catarinense de Cultura/Fundação Banco do Brasil/UFSC, 1992.

DE BONA, Avelino. **Evolução histórica de São Miguel do Oeste**. São Miguel do Oeste: Mclee, 2004.

DE MASI, Domenico (Org.). **A economia do ócio**. 2. ed. São Paulo: Sextante, 2001.

DONZELOT, Jacques. **A polícia das famílias**. 2. ed. Rio de Janeiro: Graal, 1986.

DUBY, Georges. Lição de História. **Veja 25 anos**, reflexões para o futuro. São Paulo: Abril, 1993.

ELIAS, Norbert; SCOTSON, John L. **Os estabelecidos e os outsiders**: sociologia das relações de poder a partir de uma pequena comunidade. Rio de Janeiro: Jorge Zahar, 2000.

ESPÍNDOLA, Carlos José. **As agroindústrias no Brasil**: o caso Sadia. Chapecó: Grifos, 1999.

FIORINI, Cleusa de Fátima. **A vida e a obra cultural de Aurélio Canzi**. São Miguel do Oeste: GBS, 1999.

FLORES, Maria Bernardete Ramos; WOLFF, Cristina Scheibe. **Oktoberfest**: turismo, festa e cultura na estação do chopp. Florianópolis: Letras Contemporâneas, 1997.

_____; CZESNAT, Lígia O. O grande teatro público: Oktoberfest – a construção cultural de uma festa municipal. **Revista Catarinense de História**, Florianópolis, n. 3, p. 15-27, 1995.

FOLCLORE de Santa Catarina: alguns temas. **Cadernos de Cultura Catarinense**, Florianópolis, ano I, n. 2, abr./jun. 1985.

FONTANA, Airton (Org.). **Construindo a sustentabilidade**: uma perspectiva para o desenvolvimento regional. São Miguel do Oeste: McLee, 2001.

FOUCAULT, Michel. **A ordem do discurso**. São Paulo: Loyola, 1996.

FRANCISCO, Carmen Dal Magro. **Novo corredor turístico para o Mercosul e sua importância para as estâncias hidrominerais do extremo-oeste catarinense**. Itajaí: Univali, 1998.

GIOVANAZ, Marlise. Em busca da cidade ideal: o planejamento urbanístico como objeto da história cultural. **Revista Anos 90**, Porto Alegre, n. 14, dez. 2000.

GRANDO, Paulo J. O extremo-oeste catarinense: características da organização espacial e perspectiva de desenvolvimento sócio-econômico. In: FONTANA, Airton (Org.). **Construindo a sustentabilidade**: uma perspectiva para o desenvolvimento regional. São Miguel do Oeste: McLee, 2001.

GUARINELLO, Norberto Luiz. Festa, trabalho e cotidiano. In: JANCSÓ, István; KANTOR, Íris (Orgs.). **Festa**: cultura e sociabilidade na América portuguesa. São Paulo: Hucitec/Edusp/Fapesp/Imprensa Oficial, 2001. (Coleção Estante USP – Brasil 500 Anos, v. 2).

HALL, Stuart. Quem precisa da identidade. In: SILVA, Tomaz T. (Org.). **Identidade e diferença**: a perspectiva dos estudos culturais. Petrópolis: Vozes, 2000.

HASS, Mônica. **Os partidos políticos e a elite chapecoense**: um estudo do poder local – 1945-1965. Chapecó: Argos, 2000.

HEINEN, Luís. Colonização e desenvolvimento do oeste de Santa Catarina. In: PARÓQUIA SÃO MIGUEL ARCANJO. **50 anos de caminhada**: 1950-2000. São Miguel do Oeste, 2000.

HOBSBAWM, Eric. **Sobre a História**. São Paulo: Companhia das Letras, 1998.

_____; RANGER, Terence (Orgs.). **A invenção das tradições**. Rio de Janeiro: Paz e Terra, 1984.

HOLSCHER, Edvino C. História de Guaraciaba. Livros 1-2 Man. In: HOELSCHER, Adelir C. **Linha Olímpio**: uma comunidade e sua memória. 1999. Trabalho de Conclusão de Curso (Graduação em História) – Universidade do Oeste de Santa Catarina, Chapecó, 1999.

IMIGRAÇÃO e colonização: o patrimônio cultural do imigrante. **Cadernos de Cultura Catarinense**, Florianópolis, ano I, n. 1, out./dez. 1984.

INSTITUTO BRASILEIRO DE GEOGRAFIA E ESTATÍSTICA. **Censo demográfico de 1960**: Santa Catarina. VII Recenseamento Geral do Brasil, v. I, tomo XV, 1. parte. Rio de Janeiro, 1968.

_____. **Censo demográfico de 1970**: Santa Catarina. VIII Recenseamento Geral do Brasil, v. I. Rio de Janeiro, 1973.

_____. **Censo demográfico de 1980**: Santa Catarina. IX Recenseamento Geral do Brasil, v. I. Rio de Janeiro, 1982.

_____. **Censo demográfico de 1991**: Santa Catarina. Rio de Janeiro, 1994.

_____. **Enciclopédia dos municípios brasileiros**. v. 32. Rio de Janeiro, 1959.

JANCSÓ, István; KANTOR, Íris (Orgs.). **Festa**: cultura e sociabilidade na América Portuguesa. São Paulo: Hucitec/Edusp/Fapesp/Imprensa Oficial, 2001. (Coleção Estante USP – Brasil 500 Anos, v. 2).

KAINGANG: revisão bibliográfica crítica sobre organização social. **Cadernos do CEOM**, Chapecó, ano 6, n. 8, 1992.

LE GOFF, Jacques. **História e memória**. 3. ed. Campinas: Unicamp, 1994.

LIPOVETSKY, Gilles. **A era do vazio**. Lisboa: Gallimard, 1983.

LUCENA, Célia Toledo. **Artes de lembrar e de inventar**: (re)lembranças de migrantes. São Paulo: Arte & Ciência, 1999.

MACHADO, Nelson Santos (Org.). **Planejamento estratégico e participativo para o desenvolvimento sustentável do município de São Miguel d' Oeste**. São Miguel do Oeste: UNOESC/Prefeitura Municipal/Conselho de Desenvolvimento Municipal, 1995.

MAFFESOLI, Michel. **A contemplação do mundo**. Porto Alegre: Artes e Ofícios, 1995.

_____. Liberdades Intersticiais. In: MORIN, Edgar; BAUDRILLARD, Jean; MAFFESOLI, Michel. **A decadência do futuro e a construção do presente**. Florianópolis: UFSC, 1993.

MOREIRA, Antonio C. **A produção do espaço e a mudança de cultura na área rural de São Miguel do Oeste, de 1950 a 1980**. 1990. 49 f. Monografia (Pós-Graduação em Geografia Humana II) – FAFIG, Guarapuava, 1990.

_____; TRENTIN, Eneida L. **Relatório final da prática de ensino supervisionada do curso de estudos sociais**. Chapecó: Fundeste, 1985.

MOREIRA, Igor. **Construindo o espaço brasileiro**. 2. ed. v. 2. São Paulo: Ática, 2001.

MORIN, Edgar; BAUDRILLARD, Jean; MAFFESOLI, Michel. **A decadência do futuro e a construção do presente**. Florianópolis: UFSC, 1993.

NAXARA, Márcia. Natureza e civilização: sensibilidades românticas em representações do Brasil no século XIX. In: BRESCIANI, Stella; NAXARA, Márcia (Orgs.). **Memória e (res)sentimento**: indagações sobre uma questão sensível. Campinas: Ed. Unicamp, 2001.

NETO, Augusto Alberto [Nelci Andrado Mittmann]. **Deu mico no milharal**. São Miguel do Oeste: Edição do autor, 1984. (Série Os Desbravadores, v. I).

_____. Pioneiro, potro, chucro! Extremo Oeste, São Miguel do Oeste, 11 maio 1979. In: MOREIRA, Antonio C.; TRENTIN, Eneida L. **Relatório final da prática de ensino supervisionada do curso de estudos sociais**. Chapecó: Fundeste, 1985. p. 99-102. (Anexos).

NODARI, Eunice. **A renegociação da etnicidade no oeste de Santa Catarina (1917-1954)**. 1999. Tese (Doutorado em História) – Pontifícia Universidade Católica, Porto Alegre, 1999.

NORA, Pierre. Entre memória e história: a problemática dos lugares. In: **PROJETO História**. São Paulo, dez. 1993.

OLINGER, Glauco. **Êxodo rural**: campo ou cidade? Florianópolis: Acaresc, 1991.

OLIVEIRA, Daltro de. **O papel da avenida Willy Barth no processo de urbanização da cidade de São Miguel do Oeste**. 2002. Trabalho de Conclusão de Curso (Pós-Graduação em Planejamento Urbano Regional e Ambiental) – Universidade do Oeste de Santa Catarina, Xanxerê, 2002.

PARA uma história dos índios do oeste catarinense. **Cadernos do CEOM**, Chapecó, ano 4, n. 6, 1989.

PARÓQUIA SÃO MIGUEL ARCANJO. **50 anos de caminhada**: 1950-2000. São Miguel do Oeste, 2000.

PAULI, Celi Fátima de. **Além da esperança**. Descanso: Mclee, 1995.

PECHMAN, Sérgio; FRITSCH, Lilian. A reforma urbana e o seu avesso: algumas considerações a propósito da modernização do Distrito Federal na virada do século. **Revista Brasileira de História**, São Paulo, v. 5, n. 8/9,1985.

PESAVENTO, Sandra Jatahy (Org.). **Fronteiras do milênio**. Porto Alegre: Ed. UFRGS, 2001.

_____. **Os pobres da cidade**: vida e trabalho – 1880-1920. Porto Alegre: Ed. UFRGS, 1994.

PIERUCCI, Flavio. **Ciladas da diferença**. São Paulo: Editora 34, 1999.

POLI, Jaci. Caboclo: Pioneirismo e Marginalização. **Cadernos do Centro de Organização da Memória Sócio-Cultural do Oeste de Santa Catarina**, Chapecó, ano 5, n. 7, abr. 1991.

POLI, Odilon. **Leituras em movimentos sociais**. Chapecó: Grifos, 1999.

RENK, Arlene. **A luta da erva**: um ofício étnico no oeste catarinense. Chapecó: Grifos, 1997.

_____. **Migrações**. Chapecó: Grifos, 1999.

_____. **Questões sobre migração urbana e o êxodo rural em Chapecó**. Chapecó: Fundeste, 1991 (Série Interdisciplinar, n. 1).

_____. **Sociodicéia às avessas**. Chapecó: Grifos, 2000.

REVISTA ANOS 90. Porto Alegre: [s. n.], n. 14, dez. 2000.

REVISTA BRASILEIRA DE HISTÓRIA: Cultura e cidades. São Paulo: Anpuh/Marco Zero, v. 5, n. 8/9, 1985.

RIBEIRO, Gil B. **Evangelho político**: discurso social-político da Igreja. Goiânia: UCG, 1999.

ROANI, Inês. **Eu, você e o mar**. 5. ed. Passo Fundo: Berthier, 1993.

ROCHA, Mariza de Martini. **A colonização de São Miguel do Oeste**. 1994. Trabalho de Conclusão de Curso (Graduação em História) – Universidade Federal de Santa Catarina, Florianópolis, 1994.

RODRIGUES, Ciro Domingos. **Movimentos sociais agrários no extremo-oeste catarinense a partir de 1980**. São Miguel do Oeste: Unoesc, 2002.

RODRIGUES, Paulo Edson Dias. **Os prefeitos de São Miguel do Oeste no século XX**. São Miguel do Oeste: Mclee, 2004.

ROMERO, Silvio. **O elemento portuguez no Brazil** (Conferência). Lisboa: Typ. da Companhia Nacional Editora, 1902.

SADER, Eder. **Quando novos personagens entraram em cena**: experiências e lutas dos trabalhadores da grande São Paulo, 1970-1980. Rio de Janeiro: Paz e Terra, 1988.

SANTOS, Milton. **Por uma outra globalização**: do pensamento único à consciência universal. 6. ed. Rio de Janeiro: Record, 2001.

SANTOS, Sílvio Coelho. **Índios e brancos no Sul do Brasil**. Florianópolis: Edeme, 1973.

SASSI, Guido Wilmar. **São Miguel**. 2. ed. Rio de Janeiro: Antares/MEC, 1979.

SCHREINER, Davi Felix. **A formação de uma cultura do trabalho**: cotidiano, trabalho e poder (extremo oeste do Paraná – 1970/1988). 1994. Dissertação (Mestrado em História) – Universidade Federal de Santa Catarina, Florianópolis, 1994.

SCOBAR, Marilene Mari. **(Re)Memorando**: a passagem da Coluna Prestes pelo extremo oeste catarinense e extremo sudoeste paranaense. São Miguel do Oeste: Unoesc, 2001.

SEIXAS, Jacy A. Percursos de memórias em terras de história: problemáticas atuais. In: BRESCIANI, Stella; NAXARA, Márcia (Orgs.). **Memória e (re)sentimento**: indagações sobre uma questão sensível. Campinas: Ed. Unicamp, 2001.

SERPA, Élio Cantalício. A identidade catarinense nos discursos do Instituto Histórico e Geográfico de Santa Catarina. **Revista de Ciências Humanas**, Florianópolis, v. 14, n. 20, p. 72, 1996.

SILVA, Adriano Larentes da. **Fazendo cidade**: a construção do urbano e da memória em São Miguel do Oeste-SC. 2004. 213p. Dissertação (Mestrado em História) – Universidade Federal de Santa Catarina, Florianópolis, 2004.

_____. **Morro da penitenciária**: uma experiência de luta pela terra. 2001. Trabalho de Conclusão de Curso (Graduação em História) – Universidade Federal de Santa Catarina, Florianópolis, 2001.

SILVA, Fábio José. **Medo branco de sombras indígenas**: o índio no imaginário dos moradores do Vale do Itajaí. 2003. Trabalho de Conclusão de Curso (Graduação em História) – Universidade Federal de Santa Catarina, Florianópolis, 2003.

SILVA, Tomaz T. (Org.). **Identidade e diferença**: a perspectiva dos estudos culturais. Petrópolis: Vozes, 2000.

SIMONI, Karine. **Além da enxada**: a colonização italiana no oeste catarinense. 2003. Dissertação (Mestrado em História) – Universidade Federal de Santa Catarina, Florianópolis, 2003.

SPENASSATTO, Ledia A. P. **A importância da imigração em São Miguel do Oeste para o desenvolvimento regional**. São Miguel do Oeste: Gráfica e Editora Ryus Ltda., 2008. p. 16.

STAUB, Euclides. **História do povoamento de São Miguel d'Oeste segundo os primeiros moradores**. 1996. Trabalho de Conclusão de Curso (Graduação em História) – Universidade do Oeste de Santa Catarina, Chapecó, 1996.

STERTZ, Marilene. **O rádio nos assentamentos rurais**: um estudo do rádio nos assentamentos do município de São Miguel do Oeste, Santa Catarina. 2000. Dissertação (Mestrado em Comunicação Social) – Universidade Metodista, São Bernardo do Campo, 2000.

STORCH, Robert. O policiamento do cotidiano na cidade vitoriana. **Revista Brasileira de História**, São Paulo, v. 5, n. 8/9, 1985.

STRAPAZZON, João Paulo. **E o verbo se fez terra**: Movimento dos Trabalhadores Rurais Sem Terra (SC) 1980-1990. Chapecó: Grifos, 1997.

TELLES, Marcos. **Vila Oeste, Porco Dio!** São Miguel do Oeste, 1984b.

TIETJEN, Elizonete. **A luta pela terra no morro da penitenciária e a contribuição do Serviço Social**. 1994. Trabalho de Conclusão de Curso (Graduação em Serviço Social) – Universidade Federal de Santa Catarina, Florianópolis, 1994.

UCZAI, Pedro (Org.). **Dom José Gomes**: mestre e aprendiz do povo. Chapecó: Argos, 2002.

VOVELLE, Michel. **Ideologias e mentalidades**. 2. ed. São Paulo: Brasiliense, 1991.

WERLANG, Alceu Antônio. **A colonização as margens do rio Uruguai no extremo oeste catarinense**: atuação da Cia. Territorial Sul Brasil – 1925 a 1954. 1992. Dissertação (Mestrado em História) – Universidade Federal de Santa Catarina, Florianópolis, 1992.

WERLE, André Carlos. **O reino jesuítico germânico nas margens do rio Uruguai**: aspectos da formação da colônia Porto Novo (Itapiranga). 2001. Dissertação (Mestrado em História) – Universidade Federal de Santa Catarina, Florianópolis, 2001.

## Jornais e revistas impressos

### A Voz da Fronteira

15 de fevereiro: 8º aniversário da instalação do município de São M. do Oeste. **A Voz da Fronteira**, São Miguel do Oeste, n. 9, 18 fev. 1962.

30 de dezembro: dia do município. **A Voz da Fronteira**, São Miguel do Oeste, n. 4, 7 jan. 1962.

**A Voz da Fronteira**. São Miguel do Oeste, n. 40, 28 out. 1962.

_____. São Miguel do Oeste, n. 45, 2 ago. 1959.

CURY, Camilo. Deus meu!!! **A Voz da Fronteira**, São Miguel do Oeste, n. 46, 16 dez. 1962.

É verdade triste realidade. **A Voz da Fronteira**, São Miguel do Oeste, n. 42, 12 jul. 1959.

GEVAERD, Victor N. Perfume e insetos. **A Voz da Fronteira**, São Miguel do Oeste, n. 6, 28 jan. 1962.

HOJE, às 11 horas, inauguração da força e luz dos novos motores. **A Voz da Fronteira**, São Miguel do Oeste, ano II, n. 63, p. 1, 6 dez. 1959.

LEIS sancionadas pelo sr. Prefeito Municipal. **A Voz da Fronteira**, São Miguel do Oeste, n. 60, 15 nov. 1959.

O extremo oeste catarinense será dotado de moderno frigorífico. **A Voz da Fronteira**, São Miguel do Oeste, n. 16, p. 1, 8 abr. 1962.

PICHETTI, Antonio. Frigorífico São Miguel S/A. **A Voz da Fronteira**, São Miguel do Oeste, n. 17, p. 1, 15 abr. 1962.

SILVA, P. Olívio da. Exigimos respeito, apelamos pela ordem e queremos dormir tranqüilos. **A Voz da Fronteira**, São Miguel do Oeste, n. 19, 6 maio 1962.

TRECHO da mensagem do candidato a prefeito Sr. Avelino De Bona. **A Voz da Fronteira**, São Miguel do Oeste, n. 44, 26 jul. 1959.

UM gigante idealizado. **A Voz da Fronteira**, São Miguel do Oeste, n. 62, 29 nov. 1959.

VOCÊ SABIA?... **A Voz da Fronteira**, São Miguel do Oeste, n. 43, 25 nov. 1962.

VOCÊ SABIA?... **A Voz da Fronteira**, São Miguel do Oeste, n. 44, 2 dez. 1962.

## *A Voz de Chapecó*

**A Voz de Chapecó**. Chapecó, 4 set. 1949.

_____. Chapecó, 7 nov. 1948.

## *Correio Riograndense*

6.500 lotes coloniais à venda pela nova "colonização oeste" de propriedade da firma Barth/Annoni & Cia. Ltda. **Correio Riograndense**, Garibaldi, p. 4, 19 jun. 1946.

## *Folha do Oeste – Chapecó*

FILIBERTO Miguel informa: de São Miguel do Oeste. **Folha do Oeste**, Chapecó, ano 5, n. 184, p. 6, 8 fev. 1969.

MUNICÍPIO modelo é São Miguel do Oeste. **Folha do Oeste**, Chapecó, ano 2, n. 66, p. 2, 23 abr. 1966.

SÃO Miguel do Oeste comemora com festividades seu 15º aniversário de emancipação política. **Folha do Oeste**, Chapecó, ano 5, n. 185, p. 3-5, 15 fev. 1969.

## *Folha do Oeste – São Miguel do Oeste*

A pedido: plano de assassinato de Dom José Gomes, bispo de Chapecó. Como a UDR planeja os assassinatos. **Folha do Oeste**, São Miguel do Oeste, p. 8, 24 out. 1987.

BAIRRO São Jorge, o antigo Barro Preto. **Folha do Oeste**, São Miguel do Oeste, 17 jun. 1989.

DE MARTINI, Jarcy Antonio. Hino de São Miguel do Oeste. **Folha do Oeste**, São Miguel do Oeste, ano 18, n. 814, 9 fev. 2002. Suplemento especial.

DEMOLIDO prédio que foi moinho. **Folha do Oeste**, São Miguel do Oeste, 23 set. 1989.

**FOLHA do Oeste**. São Miguel do Oeste, p. 1, 2 abr. 1987.

INAUGURADO Museu Histórico de São Miguel. **Folha do Oeste**, São Miguel do Oeste, ano 2, n. 108, p. 12, 20 fev. 1988.

MUITAS ocorrências nas casas populares. **Folha do Oeste**, São Miguel do Oeste, 28 jan. 1990.

PLANTÃO policial: muitas ocorrências nas casas populares. **Folha do Oeste**, São Miguel do Oeste, p. 12, 28 jan. 1990.

SÃO Luiz, um bairro com problemas. **Folha do Oeste**, São Miguel do Oeste, 27 maio 1989.

## *Jornal Regional*

**JORNAL Regional**. São Miguel do Oeste, 6 nov. 1993.

## *O Celeiro*

CAPITAL polivalente de Santa Catarina. **O Celeiro**, São Miguel do Oeste, ano 1, n. 10, p. 2, 15 fev. 1984. Edição especial.

CASO dos favelados: comunidade pode encontrar soluções. **O Celeiro**, São Miguel do Oeste, p. 18-19, 13 out. 1984.

CINCO dias de cultura. **O Celeiro**, São Miguel do Oeste, 6 out. 1984.

COMISSÃO de cadastramento apresenta relatório. **O Celeiro**, São Miguel do Oeste, p. 1, 31 jan. 1985.

ÊXITO total na festa dos 30 anos. **O Celeiro,** São Miguel do Oeste, ano 1, n. 11, p. 1, 19 fev. 1984.

FAMÍLIA acampada no acesso à BR-282. **O Celeiro**, São Miguel do Oeste, 22 set. 1984.

FESTA dos 30 anos foi um sucesso. **O Celeiro**, São Miguel do Oeste, ano 1, n. 11, p. 10, 19 fev. 1984.

GRUPO Belfim-Imperial lança mais um edifício residencial. **O Celeiro**, São Miguel do Oeste, p. 15, 25 dez. 1983.

IBGE divulga estimativa populacional dos municípios de Santa Catarina. **O Celeiro**, São Miguel do Oeste, 27 out. 1985.

LUIZ Basso, candidato nato à presidencia da câmara. **O Celeiro**, São Miguel do Oeste, 31 jan. 1985.

MOURA, James. Os 30 anos de SMOeste. **O Celeiro**, São Miguel do Oeste, ano 1, n. 42, 22 set. 1984. Coluna Ponto Crítico, p. 21.

NA beira da estrada: miséria e esperança. **O Celeiro**, São Miguel do Oeste, p. 8-9, 22 set. 1984.

**O Celeiro**. São Miguel do Oeste, 9 jun. 1985.

_____. São Miguel do Oeste, p. 11, 27 out. 1985.

O dia do município. **O Celeiro**, São Miguel do Oeste, ano 1, n. 4, p. 2, 7 jan. 1984.

POLÍCIA Rodoviária Federal acaba com favela na BR-282. **O Celeiro**, São Miguel do Oeste, 30 out. 1986.

PREFEITURA convoca comunidade para questão dos favelados. **O Celeiro**, São Miguel do Oeste, p. 2, 15 nov. 1984.

PRONTA a programação geral da Festa da Cultura. **O Celeiro**, São Miguel do Oeste, ano 1, n. 42, p. 17, 22 set. 1984.

SÃO Miguel do Oeste na trilha do progresso: o primeiro arranha-céu da cidade. **O Celeiro**, São Miguel do Oeste, p. 19, 2 jun. 1984.

SÃO Miguel do Oeste ontem, hoje, amanhã. **O Celeiro**, São Miguel do Oeste, ano 1, n. 27, p. 13, 9 jun. 1984.

SÃO Miguel foi destaque no II Encontro Regional de Cultura. **O Celeiro**, São Miguel do Oeste, ano 1, n. 26, p. 15, 2 jun. 1984.

SÃO Miguel sedia II Encontro Regional de Cultura. **O Celeiro**, São Miguel do Oeste, ano 1, n. 23, p. 24, 12 maio 1984.

SEM-TERRAS ocupam propriedades: questão vai à justiça. **O Celeiro**, São Miguel do Oeste, p. 5, 30 maio 1985.

SMBES e Amapec buscam alternativas para os carentes. **O Celeiro**, São Miguel do Oeste, p. 6, 2 nov. 1986.

TENSÃO social: conflito de terras no oeste. São Miguel do Oeste. **O Celeiro**, 30 maio 1985.

### *O Estado*

ÁGUA começa a faltar em São Miguel do Oeste. **O Estado**, Florianópolis, 30 dez. 1978.

CARTAS – Stúdio A-Z. **O Estado**, Florianópolis, 10 fev. 1974.

DO rio do Peixe ao Peperi-Guaçu (II). **O Estado**, Florianópolis, 27 dez. 1973.

DO rio do Peixe ao Peperi-Guaçu (III). **O Estado**, Florianópolis, 28 dez. 1973.

FAISMO é fórmula para extremo oeste promover progresso. **O Estado**, Florianópolis, 21 abr. 1976. Caderno Especial, p. 2.

*Revista Perfil*

**REVISTA Perfil**. Santa Catarina, ano 1, n. 1, p. 6, maio 1989.

*Tribuna do Oeste*

NO aniversário, entrega de doze obras. **Tribuna do Oeste**, São Miguel do Oeste, ano 1, n. 1, p. 1, 3 jan. 1981.

TERRA boa e barata. **Tribuna do Oeste**, São Miguel do Oeste, p. 4, 6 fev. 1982.

**TRIBUNA do Oeste**. São Miguel do Oeste, p. 11, 4 abr. 1981.

UM morto e dois feridos na invasão de terras. **Tribuna do Oeste**, São Miguel do Oeste, p. 12, 13 jun. 1981.

WATHIER, Sergio L. Muito charme e beleza na festa de gala do Comercial. **Tribuna do Oeste**, São Miguel do Oeste, p. 7, 30 out. 1982.

# Internet

**A História do Leonismo no Brasil**. Disponível em: <www.lions.org.br>. Acesso em: 5 nov. 2003.

ASSOCIAÇÃO COMERCIAL E INDUSTRIAL DE SÃO MIGUEL DO OESTE. **Associados fundadores da Associação Comercial e Industrial**:

Olímpio Dal Magro. Disponível em: <www.smo.com.br/acismo/historia/olimpio.htm>. Acesso em: 22 abr. 2002.

CAMPOS, Darlan P. **Map of Santa Catarina highlighting São Miguel do Oeste** [2006]. 1 fotografia, color. Disponível em: <pt.wikipedia.org/wiki/São_Miguel_do_Oeste>. Acesso em: abr. 2010.

HISTÓRIA da Câmara Júnior. Disponível em: <http://www.jcbrasil.org.br/>. Acesso em: 5 nov. 2003.

INSTITUTO BRASILEIRO DE GEOGRAFIA E ESTATÍSTICA. **Estimativas das populações residentes, em 1º de julho de 2008, segundo os municípios.** Disponível em: <http://www.ibge.gov.br/home/estatistica/populacao/estimativa2008/POP2008_DOU.pdf>. Acesso em: 25 maio 2009.

RÁDIO PEPERI AM. **O Globo em Foco**. Disponível em: <http://cidades.smo.com.br/peperi>.

ROTARACT. O que é o Rotaract? Disponível em: <www.rotaract.org.br>. Acesso em: 5 mar. 2003.

ROTARY BRASIL. **O Rotary é a maior e mais respeitável Organização Não Governamental da Humanidade.** [19--] Disponível em: <www.rotarybrasil.com.br/rotary.htm>. Acesso em: 5 nov. 2003.

SANTA CATARINA. **Mapa de Santa Catarina**. Disponível em: <www.mapainterativo.ciasc.gov.br>. Acesso em: 30 nov. 2003.

_____. Tribunal de Justiça de Santa Catarina. **Feriados Municipais**. Disponível em: <http://www.tj.sc.gov.br/institucional/feriados.htm>. Acesso em: 6 jul. 2002.

SMO Internet Provider. Disponível em: <www.smo.com.br>. Acesso em: 5 nov. 2003.

VOTORANTIM on-line. **Votorantim vive a primeira semana da emancipação.** The Way/Cidades. Disponível em: <www.theway.com.br/votorantim/historia3.asp>. Acesso em: 6 jul. 2002.

# Documentos Oficiais

REGISTRO de Imóveis. Matrícula R-1/11.624. – De 21 de julho de 1982. – MEAÇÃO. São Miguel do Oeste: Registro de Imóveis/Registro Geral.

_____. Matrícula R-2/11.624. – De 09 de julho de 1984. – PERMUTA. São Miguel do Oeste: Registro de Imóveis/Registro Geral.

SANTA CATARINA. Secretaria de Estado de Coordenação Geral e Planejamento. **Programa integrado de desenvolvimento sócio-econômico**: diagnóstico municipal de São Miguel do Oeste. Florianópolis: IOESC, 1990.

SÃO MIGUEL DO OESTE. Câmara Municipal de Vereadores. **Indicação nº 262/93, do vereador Maurício José Eskudlark**. São Miguel do Oeste, 26 out. 1993.

SÃO MIGUEL DO OESTE. Prefeitura Municipal. **Lei nº 1346 de 20/11/1981**. Altera a lei municipal nº 326/67, de 18 de fevereiro de 1967, e contém outras providências.

_____. **Lei nº 1358**. Institui o código das posturas municipal de São Miguel do Oeste e dá outras providências. São Miguel do Oeste, 11 dez. 1981.

_____. **Lei nº 18 de 13/05/1955**. Declara Feriados Municipais.

_____. **Lei nº 30/59 de 09/11/59**. Altera dispositivo de lei e dá outras providências.

_____. **Lei nº 326/67 de 18/02/1967**. Altera a lei nº 18, de 13 de maio de 1955.

_____. **Lei nº 47, de 10 de dezembro de 1955**. Altera a área do perímetro urbano da cidade. São Miguel do Oeste, 1955. Livro 1, folha 76.

_____. **Lei nº 611**. Aprova o Plano Diretor da cidade e dá outras providências. São Miguel do Oeste, 9 nov. 1970.

_____. **Lei nº 701**. Amplia o perímetro urbano da cidade de São Miguel do Oeste e dá outras providências. São Miguel do Oeste, 14 abr. 1972.

_____. **Ofício nº 141/01**. São Miguel do Oeste: Secretaria Municipal de Ação Social, 9 ago. 2001.

_____. **Plano físico territorial de São Miguel do Oeste**: diagnóstico. São Miguel do Oeste: Gaplan/Prefeitura Municipal, 1981.

_____. **Proposta de Projeto**: habitação e terra aos favelados. São Miguel do Oeste: Secretaria Municipal de Educação, Cultura e Promoção Social/ AMAPEC, 6 maio 1985.

## Entrevistas

ANDREATTA, Carmelinda. **Entrevista concedida a Adriano Larentes da Silva**. São Miguel do Oeste, 27 jan. 2003. Acervo do autor.

ANDREATTA, David. **Entrevista concedida a Adriano Larentes da Silva**. São Miguel do Oeste, 27 jan. 2003. Acervo do autor.

ANDRIN, Martin José. **Entrevista concedida a Adriano Larentes da Silva**. São Miguel do Oeste, 6 maio 2002. Acervo do autor.

BARBIERI, Neide. **Entrevista concedida a Adriano Larentes da Silva**. São Miguel do Oeste, 23 jan. 2003. Acervo do autor.

BARBOSA, Nelcy de Almeida; BARBOSA, Elisete. **Entrevista coletiva concedida a Adriano Larentes da Silva**. São Miguel do Oeste, 5 fev. 2003. Acervo do autor.

BARP, Anastácia. **Entrevista concedida a Adriano Larentes da Silva**. São Miguel do Oeste, 15 jan. 2003. Acervo do autor.

CARDOSO, Arthur. **Entrevista concedida a Adriano Larentes da Silva**. São Miguel do Oeste, 31 jan. 2003. Acervo do autor.

CARDOSO, Vitório da Cruz. **Entrevista concedida a Adriano Larentes da Silva**. São Miguel do Oeste, 5 fev. 2003. Acervo do autor.

DAL MAGRO, Olimpio. **Entrevista concedida a Adriano Larentes da Silva**. São Miguel do Oeste, 11 maio 2002. Acervo do autor.

DANIEL, Josefina Aurélia. **Entrevista concedida a Adriano Larentes da Silva**. São Miguel do Oeste, 4 fev. 2003. Acervo do autor.

DANIEL, Nelson Pedro. **Entrevista concedida a Adriano Larentes da Silva**. São Miguel do Oeste, 4 fev. 2003. Acervo do autor.

DONATTI, Lenira Marcon. **Entrevista concedida a Adriano Larentes da Silva**. São Miguel do Oeste, 30 jan. 2003. Acervo do autor.

DREFAHL, Margareth M. M. **Entrevista informal concedida a Adriano Larentes da Silva**. Joinville, 28 jul. 2002. Acervo do autor.

FRANCISCO, Carmen Dal Magro. **Entrevista concedida a Adriano Larentes da Silva**. São Miguel do Oeste, 24 jan. 2003. Acervo do autor.

FURLANETTO, Idelvino. **Entrevista informal concedida a Adriano Larentes da Silva**. Florianópolis, 28 jul. 2003. Acervo do autor.

GIONGO, Maria. **Entrevista concedida a Adriano Larentes da Silva**. São Miguel do Oeste, 23 jan. 2003. Acervo do autor.

GOMES, Lurdes. **Entrevista concedida a Adriano Larentes da Silva**. São Miguel do Oeste, 5 fev. 2003. Acervo do autor.

GOMES, Maria Terezinha. **Entrevista concedida a Adriano Larentes da Silva**. São Miguel do Oeste, 31 jan. 2003. Acervo do autor.

GREGGIO, Atilio. **Entrevista concedida a Adriano Larentes da Silva**. Florianópolis, 14 fev. 2003. Acervo do autor.

GRUBER, Alfredo. **Entrevista concedida a Adriano Larentes da Silva**. São Miguel do Oeste, 14 jan. 2003. Acervo do autor.

JAGNOW, Adolfo; JAGNOW, Eleonora. **Entrevista coletiva informal concedida a Adriano Larentes da Silva**. São Miguel do Oeste, 7 fev. 2003. Acervo do autor.

JEZIOSRQUI, Maria Edir. **Entrevista concedida a Adriano Larentes da Silva**. São Miguel do Oeste, 31 jan. 2003. Acervo do autor.

LUCHESI, Ruy A. **Entrevista concedida a Adriano Larentes da Silva**. São Miguel do Oeste, 10 maio 2002. Acervo do autor.

MIRANDA, Davi. **Entrevista concedida a Adriano Larentes da Silva**. São Miguel do Oeste, 24 jan. 2003. Acervo do autor.

MIRANDA, Maria. **Entrevista concedida a Adriano Larentes da Silva**. São Miguel do Oeste, 24 jan. 2003. Acervo do autor.

MIRANDA, Sebastião. **Entrevista concedida a Adriano Larentes da Silva**. São Miguel do Oeste, 24 jan. 2003. Acervo do autor.

MORAIS, Ilair. **Entrevista concedida a Adriano Larentes da Silva**. São Miguel do Oeste, 31 jan. 2003. Acervo do autor.

MOSS, Pedro Severino. **Entrevista informal concedida a Adriano Larentes da Silva**. São Miguel do Oeste, 8 fev. 2003. Acervo do autor.

OLIVEIRA, Joarez Alves. **Entrevista concedida a Adriano Larentes da Silva**. São Miguel do Oeste, 5 fev. 2003. Acervo do autor.

PELISSARI, Emidio; VON DENTZ, Osmar. **Entrevista coletiva concedida a Adriano Larentes da Silva**. São Miguel do Oeste, 7 fev. 2003. Acervo do autor.

PEREIRA, Catarina; PEREIRA, Eduardo P.; PRUDENTE, Emília. **Entrevista coletiva concedida a Adriano Larentes da Silva**. São Miguel do Oeste, 31 jan. 2003. Acervo do autor.

RECH, Terezinha Fátima. **Entrevista concedida a Adriano Larentes da Silva**. São Miguel do Oeste, 31 jan. 2003. Acervo do autor.

RIBEIRO, Marli T. **Entrevista concedida a Adriano Larentes da Silva**. São Miguel do Oeste, 27 jan. 2003. Acervo do autor.

SANTOS, Carlinda. **Entrevista concedida a Adriano Larentes da Silva**. São Miguel do Oeste, 31 jan. 2003. Acervo do autor.

SANTOS, Dinarte Lemes. **Entrevista concedida a Adriano Larentes da Silva**. São Miguel do Oeste, 5 fev. 2003. Acervo do autor.

SANTOS, Ramão. **Entrevista concedida a Adriano Larentes da Silva**. São Miguel do Oeste, 31 jan. 2003. Acervo do autor.

SILVA, Juarez. **Entrevista concedida a Adriano Larentes da Silva**. Florianópolis, 15 jun. 2002. Acervo do autor.

ZANDONÁ, Marli. **Questões**. [entrevista concedida por e-mail]. Mensagem recebida por <larentes@yahoo.com.br> em 5 jun. 2003. Acervo do autor.

ZANELLA, Eli et al. **Entrevista coletiva concedida a Adriano Larentes da Silva**. São Miguel do Oeste, 19 jan. 2003. Acervo do autor.

## Outros documentos

ASSOCIAÇÃO COMERCIAL E INDUSTRIAL DE SÃO MIGUEL DO OESTE. São Miguel do Oeste, 1983/1984.

ASSOCIAÇÃO DOS COLETORES DE MATERIAL RECICLÁVEL DE SÃO MIGUEL DO OESTE. **Ata da reunião realizada no dia 02 de agosto de 1999**. São Miguel do Oeste, ata n. 001.

ASSOCIAÇÃO MIGUELOESTINA DE APOIO ÀS PESSOAS CARENTES. **Ata da reunião realizada no dia 20 de setembro de 1985**. São Miguel do Oeste, Livro 1, ata n. 004.

_____. **Ata da reunião realizada no dia 31 de julho de 1986**. São Miguel do Oeste, Livro 01, ata n. 10, p. 15-17.

_____. **Programa de reeducação e reabilitação para atendimento das pessoas carentes na periferia da cidade, na área da habitação.** São Miguel do Oeste, out. 1985.

BONET, João. **Churrasco em prol da construção da Igreja Católica.** São Miguel do Oeste, set. 1988. 1 fotografia, color., 10 cm x 15 cm. Coleção Particular.

CÂMARA JÚNIOR DE SÃO MIGUEL DO OESTE. **II Festival Artístico Cultural:** antologia – poema e poesia. São Miguel do Oeste, out. 1977.

_____. **II Festival Artístico Cultural:** trabalho de "abertura". São Miguel do Oeste, 25 jul. 1977.

_____. **Boletim Informativo Cajusmo.** São Miguel do Oeste, 1978.

_____. **Relatório II Festival Artístico Cultural.** São Miguel do Oeste, 15-23 out. 1977.

_____. **Relatório das principais atividades CAJUSMO, dando ênfase ao primeiro Festival Artístico Cultural, 1º FAC.** São Miguel do Oeste, nov. 1976.

DELEGACIA DE POLÍCIA DE COMARCA. **Livro de queixa do plantão 76 e 77:** queixa 685/76. São Miguel do Oeste, nov. 1976.

FAISMO. **Regulamento geral da 1ª feira agro-industrial e comercial de São Miguel do Oeste.** São Miguel do Oeste, jan. 1974.

FOTO STÚDIO ANDRIN. **Alguns atletas do C. E. Guarani e moças na homenagem ao sr. prefeito e vereadores.** 1954. 1 álbum (33 fot.): p&b, 10 cm x 15 cm, foto n. 6.

_____. **Desfile de posse do primeiro prefeito eleito de São Miguel do Oeste.** São Miguel do Oeste, nov. 1954. 1 fotografia, p&b, 10 cm x 15 cm. Acervo do autor.

_____. **Foto aérea de São Miguel.** São Miguel do Oeste, 2000. 1 fotografia, color., 10 cm x 15 cm. Acervo do autor.

_____. **Homenagem a Olimpio Dal Magro, quando de sua posse como prefeito**. 1954. 1 álbum (33 fot.): p&b, 10 cm x 15 cm, foto n. 9.

_____. **Panorâmica das comunidades analisadas**. São Miguel do Oeste, 2000. 1 fotografia, color., 10 cm x 15 cm. Acervo do autor.

_____. **Vila Oeste no início dos anos 1940**. São Miguel do Oeste, [194-]. 1 fotografia, p&b, 10 cm x 15 cm. Acervo do autor.

FOTO STUDIO ARTE. **Cartão Postal de São Miguel do Oeste**. São Miguel do Oeste, 1972. 1 cartão postal, color., 10 cm x 15 cm. Acervo do autor – doação de Lúcia Vaz.

FUNDAÇÃO CATARINENSE DE CULTURA. **Proposta de conservação, restauração e inventário de bens culturais para 1984**. Florianópolis, 1984.

LUCHESI, Ruy A. **Mapa mostrando a localização das terras comercializadas pela Colonizadora Bandeirante**. São Miguel do Oeste, [194-]. Coleção particular.

_____. **Mapa de Vila Oeste**. São Miguel do Oeste, [194-]. Coleção particular.

_____. **Turmeiros**. São Miguel do Oeste. 1944. 1 fotografia, p&b, 10 cm x 15 cm. Coleção particular.

PARÓQUIA SÃO MIGUEL ARCANJO. **Livro Tombo: 1949 a 2002**. São Miguel do Oeste, Livro n. 1.

RÁDIO PEPERI AM. **Fundação da UDR**: entrevista com Kit Abdala. São Miguel do Oeste, 24 out. 1987.

RAMGRAB, Pedro W. **Programa de uma administração** – 1966-1970. São Miguel do Oeste, ago. 1965.

SÃO MIGUEL DO OESTE. Comissão Municipal de Cultura. **Comemore São Miguel do Oeste**: 30 anos de município. São Miguel do Oeste, 1984.

SÃO MIGUEL DO OESTE. Prefeitura Municipal. **Cerimônia de abertura dos XIII Jasmos e 40 anos de São Miguel**. São Miguel do Oeste, 1994.

_____. **Dados sobre o município de São Miguel do Oeste**. São Miguel do Oeste: Secretaria Municipal de Educação, 2002.

_____. **Desfile dos 30 anos de São Miguel do Oeste**. Fev. 1984. 1 fotografia, color., 10 cm x 15 cm. Acervo da Prefeitura Municipal de São Miguel do Oeste.

_____. **Encenação da História de São Miguel do Oeste na festa dos 30 anos de emancipação**. Fev. 1984. 1 fotografia, color., 10 cm x 15 cm. Acervo da Prefeitura Municipal de São Miguel do Oeste.

_____. **Festa do desenvolvimento, da cultura e da tradição**. São Miguel do Oeste, fev. 2003.

_____. **Guia Turístico de São Miguel do Oeste**. São Miguel do Oeste: Departamento de Turismo e Meio Ambiente, 2001.

_____. **Lançamento da Festa da Cultura**. São Miguel do Oeste, 1992.

_____. **Projeto melhoria da qualidade de vida e de trabalho dos coletores de papel de São Miguel do Oeste, SC**. São Miguel do Oeste: Secretaria de Desenvolvimento Urbano, [19--].

_____. **São Miguel do Oeste**: hora de progresso. São Miguel do Oeste: folder da gestão Ademar Quadros Mariani, 1979.

SÃO MIGUEL DO OESTE. Secretaria de Desenvolvimento Econômico/ Departamento de Turismo e Meio Ambiente. **História de alguns pioneiros de São Miguel do Oeste**. São Miguel do Oeste, 2001. 1 videocassete (30 min.): VHS, son., color. Entrevista.

SGUÁRIO, Alexandra. **Acomar**: construindo a identidade dos catadores de material reciclável de SMO. São Miguel do Oeste, [200-].

SILVA, Adriano Larentes da. **Mapa urbano de São Miguel do Oeste**. Florianópolis, 2003. Mapa colorido, 30 cm x 21 cm. Elaboração do autor, a partir de mapa da Prefeitura Municipal de São Miguel do Oeste.

TELLES, Marcos. **Convite**. São Miguel do Oeste, out. 1984a.

WATHIER, Sérgio L. **São Miguel do Oeste** – Ontem... Hoje. São Miguel do Oeste: Estrela, 1986.

| | |
|---|---|
| Título | Fazendo cidade: memória e urbanização no extremo oeste catarinense |
| Autor | Adriano Larentes da Silva |
| Assistente editorial | Alexsandro Stumpf |
| Assistente administrativo | Neli Ferrari |
| Secretaria | Alexandra Fatima Lopes de Souza |
| Divulgação, distribuição e vendas | Neli Ferrari<br>Jocimar Vazocha Wescinski<br>Marta Rossetto<br>Daniela Vargas |
| Projeto gráfico e capa da coleção | Alexsandro Stumpf<br>Ronise Biezus |
| Diagramação | Alexsandro Stumpf<br>Caroline Kirschner |
| Preparação dos originais | Araceli Pimentel Godinho |
| Alteração dos originais | Sara Raquel Heffel |
| Revisão | Carlos Pace Dori<br>Araceli Pimentel Godinho<br>Cristiane Santana dos Santos<br>Lucia Lovato Leiria |
| Formato | 16 X 23 cm |
| Tipologia | Minion entre 10 e 14 pontos |
| Papel | Capa: Dura<br>Miolo: Pólen Soft 80 g/m² |
| Número de páginas | 276 |
| Tiragem | 800 |
| Publicação | junho de 2010 |
| Impressão e acabamento | Gráfica e Editora Pallotti – Santa Maria (RS) |

Argos – Editora Universitária – UNOCHAPECÓ
Av. Attilio Fontana, 591-E – Bairro Efapi – Chapecó (SC) – 89809-000 – Caixa Postal 1141
Telefone: (49) 3321 8218 – e-mail: argos@unochapeco.edu.br – Site: www.unochapeco.edu.br/argos